新时代北京卷

教育文库

首都师范大学附属回龙观育新学校

一秩笃行　十年盛开

陈国荣◎主编

中国言实出版社

图书在版编目（CIP）数据

一秩笃行　十年盛开：首都师范大学附属回龙观育新学校 / 陈国荣主编. -- 北京：中国言实出版社，2023.11

（新时代教育文库. 北京卷）

ISBN 978-7-5171-4674-2

Ⅰ. ①一… Ⅱ. ①陈… Ⅲ. ①中小学教育—教育研究—昌平区—文集 Ⅳ. ①G632.0-53

中国国家版本馆CIP数据核字（2023）第210124号

一秩笃行　十年盛开

责任编辑：张天杨
责任校对：王建玲

出版发行：中国言实出版社

地　　址：北京市朝阳区北苑路180号加利大厦5号楼105室

邮　　编：100101

编辑部：北京市海淀区花园路6号院B座6层

邮　　编：100088

电　　话：010-64924853（总编室）　010-64924716（发行部）

网　　址：www.zgyscbs.cn　　电子邮箱：zgyscbs@263.net

经　　销：新华书店

印　　刷：北京虎彩文化传播有限公司

版　　次：2024年1月第1版　　2024年1月第1次印刷

规　　格：710毫米×1000毫米　　1/16　　20印张

字　　数：320千字

定　　价：89.00元

书　　号：ISBN 978-7-5171-4674-2

本书主编简介

陈国荣，首都师范大学附属育新学校（海淀）校长，首都师范大学附属回龙观育新教育集团（昌平）总校长。海淀区人民政府学科督学，北京市中小学优秀德育工作者，首都师范大学教育硕士实践导师，中国中学生体育协会网球分会主席。

先后主持海淀区"十二五"规划校长委托课题《初高三毕业年级教学管理和有效课堂教学的研究》，北京市教育科学"十二五"课题《思维课堂教学模式实践研究》，北京市教育科学"十三五"课题《思维型理论引领下的课堂教学课例研究》，教育部学校规划建设发展中心重大课题《交叉维度下小初高劳动教育评价研究》。编著有《礼悟》《"551"思维课堂教学模式》《国家课程的校本创新》等。

文库编委会

主　任：顾明远

编　委：（以下按姓氏笔画排序）

尹后庆　　代蕊华　　朱卫国　　朱旭东

李　烈　　李有毅　　吴颖民　　陈如平

罗　洁　　姚　炜　　唐江澎　　韩　平

褚宏启

本书编委会

主　编：陈国荣

副主编：江　英　　王　强　　赵玉峰　　王振军　　陈自奎
　　　　齐建敏　　王　慧　　孙然然　　丁　慧

编　委：杜丽明　　陈长静　　郭宴伟　　王丽华　　赵　霞
　　　　郝姗姗　　王亚敏　　崔珊珊　　黄鸣春　　王　磊
　　　　陈晶晶　　惠红民　　刘佳琪　　刘云鹏　　孙宇慈
　　　　陶雪菲　　王东娜　　王　旭　　王亚娟　　王艳君
　　　　刘佳文　　王玲玲　　任淑弘　　丁雪莹　　贺敬敬
　　　　任英明　　叶亚玲　　朱宝莲　　包　晗　　丁红明
　　　　李金环　　赵春利　　程丽娟　　姚　娟　　刘艳秋
　　　　张玲英　　王娟娟　　杨佳霖　　郝　册　　沈　旺
　　　　李雪莹　　王　蓓　　王　芳　　李炳慧　　梁玉麒
　　　　张美玲　　安亚明　　刘春香　　徐广珍　　杨　帅
　　　　杜福秋

总　序

党的二十大报告中指出，"高质量发展是全面建设社会主义现代化国家的首要任务"、"教育、科技、人才是全面建设社会主义现代化国家的基础性、战略性支撑。必须坚持科技是第一生产力、人才是第一资源、创新是第一动力，深入实施科教兴国战略、人才强国战略、创新驱动发展战略，开辟发展新领域新赛道，不断塑造发展新动能新优势"。为深刻领会以习近平同志为核心的党中央作出这一战略部署的深义和赋予教育的新使命新任务，加快建设教育强国，加快推进教育高质量发展，展示新时代我国基础教育的发展变革和取得的重大成就，中国言实出版社策划、出版了"新时代教育文库"丛书。

进入新时代以来，教育系统全面贯彻党的教育方针，落实立德树人根本任务，培养德智体美劳全面发展的社会主义建设者和接班人；促进教育公平、提升教育质量，加快推进教育现代化，办好人民满意的教育。教育的中国特色更加鲜明，教育面貌正在发生格局性变化。新时代以来，我国教育普及水平实现了历史性跨越，更好地保障了人民受教育的机会；教育服务能力稳步提升，为国家重大战略实施和经济社会发展提供了强大的人才和智力支撑；教育改革开放持续深化，服务全民终身学习的教育体系进一步完善。"新时代教育文库"丛书记录了、见证了基础教育事业的发展变革，对研究我国基础教育具有一定的史料价值。

本丛书选题视野开阔，立意深远。丛书以地区分卷，入选学校办学特色鲜明、教学教研成果突出，既收录了办学者、管理者高水平的理论研究创新成果，也收录了一线教师对课堂教学的真实感悟案例，收录了一线管理者的成功经验总结，这些，对基础教育工作者、研究者具有一定的参考价值。

是为序。

著名教育家，中国教育学会名誉会长、北京师范大学资深教授

2022 年 12 月

一秩笃行，十年盛开

首都师范大学附属回龙观育新学校执行校长、党委副书记　王强

首都师范大学附属回龙观育新学校（以下简称育新龙校）成立于 2012 年 2 月，是在昌平区委、区政府和首都师范大学共同关注与支持下，为促进教育均衡与公平，推进优质教育资源实质性增长，顺应北京市城乡一体化建设需要，由首都师范大学附属育新学校与昌平区教委签署合作办学协议，创办的一所办学规模设置为小学一年级到高中三年级每个年级 4 个班，总计 48 个班的十二年制公办学校，是昌平区引进的第一所名校。

学校占地面积 51706.06m²，建筑面积 35650.66m²，文化独特，环境优美。建校以来，育新龙校与首都师范大学附属育新学校紧密、深度手拉手合作办学，坚持"育德致美，启智日新"的学校发展核心价值观和"发展素质教育，从优质走向卓越"的发展愿景和使命，坚持立德树人，注重全面育人，经过十年发展，学校取得了显著的办学成绩：校风优良，教育教学质量优秀，特色发展成绩显著，已经成为回龙观地区居民普遍认可的家门口的热点学校，每年学校的入学率居高不下，办学规模日趋庞大。截至 2022 年 9 月，在学校建校十周年之际，学校办学规模已经达到中小学共 108 个班级，其中小学 60 个班级，中学 48 个班级，全校学生 4085 人，在编教师 367 人。

2019 年 9 月，育新龙校响应昌平区学区制、集团化办学改革号召，依据《昌平区推进中小学学区制管理集团化办学改革工作方案》（昌政办发〔2019〕10号），牵头启动首都师范大学附属回龙观育新教育集团（以下简称回龙观育新集团）办学实践，由首都师范大学附属回龙观育新学校作为教育集团总校，与昌平

区回龙观学校、昌平区实验小学、昌平区沙河中学共同组成首都师范大学附属回龙观育新教育集团。2022年9月，昌平区委区政府、教工委教委为扩大回龙观地区学位供给，新建北京市昌平区育新科星路小学，纳入首都师范大学附属回龙观育新教育集团统一管理。至此，首都师范大学附属回龙观育新教育集团一共有五所成员校组成，集团总占地面积149120.96㎡（223.68亩），建筑面积96690.56㎡，集团办学规模达到193个班级，学生7367人，在编教师699人。

一、始终坚持党建引领，推动学校教育事业蓬勃发展

建校之初，学校就明确提出以政治建设加强党的全面领导、以强化理论筑牢实践思想根基、以干部建设提高办学决策水平、以支部建设夯实办学组织基础、以党建引领大力推动团建队建。积极落实党组织班子成员和党员联系服务师生员工制度，制定和实施《年级组评价党员制度》《教研组评价党员制度》。学校明确了校党委全面领导学校工作，履行把方向、管大局、作决策、抓班子、带队伍、保落实的领导职责，明确议事决策的原则与流程，明确党的领导贯穿育人教书全过程，实现把关定向与办学治校同频共振。

建校十年来，学校党员队伍不断壮大，截止到2022年9月，学校党员教工达到188人。学校不断优化调整学校党组织机构，完善学校党组织建设，从建校之初的党支部到党总支，直到现在的学校党委。学校把党小组建在年级组和行政组，把原来的小学党支部和中学党支部两个支部调整为小学党支部、初中党支部、高中党支部、行政党支部、三大中心党支部等五个党支部，突出党支部、党小组与年级组、教研组、行政组融合，党支部、党小组与教书育人一线和服务育人二线的融合。

建校十年来，学校深入推进党支部标准化建设，提升学校党组织建设水平。扎实开展"双培养"工作，充分发挥党员模范带头作用。持续深入推进党建主题教育活动，积极开展支部书记讲党课，持续开展党史学习教育活动。广泛开展学习贯彻党的十八大、十九大、二十大报告精神主题活动。组织党员干部学习《习近平谈治国理政》第一、二、三、四卷，组织全体党员到华联影院观看电影《黄文秀》《九兰》等活动。积极组织党员回社区报到，下沉社区参与志愿服务活动。

积极组织党员开展"服务群众暖三分，我为群众办实事"活动。组织开展教职工意识形态、思想政治教育和师德师风专题培训活动。积极加强干部队伍建设，完成校级干部考察与任命。落实全面从严治党工作要求，深入推进接诉即办、为诉先办工作。积极开展校级班子述职、民主评议党员干部活动。认真落实入党积极分子培养和新党员发展、预备党员转正工作。党员干部疫情防控、教育教学率先垂范、冲锋在前，发挥旗帜引领作用。科学规范落实党务、校务公开工作。积极落实"一小时纪律教育"套餐式党纪学习、政治理论学习、开展干部教师谈心谈话活动。2022年，首都师范大学附属回龙观育新教育集团深入推进党组织领导的校长负责制探索。通过扎实党建工作，有力推进了学校教育事业高质量发展。

二、积极开展文化建设，特色文化促进学校内涵发展

建校之初，学校就把学校文化建设作为学校建设和发展的头等大事来抓。我们在实践中思考、探索：什么是学校文化？怎么建设有回龙观育新特色的学校文化？我们认为，学校文化是学校发展的灵魂，是凝聚人心、展示学校形象、提高学校文明程度的重要标尺。学校文化对教师学生的人生观、价值观产生着潜移默化的深远影响，而这种影响往往是任何课程所无法比拟的。所以，我们不仅仅把学校文化建设视为一种物质建设，更是从优良校风、文化底蕴和精神氛围等方面对人才培养的重要性上来加以认识，赋予它哲学文化和社会文化的深层意义，使之成为一种特殊的育人机制。学校明确提出，要把育新龙校建设成"育人的天地、文化的摇篮、艺术的殿堂、圆梦的舞台"。

建校以来，我们以学生更好地成人成才、拥有更好的未来为目标，构建标准化、人文化、时代化、特色化的育人环境，力求做到"让每一面墙壁都说话、让每一寸土地都闪光"。努力创建一个绿化、美化、艺术化的育人大厦。

美丽校园，成就梦想。十年来，一批又一批龙校学子在梦之路、三帆竞发、时空对话、育新魂韵、花样年轮、未央鼓、和谐共舞、明道知行石、博文约礼钟、校歌墙、奥运鼓、五行文化看台、育竹廊、学思台、读远亭、开卷有益、衡桥、灵溪泉、龙眼观世界、中华厅、西花厅、二十四节气主题文化、龙文化走廊、民族精神墙、西方艺术走廊、中国艺术走廊、民族墙、世界墙、科技创新走

廊、非遗文化共享区等既有浓厚中华民族传统文化底蕴又有西方艺术文化气息，还有科技创新成果展示的多元文化融合的学校文化氛围浸润和熏陶中学习成长、健康成长、快乐成长，努力成长为具有民族精神、世界眼光的现代化人才。

2016 年，育新龙校被评为北京市中小学校文化建设示范学校，充分证明了育新龙校学校文化建设的突出成果和影响力。

三、稳步推进队伍建设，卓越教师培训引领教师专业成长

学校之本，在于育人；办学之本，在于教师。教师是学校发展的第一资源，教师教育是提升教育质量的动力源泉。育新龙校在教师队伍建设中明确提出"骨干先行、青年优先、年长不舍、全员跟进"的教室培训思路，结合学校的发展目标和育人导向，参考老师们的真实需求，提炼出教师专业成长和可持续发展要解决的核心问题，整合学校的各级各类资源，通过项目化实施，实现育新龙校教师培训系统化、课程化、特色化，激发全体教师的内在学习动力，助力教师成长。

建校十年来，育新龙校依托多元化研修课程资源和个性化研修模式，基本满足教师群体的专业化发展要求，使得教师队伍的整体综合素质、专业化水平和创新能力得到大幅提升。通过分层培养机制，进行教师各梯队核心力量建设，培养一批具有影响力的优秀骨干教师，为学生成长和学校发展提供强有力的师资保障和人才支撑。通过学习共同体项目，推进主题项目式研究小组和学科专业研究小组的建设，深入开展教育教学研究活动，培养一批具有科研创新能力的专家型教师团队。通过名师种子工程，培养具有高度教育站位、能够引领和影响学校发展的名师团队。

2020 年 7 月，《育新教育集团"卓越教师"校本研修行动计划》出台，学校依据此行动计划，制定育新龙校"卓越教师"研修实施方案。通过优化研修机制与模式，激发教师发展内驱力，培养一支教育情怀深厚、专业基础扎实、勇于创新教学、善于综合育人和具有终身发展能力的高素质专业化创新型教师队伍。

学校根据教师从教时间和专业水平（第一年以"教龄"为主）明确教师所处的发展阶段（职初、成熟、优秀、卓越），分别参加启航、领航和远航等不同的教师研修项目，为不同层级、不同需求的教师搭建发展平台。

表1　教师成长阶段

成长阶段	教龄	能力特征	研修项目
职初教师	0—6年	"课堂自觉"——热爱教师职业，能驾驭课堂、班级，课堂、班级管理有序，能达成教学、管理目标。	启航研修
成熟教师	7—15年	"学科自觉"——热爱学生，关注学科知识体系和学生发展特点，能引领学生用知识解决问题，促进学生发展。	领航研修
优秀教师	16年及以上	"教育自觉"——注重学科育人功能，在学科教学和学生教育中实现"德智体美劳"育人目标，是教育教学骨干教师。	远航研修
卓越教师		"文化自觉"——重探索与创新，以学生发展为中心，针对教育教学痛点、难点研究探索，成果有影响力，引领学校教育教学实践。	名师工作室

学校根据教师专业成长阶段，明确了各阶段教师培训目标。

表2　教师培训目标

培训项目	培训计划	培训目标		参培教师
启航研修	播种计划	形成课堂自觉	完成实习内容。	实习教师
	萌芽计划		能够驾驭课堂，课堂管理有序有效，具备教学反思的能力，能够完成教育教学目标。	职初教师
领航研修	茁壮计划	形成学科自觉	关注学科素养的培养和学生发展特点，有效提升教师专业素养、积极促进学生健康发展。	成熟教师
远航研修	成荫计划	形成教育自觉	注重学科教学，学科育人和学生发展指导，提升教师领导力，教育教学成果显著，具备一定的影响力。	优秀教师
		形成文化自觉	注重探索与创新，针对教育教学痛点、难点，开展研究探索，引领实践工作，具备一定的市区级影响力。	卓越教师

建校十年来，育新龙校教师队伍在数量和质量上都在不断提升进步。特别是教师党员比例达到51.23%，有一批年轻、充满朝气活力、政治素质优良的教师队伍，更是学校可持续发展的希望和中流砥柱。截止到2022年9月，学校市区骨干教师人数达到74人，占比达到20.16%。

建校十年来，老师们积极参加大单元教学设计研究、551思维课堂思维型教学研究深入推进、新课标培训、专家进校园陪伴式教研、区骨干教师创先杯比赛、跨学科混合式教学研究、校督导组听评课、市区校级课题研究、读书分享交流、单元整体教学、课例研修、学科组参与式教研、全学科说课展示活动、跨校区联合教研、作业设计与实施研究、主题单元视角下的差异化教学研究、同课异构、公开课、示范课、研究课、同课异构、线上教学研究、落实"双减"与课后服务研究等教学改进研究等各种研修活动，促进了教师专业发展，提升了课堂教学质量。老师们积极参加各级各类教学参赛、展示活动，成绩斐然，硕果累累。仅 2022 年，育新龙校教师参加教学基本功、研究课参赛获奖及展示观摩课国家级获奖 7 人次，北京市级获奖 53 人次，昌平区级获奖 127 人次，国家市区展示观摩课 111 人次。论文、案例及其他科研成果获奖及发表情况为：北京市级获奖 109 人次，昌平区级获奖 78 人次，论文案例发表情况 29 人次。

四、深入推进课程建设，"青色"课程体系提升学校办学品质

建校十年来，育新龙校坚持"勤奋好学，和谐致美"校训与"先成人后成才，既成人又成才"育人宗旨，秉持"育德致美，启智日新"的学校发展核心价值观和"发展素质教育，从优质走向卓越"的发展愿景和使命，扎实落实"立德树人"教育根本任务，实现国家课程"五育并举"育人要求，基于学校文化和校情、学情，深入开展课程建设研究。学校以"促思维""巧融合""善挑战"为出发点，对国家课程、校本课程、地方课程进行整合、拓展和开发，借助多种资源在多个学习领域中研发并实施了适合不同学生发展需求的"青色"课程。

建校十年来，育新龙校课程建设经历了三个阶段：2012—2016 年，学校在开足开齐国家课程和探索学习方式变革的基础上开设多门类校本课程，满足学生多样化的发展需求；2017—2020 年，基于育人目标和核心素养培育要求，学校聚焦学生发展需要和学习需求，对课程内容进行多维、多向组织，着力改变课程碎片化格局，开展多层级、多样态课程实践，探索相关课程间内容整合以及功能整体优化。

2021 年至今，基于"深化课程改革 落实立德树人"要求和学校课程理念，学校不断优化顶层设计和课程结构，深入探索"551"思维课堂教学模式，注重丰富学生学习经历，不断构建和完善修羽—展翅—翱翔三级课程，加强学科课程群建设；持续进行十二年纵向贯通、各学科横向融合、五力并举的"青色"课程实践探索，凸显课程整体育人价值。通过优化课程整体育人，促进学生"五力并举"、目标进化、自我管理，最大化地实现学生的全面发展。

《教育部关于全面深化课程改革 落实立德树人根本任务的意见》全面体现了以核心素养为目标的课程改革指向；《关于进一步减轻义务教育阶段学生作业

负担和校外培训负担的意见》更加明确了保障学生的德智体美劳全面发展的目标要求。育新龙校的"青色"课程体系，就是要从品格、审美、思维、创新四个方面来培育学生，使学生成为具有健全人格、高雅审美、成长型思维和创新能力的时代新人。这不仅是对学校"育德、致美、启智、日新"核心价值观的彰显，更是对"落实立德树人根本任务""推进普通高中课程改革"的积极响应。

"青色"课程用"一体两翼"（一个躯干、两个翅膀）的"青鸟"组成充满活力的"青色"课程体系（见图1）。"青鸟"独立而灵动、无畏而向上，它寓意着每一位学生都将在未来人生的天空中勇敢而有力量地自由飞翔。"一体"代表健康人格，人格是立身之本；"两翼"分别是承载着学习力和梦想力的三层六领域课程，是成才之基。

"两翼"自下而上依次为修羽课程（面向全体）、展翅课程（面向群体）、翱翔课程（面向个体）。人格健康、羽翼丰满的"青鸟"，正如发展必备品格和关键能力的回龙观育新学子，在"青色"课程指引下自由翱翔，并贯穿在终身学习的过程中。

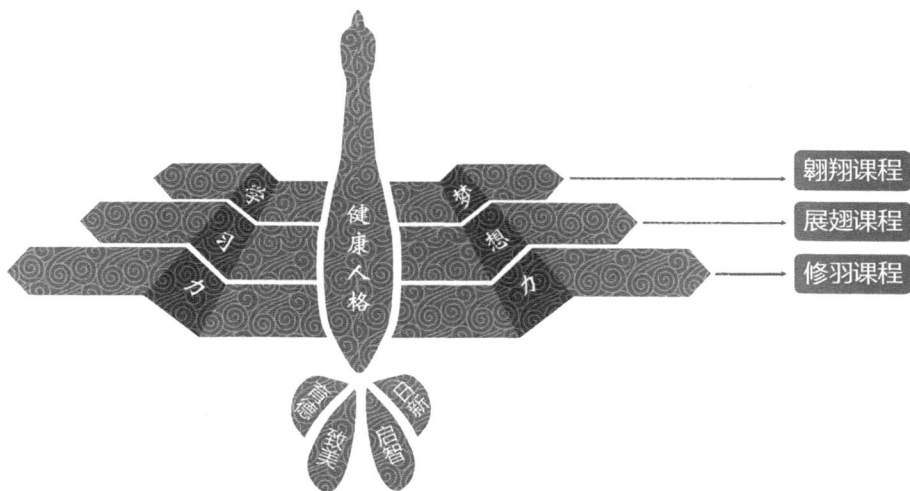

图1　回龙观育新学校"青色"课程意象图

课程是实现育人目标的载体，基于课程整合的内涵与定位，我校积极寻找各学科之间的相通点，立足学生需求，将原有的分科课程进行整合，形成了如下三层六领域的课程结构图（见图2）。

	翱翔课程	展翅课程	修羽课程
道德与修养	模拟联合国、育龙辩论社	模拟法庭（小学）、法制剧社（高中）、育龙广播站、电视台、红色研学、红色阅读、国旗班	道德与法制、九礼六仪、政治
数学与科技	数学建模、物理竞赛、大学实验室、人体科学、生物竞赛、化学竞赛、无人机（义教）、机器人与编程（中学）、点石成金	思维之树、尺规作图、物理、物理悟理、极客实验室、航空航天、生物、生命物语、健康生活、走进诺奖、你想探究的化学、烛光世界、趣味化学、化"学"为宝、手工3D打印、非遗创客、身边的人工智能、聊天机器人、智能小车、墨客出品、人工智能酷玩系列、人工智能探秘系列	数学、科学、物理、生物、信息技术、通用技术、化学
语言与人文	国学吟诵、汉字与中国文化、百年中国（高中）、英文原著赏析、国际交流项目、遥感、地质	汉字社、龙吟社、话剧社、品鉴社、云萃报社、英文主题阅读、Reader's Theatre（读者剧场）、畅游北京城、博物风华、昌平历史研究、我和我的家乡—我在家乡寻古迹（初中选修）、我和我的祖国（四年级课后服务）、我和我的地球—地球的喜怒哀乐、地理万花筒、地域文化	语文、英语、历史、地理
艺术与审美	合唱团、舞剧团、京剧团、民乐团、管乐团、陶笛社、Dream Art梦创艺术系列课程	小舞蹈家、小戏迷、趣味陶笛、国风国潮艺术荟艺术系列课程	音乐、美术、软笔书法
体育与健康	体特生发展课程、运动处方课程、学生运动员特色项目课程、高水平竞赛、团体辅导、个体咨询	小学趣味运动（如球类、田径、击剑、武术）、初中专项体育技能（排球、中考项目、体质健康测试项目）、高中体育实战技能（排球、篮球、足球、飞盘、棒垒球、腰旗橄榄球、校园赛）、校级竞赛、心理成长、解忧心理社团、心灵花园广播站、新有心语广播站	体育与健康、阳光体育活动、心理健康
劳动与生活	社会服务、百草园中药课程、非遗文创设计制作	校园服务课程（红领巾岗位、团员先锋岗）、"家园实践"课程［整理收纳（义教）环境美化］、"田园梦想"课程（校园小菜/花园、农机站研学）、"创园匠心"课程（小小雕塑家—泥工、编织中国梦—绳结编织、绣绘世界—刺绣、金丝重彩—景泰蓝）	劳动

图2 回龙观育新龙校"青色"课程体系

"青色"课程领域分为道德与修养、数学与科技、人文与社会、艺术与审美、体育与健康、劳动与生活。六大课程领域将原有的分科课程进行整合，打通学科之间的壁垒，有利于提升学生的实践能力和创新精神。

"青色"课程层级分为修羽课程、展翅课程和翱翔课程。其中，修羽课程是以国家和地方规定的必修课程为主，面向全体学生的必修课程，指向学科核心素养。展翅课程是面向不同学生群体开设的各类选修课程、活动课程，满足学生多元化的学习需求，培养学生的综合能力和实践水平。翱翔课程是面向有突出特长和特殊需求的学生开设的项目课程、专题课程和研究类课程，在知识的难度和广度上有了更高的要求，引导学生创造性地解决问题，形成独特观点和素养，发展个性。修羽课程指向共性需求与要求，展翅课程是对基础课程的延展和补充，翱翔课程在两者的基础上，满足学生的个性化发展需求。

在"青色"体系框架下，学校科技课程、艺术课程、体育课程、研学旅行课程、"九礼六仪"传统文化课程、国防教育课程、心理健康教育课程、法制教育课程、劳动教育课程以及课后服务课程等各领域课程建设百花齐放，成效显著。

"青色"课程通过多样化的课程内容满足不同潜质学生的发展需求，促进全体学生个性化的成长，丰富的资源拓宽了学生自主发展的空间和维度，灵活的学习方式使每个学生在合作探究中彰显自信，体验成功与快乐。同时，随着学校课程建设的进一步深化，在校长课程领导力的带动下，全体教师的课程意识在增强，课程建设能力在不断提高。

"青色"课程在不断的研究、构建、实践中日趋完善，得到了学生的喜爱、家长的认可、教师的认同，也焕发了学校发展的新活力。

2022年11月，学校被评为北京市基础教育课程建设先进单位。

五、扎实开展教学研究，"551"思维课堂 教学模式实现减负提质增效

课堂教学是学校办学重要基点，是不同时期学校教学改革的核心内容。建校以来，育新龙校始终坚持"课堂第一"的思想，强调课堂教学要通过教学方式与学习方式的转变，落实学生主体地位，激发和引导学生自我发展。

2012年陈国荣校长牵头，带领育新老师们提出思维课堂研究，首先明确了思维是人脑对客观事物间接的和概括的反映，它以感知为基础而又超越感知，是认知过程的高级阶段；明确了思维是智力的核心，思维品质是人的思维的个性特征；明确了小初高各学段学生的思维发展特征。

在陈国荣校长带领下，首师大育新学校和首师大回龙观育新教育集团紧密手拉手，深度融合，一体化发展，通过专家讲座、干部引领、骨干先行、实践交流、同课异构、同课重构等方式和活动推进思维课堂探索。将联想、空间认知、比较、分类、类比、创意设计、科学探究等方法运用于实践教学。

2014年受思维型课堂教学理论启发，育新龙校构建了"551"思维课堂教学模式，本着"是思路不是套路，是巩固不是禁锢"的思想，将其作为一个"靶

子"组织教师在课堂教学过程中实践、质疑、修改、完善，并将"551"思维课堂教学实践研究立项市级规划课题。

为推动思维型教学实践研究深入开展，育新教育集团积极组织各校区、各学段、各学科开展联合教研，引领教师更新教学理念，深刻理解思维型教学理论基本原理包括动机激发、认知冲突、自主建构、自我监控和应用迁移，六大基本要素包括创设情境、提出问题、自主探究、合作交流、总结反思、应用迁移。

通过联合教研，帮助老师们充分认识到思维型教学理论强调设计使学生产生认知冲突的情境，激发学生参与，启发学生思维。

我们提出"思维课堂"是以提升学生思维能力和品质为目的，能够促进学生思维发展的课堂。在实践研究中，我们明确"课标是培养学生思维结构的依据，教材是养成学生思维过程的载体，课堂是激发学生思维火花的殿堂，教师是促进学生思维能力的向导，学生是发展自身思维品质的主体，学校是学生享受思维成果的乐园"。

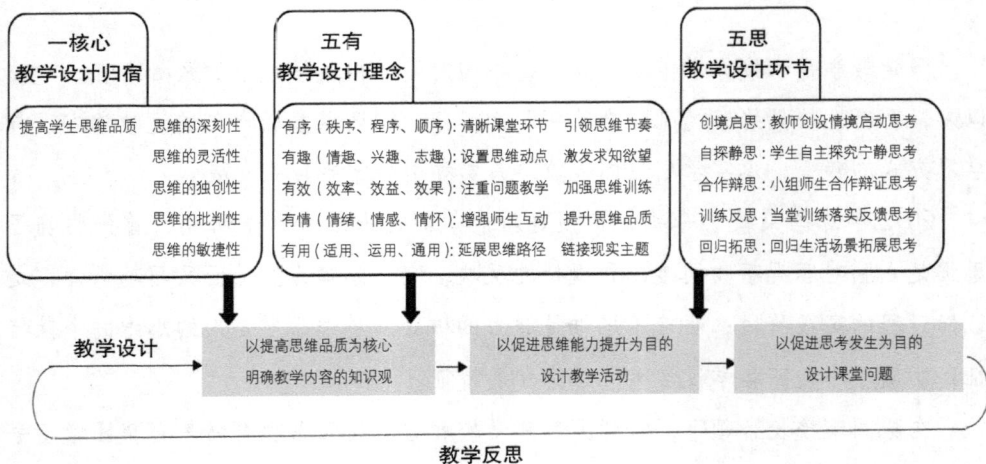

图3 "551"思维课堂教学模式

"551"是"五有五思一核心"思维课堂教与学方式的简称（见图3）。

其中的"1"是指将提高学生思维品质（深刻性、灵活性、独创性、批判性、敏捷性）作为教学设计归宿，服务于核心素养的培养。

第一个"5"是指"五有"，即有序、有趣、有效、有情、有用，这是教学设计的理念。

思维课堂以培养学生终身学习的能力为目的，关注每节课教学情况同时，更关注每节课学生内在的发展，以及每节课对学生未来发展的影响。因此赋予"五有"更多内涵："有序"有三层含义（秩序、程序、顺序），"有趣"有三种境界（情趣、兴趣、志趣），"有效"有三个方面（效率、效益、效果），"有情"有三种层次（情绪、情感、情怀），"有用"有三个要求（适用、运用、通用）。

第二个"5"是指"五思"，这是教学设计的环节。基本内涵是：创境启忌——教师创设情境 启动思考，自探静思——学生自主探究 宁静思考，合作辨思——小组师生合作 辩证思考，训练反思——当堂训练落实 反馈思考，回归拓思——回归生活场景 拓展思考。

教学实践中，育新"551"思维课堂教学方式按照"明确教学内容知识观（事实性、操作性、价值性）和'五有'理念，参照'五思'设计教学环节和活动，明确问题类型设计课堂问题，观察学生表现反思完善教学设计"指导教师日常教学活动，使之成为开展教学活动、提高学生思维能力的抓手和着力点。

这一方式以坚实理论作支撑，为育新教育集团推进教学改进提供了明确思路，指导教学全过程，有效促进了学生深入思考。育新教育"551"思维课堂教学实践研究开展以来，学生成为真正的受益者。学生在课下有了更多的时间由自己来支配，发展自己的特长，深受家长的好评。通过在课堂上对学生思维的训练，使学生养成良好的思维习惯，提升了学生的思维品质，达到减负增效的目的。真正做到了减量不减质，为学生一生的学习和发展奠定了良好的思维基础。

如今思维型教学就像育新教育一个支点，撬动育新教育集团和教师的发展。特别是 2020 年 10 月，育新教育集团成功承办了第三届全国思维型教学大会，育新教育集团七个校区的干部教师与来自全国 22 个省市的近 240 名教育局长、校长和近 1200 名教师相聚在育新龙校"聚焦自主与合作"，开展思维型教学优质课展示和论坛研讨，并正式发布由陈国荣校长编著、东北师范大学出版社出版、凝聚育新教师思维型教学成果智慧的《551 思维课堂教学实践》一书，近 20000 名教师线上参与研讨活动，进一步凝聚了育新教育集团干部教师深入研究思维型教学的共识，增强了育新教育集团一体化发展的信心。

六、五育并举立德树人，发展素质教育培育 合格建设者和可靠接班人

建校十年来，育新龙校坚持以学生为本，坚持五育并举、立德树人，培养学生全面发展，争做有家国情怀、责任担当、创新精神和实践能力的新时代创新人才，成为祖国建设和民族复兴的合格建设者和可靠接班人。

1.坚持理想信念引领，培育合格的建设者和接班人。

通过主题升旗仪式、板报宣传、主题班会、广播站、电视台、公众号、征文、课外读物清理等形式进行党史教育、清明祭英烈，喜迎十九大、二十大，学习十九大、二十大精神等思政教育，培育学生正确的意识形态和社会主义核心价值观。

2.积极开展心理健康教育，培育学生健全人格。

学校积极开展心理健康知识宣传、开设心理健康教育课、开展心理调适讲座、一对一心理访谈工作、学生心理咨询与辅导及档案完善、心理健康主题教育、共读心理学、家庭教育类书籍等心理健康教育工作，有效提升了师生心理健康水平。

3.扎实开展国防教育，培养学生成才报国的家国情怀。

学校积极组织学生开展军训、国防教育实践活动、国防教育讲座、国防教育手抄报评比、国防教育主题升旗仪式、国防教育板报宣传等活动，培养学生成才报国的家国情怀。

4.认真开展法治教育，培养学生遵纪守法的法治意识。

学校积极开展法制教育主题升旗仪式、板报宣传、手抄报评比、宪法日主题教育、主题班队会、邀请法制副校长入校进行法治讲座等活动，培养学生遵纪守法的法治意识。

5.积极开展民族团结教育，培育中华民族命运共同体意识。

学校通过组织开展民族嘉年华、民族艺术进校园、民族一家亲手抄报评比、民族进步工作会、民族才艺展示评比、民族团结主题班队会、主题升旗仪式等活动，积极开展民族团结教育，培育中华民族命运共同体意识。

6.扎实开展劳动教育，实践育人出真知。

学校积极开展社会实践、垃圾分类志愿服务、值周服务、校园劳动、家务劳动小能手、食堂帮厨、组织学生志愿团队参加社区美化环境义务劳动、少先队员参与志愿服务活动、植物栽培劳动课教育、大扫除劳动、日常值日劳动、"班级一人一岗"卫生清洁工作、家务劳动——美食达人秀等劳动教育活动，培养学生劳动光荣意识，锻炼学生劳动技能。

7.坚持科技、艺术、体育特色发展，赋能学生多元成长。

学校坚持以学生为本，坚持人各有才、才各有异、扬长避短、人人成才的育人思想，积极为不同潜质的学生搭建科技、艺术、体育特色发展平台。学校办学特色鲜明，学生特色发展，各得其所，各有所获，在自己擅长的领域长足发展，各级各类参赛获奖硕果累累，实现了梦想。仅2022年，学生体育类参赛获奖情况：国家级获奖198人次，北京市级获奖144人次，昌平区级获奖30人次；艺术类参赛获奖情况：国家级获奖15人次，北京市级获奖210人次，昌平区级获奖334人次；科技类参赛获奖情况：国家级获奖16人次，北京市级获奖276人次，昌平区级获奖546人次。

七、变革学校治理结构，激发办学活力赋能学校高质量发展

建校以来，育新龙校一直致力于激活调动每一个干部教工的创造性和积极性，力求通过建设科学完善的学校治理体系和科学合理的治理结构搭建丰富多元的成长发展平台，让每一名干部教工都能在自己所擅长的领域得到机会，长足发展，以此激活学校干部教师干事创业的积极性和能动性，激发学校办学活力，有效赋能学校治理体系和治理能力现代化建设，有力推动学校高水平建设和高质量发展。

2017年，学校在总结办学理念时提出"每个人都是主角，每一步都是结果""让专业的人做专业的事"的学校管理思路和"人各有才，才各有异，扬长避短，人人成才"的育人理念，探索变革以往传统学校层级管理的结构模式（见图四），构建聚焦专业发展和质量提升的年级级部纵向治理与"八大中心一个委员会"横向治理并行的相对扁平化治理结构模式（见图4），从而降低以往层级管理中存在的信息传递衰减、非专业人员指导专业人员导致工作方向不准、

工作标准不高、工作质量一般的风险，实现级部事务管理与八大中心、一个委员会行政职能管理直接对校长负责。这样校长更直接了解掌握教育教学一线行政智能管理的动态信息，校长办学理念的思想得到直接执行落实，实现专业的人做专业的事务，方向不走偏、标准不走样、质量有保障的学校特色高质量发展的目标。

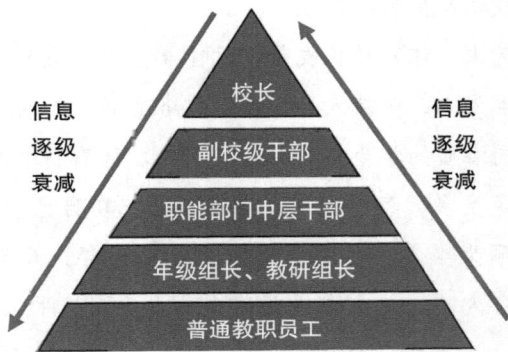

图 4　传统学校层级管理结构模式

学校在多年进行学校管理结构改革的研究实践中，逐渐梳理形成党组织领导的校长负责制主导的党政联席会统筹校务委员会、党总支、工会顶层三重一大议事决策机构，改革了原来传统层级管理结构，构建了在学校校务委员会统筹领导下的年级级部教育教学事务管理与八大中心、一个委员会行政职能管理扁平治理结构（见图5）。在此治理结构模式下，学校教育教学和行政后勤等各项工作得到最大限度放权，同时各级部和各部门一线工作信息也能直达校务委员会，实现了学校从管理向治理的转变。学校"管理"变成学校"治理"，最核心的变化是治理主体的多元化。随着治理的主体发生改变，治理的方式也相应改变，当学校每个人都成为学校治理的主角后，干部教师的积极性和创造性得到了极大的激活，学校治理效能也大大地提升了。"管理"变成学校"治理"实现了"党组织领导、党政联席会统筹负责、各部门协同、干部教工甚至学生和家长参与"的共建共治共享治理模式，让信息传递效率最大化，让议事决策效果最优化，为进一步赋能学校高水平建设和高质量发展提供了强大的活力与动力。

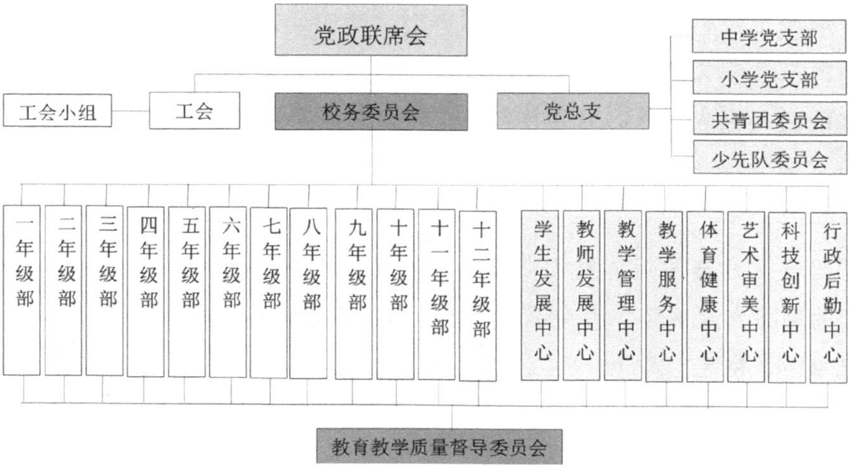

图 5　年级级部教育教学事务管理与八大中心、一个委员会行政职能管理扁平治理结构模式

八、科研领航偕行悟道，牵头集团办学促进集团优质均衡发展

建校以来，育新龙校积极引导干部教工把问题转化为课题，把困难转化为动力，积极进行研究探索，寻求突破和发展，在研究中更新理念，提升学术素养，促进教师专业发展。建校十年来，育新龙校市区级课题已经结题的有11项；正在研究中的有18项。近几年来每学年市区论文获奖人次均在100人次以上。仅2022年，育新龙校教师参加各级各类课题研究有：北京市级课题12项、122人次，昌平区级课题4项、33人次，校级课题3项、23人次。

2016年被评为昌平区教育科研工作先进单位、北京市基础教育科研先进学校；2022年再次被评为昌平区教育科研工作先进单位。

自首都师范大学附属回龙观育新教育集团成立以来，育新龙校作为集团总校坚持辐射引领带动集团成员校在机制体制建设、课程建设、文化建设、队伍培训、招生入学、绩效改革、疫情防控、家校共育、资源共享、教育教学等方面进行了积极的探索实践，共同研究适合回龙观育新教育集团特点、具有回龙观育新教育集团特色的集团办学模式，达到回龙观育新教育集团内各校区共同提高、发展的目的。育新龙校坚持每年牵头召开一届集团教科研年会，一年一主题，逐级进阶，偕行悟道。2009年第一届教科研年会主题为：回天有我展风采，集团办学谱新篇。2020 年第二届教科研年会主题为：践行思维教学提升质量，研究发展规划共谋未来。2021 年第三届教科研年会主题为：贯彻"双减"落实立德树人根本任务，探索特色高中建设共谋集团未来。2022 年第四届教科研年会主题为：多元共治，优化内部督导，推进学校治理体系和治理能力现代化建设。

2020 年 2 月陈国荣总校长带领集团校务委员会进一步明确了回龙观育新教育集团的整体发展思路，明确了从管理结构、资源统筹、机制体制、办学目标等方面对集团各校区、各学段进一步优化整合，形成回龙观育新教育集团"育新华电附小和育新华电附中九年贯通培养、回龙观育新小学部和初中部一体化管理的两个九年义务教育学段全面优质发展、沙河校区初中住宿部特色优质发展、回龙观育新学校高中精品优质发展"的发展思路，进一步调整、补充各校区干部教师安排，优化配置，力求集团办学效益最大化、最优化，为提升回龙观育新教育集团办学品质、提升集团办学质量，办好人民满意的集团优质教育，为昌平教育质量的整体均衡、优质提升和发展做出回龙观育新教育集团的突出贡献。

九、十年盛开硕果累累，跨越辉煌扬帆再启新时代新征程

建校十年来，育新龙校认真贯彻落实党的教育方针，与首都师范大学附属育新学校紧密、深度手拉手合作办学，坚持"育德致美，启智日新"的学校发展核心价值观和"发展素质教育，从优质走向卓越"的发展愿景、使命，坚持立德树人，注重全面育人，经过十年发展，学校取得了显著的办学成绩。校风优良，教育教学质量优秀，特色发展成绩显著，已经成为回龙观地区居民普遍认可的家门口的热点学校。

一秩笃行，十年盛开。建校十年来，育新龙校高位起航，承担责任，创造历史，留下精彩。学校先后被评为全国国防教育特色学校、全国体育工作示范学校、全国排球特色学校、全国篮球特色学校、全国航空教育特色学校、北京市中小学科研先进校、北京市综合素质评价先进校、北京市校额到校优质高中校、北京市排球传统学校、北京市武术传统学校、北京市基础教育课程建设先进单位、昌平区小学教育教学质量综合评价优秀学校、昌平区初中教育教学质量综合评价

优秀学校、昌平区发挥教育教学引领作用优秀学校等荣誉称号。学校七年级学业水平监测平均分、及格率、优秀率连续全区领跑，中高考成绩名列昌平区前茅。2021年学校被评为昌平区发挥教育教学引领作用优秀引进学校。

十年辉煌已成历史，踔厉奋发再启征程。2022年，伴随党的二十大胜利召开，育新龙校迎来建校十周年校庆。育新龙校将乘着党的二十大东风，扬帆新时代新征程，深入贯彻落实党中央国务院教育改革部署，围绕着昌平区委区政府、教工委教委关于集团化办学改革精神，认真贯彻落实"十四五"发展规划，认真做好后疫情背景下的教育教学，进一步深入研究新时代学校党建工作、卓越教师培训、师资流动、课程共享、协同发展、文化建设、平安校园建设等事项，努力提高学校办学品质，为党育人，为国育才，为北京市和昌平教育优质均衡发展做出更大的贡献！

目　录

教学探索

魅力课堂

育人实践

教学探索

课堂中实现事实性知识到方法性知识转化的策略

——从"平行四边形性质"的教学设计谈起

杜丽明

事实证明，仅仅掌握事实性知识对于一个人的需要和发展来说是远远不够的，只有掌握了解决问题的方法才会提高其解决问题的能力。那么，如何在课堂中实现以事实性知识为载体的方法性知识的转化呢？本文以一节课的实施过程为例予以具体的阐述说明。

一、问题提出

在我们的生活中充满着大量的知识，知识可以分为四个水平：事实性知识，概念性知识，方法性知识，主体性知识。显然四种知识之间是相互联系的，主体性知识决定了方法性知识，方法性知识决定了概念性知识，事实性知识是由概念性知识产生的。如果主体性知识学生掌握了，那么事实性知识、概念性知识、方法性知识的掌握就更容易了。

下面以平行四边形的教学设计为例谈谈如何将事实性知识转化为方法性知识。

二、在课堂设计中实现由事实性知识到方法性知识的转化

（一）教学设计背景

本节课是在学生已经学过的平行线、三角形、四边形知识的基础上来学习的，在已有知识的基础上做进一步较系统的研究和应用。

通过对大量有关的"平行四边形性质"课例的查阅和研究，发现大多数学教师的处理是根据公理化思想证明得出平行四边形的性质，以培养学生的论证能力和几何公理化意识。很少有让学生独立地思考用怎样的思维方法去接受和处理新的学习内容，也很少有从单元的角度出发，去关注"平行四边形的性质"对学习内容和研究方法的指导意义。本节课从设计角度，培养学生自主发现问题、提出问题、解决问题的能力。

（二）学生情况分析

该班同学具有良好的学习基础和独立的学习习惯，善于发现问题、提出问题，而且很多同学都有良好的语言表达能力，这部分人可以起到良好的带动作用和发挥很好的感染力。

三、"平行四边形的性质"教学设计的三维目标

知识与技能：掌握平行四边形的概念、性质，以及平行四边形性质的推理进一步培养推理论证的能力。

过程与方法：经历平行四边形性质的探究、归纳过程，体会通过操作、观察、猜想、论证获得数学知识的方法；提升数学思维品质，提高自我评价能力。

情感态度与价值观：让学生充分感受到数学从生活中来、再回到生活中去的道理，理清解决问题的思路，学会思考问题，感受到数学的趣味性、逻辑性、实用性，从而提高学生学习数学的兴趣，通过小组合作学习培养合作意识。

教学重点：探索平行四边形性质的过程及论证其性质的过程与方法。

教学难点：理解体验全面辩证地去思考问题的思想方法并自觉地运用这种思想方法去解决自身面临的数学问题或其他问题。

四、方法性知识的课堂实施过程及策略反思

活动一

活动名称：宏观分析平行四边形的性质及本章知识结构框架。

活动目标：让教学活动贴近生活，贴近实际；培养学生从总体上系统把握

知识脉络的能力。

活动过程描述：寻找生活中的平行四边形，学生课下完成，组长分类总结，小组评价，谈心得和新的发现，以四边形为渊源发现平行四边形的性质，讲清平行四边形与四边形的关系。构造本章知识结构图，提升总结：事实上我们无论做什么事都要有自己思维的框架体系，有的时候是清晰的，有的时候是模糊的。

活动反思：学生在寻找生活中的一般的平行四边形时，实例多数局限在矩形上，也是生活经验的局限制约了孩子们的思考。

活动二

活动名称：微观分析平行四边形的性质。

活动目标：培养学生细致入微地分析问题并提出问题的能力。

活动过程描述：主讲学生首先提出怎样研究平行四边形，并提出自己的方法：一是用分类法，由平行四边形的构造出发，研究平行四边形的边角位置关系及数量关系；二是用几何画板测量出平行四边形的边长、角度，得出平行四边形的性质。

活动反思：从学生小组备课情况看，他们已经能够找到研究问题的切入点，知道首先要从其构造出发，研究其构成元素之间的位置关系及数量关系。

活动三

活动名称：运动中平行四边形的性质。

活动目标：培养学生的动手能力，用运动变化的观点体验平行四边形的性质，同时让学生体验用运动变化的观点看问题的意识。

活动过程描述：做出相应教具——平行四边形和三角形，展示平行四边形的不稳定性；通过几何画板演示：平行四边形是中心对称图形。

活动反思：课下学生用不同的材料制作了很多平行四边形，很自然地感受到了平行四边形的性质，或许这种体验还需要加强，以使之成为一个自然而然的思考过程。

教师提升总结：

对于上面的三个活动，教师进行了提升总结：体验认识问题的方法，宏观把握，微观入手，由静到动在变化中感受平行四边形的看不见的性质，这样我们就可以更全面去研究平行四边形的性质，以突出重点、突破难点。同时也可以更全面地去研究我们的问题。

教师小结目的：教师在合适的情况下"跳"出来，从较高的角度作启发或总结，学生对问题或方法的理解就会更加深入，学生站的理论高度会有所提升，对其认识问题、解决问题都具有一定的指导意义。

活动四

活动名称：推理论证平行四边形的性质。

活动目标：培养学生用数学的语言论证自己的结论，养成合情推理的习惯及严谨论证的思维。本活动将使同学们从实验几何走进公理化方法研究论证平行四边形的性质，提高学生的逻辑推理能力，使其体会严谨的公理化思想。

活动过程描述：讲课的学生从上组微观试验分析得到的性质出发，以定义为基础论证平行四边形的其中一条性质，总结方法，提出问题；听课的学生完成另外一条性质的论证。

活动反思：充分体现了数学中的转化的思想，同时培养了学生口头的说理能力。

活动五

活动名称：动态演示平行四边形与特殊平行四边形之间的联系，解决实际问题。

活动目标：进一步找到本章知识间的联系，通过应用平行四边形的性质解决问题，培养学生用联系的辩证方法解决问题的能力。

活动过程描述：

（1）几何画板动态展示图形的变化，感受一般的平行四边形与特殊平行边形之间的联系。

（2）完成一道综合题的基本思路（关注中考，思考问题的方法）由学生讲述具体的证明过程。

综合应用题：已知，如下图：

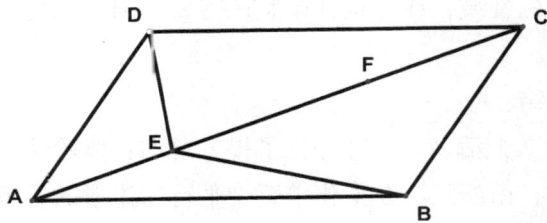

在 ABCD 中，点 E，F 在对角线 AC 上，且 AE=CF。请你以 F 为一个端点，

和图中已标明字母的某一点连成一条线段，猜想并证明它和图中已有的某一条线段相等（只需证明一组线段相等即可）。

你找到了求证和已知之间的联系了吗？

（1）连接

（2）猜想

（3）证明

渗透数学的思想方法：利用矛盾转化法研究四边形，一般是通过辅助线，把四边形的问题转化为三角形的问题。

活动反思：多数学生通过预习可以掌握平行四边形与特殊平行四边形之间的联系，但还不能够很好地阐述清楚。通过直观观察，学生能够体验到特殊的边角关系，感受到图形之间的联系，建立联系的观点去看待问题。

教师提升总结：任何事物都不是孤立存在的，本章的图形，即一般的平行四边形、矩形、菱形、正方形之间有着特殊的联系，发现它们之间的联系会更有利于我们去解决问题。

教师小结目的：让学生感受到联系的观点，以及联系的方法的普遍性和重要性。

活动六

活动名称：本章预习成果展示，新问题展示。

活动目标：提高学生提出问题的积极性主动性，培养学生的创造力。

活动过程描述：

（1）展示内容：等腰梯形的相对稳定性——极限为三角形，对极限的初步认识（创始人：于××）；梯形在何种条件下对角线是相互垂直的（创始人：温××）；立体图形中的最短路径的讨论（提出人：袁××）；多边形的全等条件，平行四边形的全等条件，梯形的全等条件（提出人：黄××）。

（2）由学生对其提出的问题及结论进行解释。

活动反思：感叹于学生的创造力、思考力，他们能够提出很好的问题；教师要为学生创造提出问题的时机。

五、探索反思

整个过程设计及实施过程本着将事实性知识转化为方法性知识的原则，同时采用小组合作研究方式，从不同的角度研究了平行四边形的性质。每个小组研究的角度都不同，但整体的过程却体现了全面辩证的方法，即从宏观到微观、从静态到动态、从实验几何到论证几何、从独立的研究变为联系的研究。在课堂的每个活动中，我们都在向学生展示方法，即探索问题的一般方法。

新课标背景下小学数学教学生活化研究

陈长静

随着新一轮课程改革的推进，教育越来越受到人们的关注。小学是教育的初级阶段，学生的身体和心理发育尚不完善，而小学数学是一门很难掌握的学科，它对学生的记忆力要求很高。"生活化"是当前小学数学教学中普遍采用的一种教学方式，它把生活和数学知识有机地结合起来，既能提高教学质量，又能全面地提高学生的综合素质。文章就新课标中的生活化教学进行了探讨，以期为广大教师提供一些有益的参考。

一、引言

为了适应时代的发展趋势，我国的中小学纷纷进行了新一轮的教学改革，以提高学生的综合素质。新课改后的课堂环境与传统课堂相比有很大不同，其中最显著的变化就是教师和学生的角色转变，学生在课堂上扮演着主导的角色，而老师则扮演着辅助性的角色，将舞台交给了学生。新课改强调学生思维能力、创新能力和实践能力的培养，采用特殊的教学方法，使学生形成良好的学习习惯。小学数学是一门很难掌握的学科，它的知识比较单调，因此，在教学中，可以采用生活化的教学方式，从学生的生活切入，增加课堂趣味，从而达到提高教学质量的目的。

二、小学数学在新课改中的教学目的

近几年，随着我国经济的快速发展，科学技术和文化水平得到了极大的提升。新时期，随着社会对各类人才的要求，课程改革势在必行。新课程与传统课程的最大不同在于：从教师到学生，注重全面发展，即以素质教育为主，以创新的教学方法来激发学生的学习热情，培养学生的自主性和探究能力。小学是一个人的身体和心理发育的早期，在此期间开展素质教育对于促进学生的全面发展有着十分重要的作用。在学生的每一个学习阶段都有数学的影子。小学数学作为一门综合性学科，其教学目的除使学生掌握基本的数学知识之外，还应注重对学生的逻辑思考的培养，为今后的数学学习打下坚实的基础。数学知识来自生活，为生活服务，与现实紧密联系在一起。小学生的思维比较简单，逻辑思维比较薄弱，所以采用生活化的方法进行小学数学教学具有很大的现实意义。生动活泼的教学活动，既能激发学生的学习热情，又能促进学生的自主思考、探索、创造和谐的互动课堂。

三、新课标实施中生活化的小学数学教育的效用

（一）激发学生学习的动力

新课改的一个突出特点就是：教师的教学不再局限于理论，而是重视学生的实际应用。数学生活化教学把数学知识和生活联系起来，从生活的视角出发，让孩子们在生活中体会到数学的乐趣，从数学的视角来思考人生。数学知识比较枯燥，小学生的自我控制能力比较弱，容易走神，对枯燥的东西也没有什么兴趣，而通过生活式教学，可以让小学生在生活中发现数学的秘密，用数学知识来解决问题，让他们体会到数学的乐趣，从而激发他们的学习热情和兴趣，保障数学教学的顺利进行。

（二）有利于提高学生运用数学的实际运用能力

新课程强调培养学生的自主性与动手能力，而小学数学的教学目的并不限于单纯地让他们掌握基本的数学知识，而是要让他们在现实生活中应用所学到的知识。把生活方法应用于小学数学，使学生能够把课本上的理论知识与生活联系起来，两者相辅相成，学习更加轻松愉快，通过实际操作来掌握课堂知识，然后应用知识来解决问题，学生的知识和应用能力会大大增强，对教科书的理解更加深刻，为以后的学习打下坚实的基础。

（三）有助于丰富和发展小学数学课程的内容

数学教材中的很多内容和知识都来自现实，小学生的认知和学习能力相对

较弱，因此，在教学内容上要结合学生的特点和兴趣。把小学数学"生活化"，就是把教育的知识和生活联系起来，把生活中的知识，用到教育教学中去。

四、新课标实施生活化小学数学教学的策略

（一）教学内容

小学数学生活化的具体举措可以从教育的各个方面入手，一是学生的学习生活。数学是一门综合学科，它的许多知识都是抽象的、理论上的。小学生的思维水平较低，数学知识的学习难度较大，教师们可以把教学内容和生活联系起来，在日常生活中找到有用的数学资源，桌子、黑板、课本等，用日常的事情来激发学生的学习兴趣，并把课本上的一些重要内容归纳出来，让学生在课堂上找到学习数学的乐趣，让学生觉得自己和数学的关系十分紧密，从而提升课堂的教学效率。

（二）学习方式

教学内容生活化同时，教学方式也应生活化。生活化的教学方式能使学生更好地了解和掌握新课程的教学，生活化的导入与输出，更能激发学生对数学的兴趣。在具体的教学实践中，教师可以根据不同的教学内容，创设相应的教学情景。比如，小学的数学教材中有一节关于纸币的知识，这个与学生的日常生活息息相关，老师可以在课前让学生准备不同的纸币、硬币，提高学生的学习积极性。教师可以创设许多生活化的情景。比如，一公斤的苹果 3 块钱，小明要买 5 公斤苹果需付多少钱？小明付给摊主 50 块钱，摊主要向小明找零多少钱？诸如此类。当学生掌握了一定的知识之后，教师就可以让学生设计问题，然后请同学作答。这使教学活动更加生动，学生在课堂上更加高效，为学生以后的学习奠定良好的基础。

（三）教学评价

教学评价是一项非常重要的工作。通过考试，老师可以了解到学生对所学知识的具体掌握情况，并据此进行后续的教学安排。考试分为不同的层次，既有短期的学习，也有长期的学习。生活化考试应区别于传统的应试教育，它既是对知识的掌握，也是对知识的运用。比如老师在讲授"分数计算"时，因为分数的运算是以整数加减为基础的，所以老师首先要对整的加减法进行评估，以保证后续的学习。考试的时候，可以结合现实中的知识，出一些实用

的问题，比如，小花有几枚邮票，母亲给她二十二枚，小花给她最好的朋友小红三十枚，还有七十枚，她问小花以前有几枚？（本题为整数加法和减法的难题）。考试既可以锻炼和巩固原有的知识，又可以为以后的加减学习打下坚实的基础。在评价过程中，老师可以对成绩优异的学生进行奖励，作为其他同学的一个榜样，从而激发他们不断进步，寻找自信。将生活化的测验方式与生活中的教学内容、教学方式结合起来，使生命在整个数学学习中渗透，有利于学生的长期发展。

五、结语

教育要从娃娃抓起。新课改后，我国注重全面提高学生综合素质。小学阶段的教育将影响到学生日后的学习与生活，因此，教师要针对不同的特点，制定合适的教学策略。生活化教学是把抽象的数学知识和现实生活相联系的一种行之有效的教学方法。文章从教学内容、教学形式、教学内容、教学考核等方面阐述了教学的具体措施，使学生的数学学习热情、综合应用能力得到了极大的提升，并使教学内容更加丰富和发展，真正地提高了教学效果，为以后的数学学习打下坚实的基础，全面地提高了学生的综合素质。随着新课程改革的深入，生活化教学策略将会更加广泛地被运用，并会有更大的发展。

VR 创造式沉浸教学模式的构建与应用

郭宴伟

引言

2019 年 5 月，习近平总书记在致人工智能与教育大会的贺信中指出，智能时代的教育科学研究需要进一步加强交叉融合，并融入我国自身的文化特点。在基础教育方面，教育部提出推进人工智能普及教育，在中小学设置人工智能相关课程，逐步推广编程教育。因此，VR 教学作为人工智能教学应用的一个场景，需要主动融合求变，让 VR 技术真正融入师生日常教与学之中。

随着 VR 应用的快速普及与相关 3D 图形化编程工具的逐步成熟，VR 教学模式迎来新的转变，从单纯让学生使用 VR，转变为教授学生创意制作 VR，提供更深层创造式沉浸学习体验，VR 技术赋能教育的方式更加灵活、内容更加深入。

一、探索 VR 课堂的虚与实

（一）虚与实的困惑

自 2016 年起笔者负责所在校 VR 课堂教学实践项目，曾分别在信息技术、科学、英语、语文等学科中进行教学实践，VR 技术在各学科教学中的运用收到了良好效果，相关课程在全国性教学评比中获得特等奖。采用 VR 教学的教师往往运用虚拟现实场景与真实课堂场景相结合的方式，让学生沉浸在短暂的虚拟世界后，又回归到真实课堂讨论学习。VR 在调动学生学习兴趣方面效果明显，但这种体验式沉浸教学模式也引发了更多困惑与期待。以语文学科为例，一方面，直接将课文转变为 VR 视频是否会限制了学生想象力？另一方面，写作文时学生通常因为缺乏想象力而无从下笔，VR 技术是否能解决类似教学痛点？分析目前 VR 课堂特点，学生往往只是一个 VR 的被动使用者，沉浸感来源于别人所制作的虚拟世界。因此作为信息技术教师，我们应从 VR 技术特点出发，重新思考 VR 课堂的教学模式，以信息技术教学为突破点，从传统体验式沉浸教学转变为新型创造式沉浸教学，让学生变成一个 VR 的主动创造者，让 VR 变成学生发挥想象力的工具，进而真正发挥虚拟与现实结合的最大效能。

（二）虚与实的融合

教育信息化与人工智能的运用，其本质是从"物"走向"人"，让技术为教师和学生赋能。因此面对新技术融入课堂，单纯让学生去体验高大上不是唯一路径，主动进行融合，将传统 VR 体验式课程（教孩子使用 VR）转变为 VR 创造式课程（教孩子制作 VR）是上策，给学生创造机会让其在实践中求解困惑，在实践中更新理念培养思维，从而激发其创新的意识和勇气。

以前，专业人员才可以制作 VR 内容，现在小学生借助手机 APP 或 PC 端的 3D 图形化编程软件，自己就可以创造一个 3D 虚拟世界，并且所创作的 VR 内容可以很方便地进行分享与交流，比如通过导入 VR 一体机观看，或者直接将智能手机放入 VR 眼镜观看。VR 创造式沉浸教学模式将学生从单一的输入端，转变为输出端＋输入端的融合体；同时，学生制作的这些贴合自己心理的 VR 原创作品，也可以成为许多学科的课堂教学资源。

二、实践 VR 课堂的诗与远方

（一）为什么选择诗歌

VR 内容的选择需要贴近学生生活，小学生的学习生活离不开吟诗颂词，而在学习诗歌时往往存在痛点，比如难以想象古诗中的田园，多数城市里长大的学生其实对田园生活非常陌生。由于缺乏真实体验和经历的想象，学生往往难以与诗歌产生共鸣。VR 技术的沉浸感可以实现课堂上的穿越体验，解决学生诗歌学习的痛点。

（二）诗歌本身就是剧本

制作 VR 内容如同拍电影，首先需要剧本，而诗歌本身就是现成剧本。制作 VR 的每一名学生需要转换身份成为大导演，通过研读剧本、布设场景、编写角色脚本、设计台词等一系列探究活动，完成创意 VR 作品。学生在这样的创造式沉浸课堂里，可以享受整个学习和制作过程的乐趣，并且收获自己作品发布所带来的成就感。

以六年级学生制作《望庐山瀑布》为例，学生通过 VR 编程创造出一个虚拟世界，去诠释对这首诗的个性理解。每个学生除了要构建出原文诗句中描写的内容，还需要发挥想象力去合理丰富这个虚拟空间。因为一千个人会想象出一千个版本的"飞流直下三千尺"，所以学生各自构建的虚拟世界往往存在差异，可以给体验者带来多版本不同感受，比如体验者沉浸在这个庐山世界里，可能听到鸟鸣、遇到李白、看到银河。这种创造式沉浸教学模式既是对信息技术课堂的再造，也是对语文课堂的颠覆。

三、教学实践思考

VR 作为一门技术，其精彩在于应用，而其应用的核心在于创造力。通过降低门槛引导小学生使用 VR 技术进行创造，可以在实践中探索技术赋能教育的更多可行应用。基于以上 VR 课堂教学实践，笔者有以下三个方面的思考。

（一）融合与转变：从 VR 体验式沉浸教学到 VR 创造式沉浸教学

现代信息技术环境下的教学将由学生、教师和智能设备共同组成，人机协同将成为未来学习的常态，智能机器将重构教师与学生的关系。但是当这样一个新技术、新设备出现在教学之中，总会在其应用初期难于确定最佳的应用方式，而随着应用不断深入并逐渐与真实教学需求融合，它才会慢慢融入师生生活、重构课堂。在教师方面，初期的 VR 体验式沉浸教学，教学资源被动受限于内容开发方，开发周期长、费用高等因素直接影响教师后期持续应用热情，而引入创造式沉浸教学，制作门槛低，教学资源可以随时随地按需打造，教师快速用虚拟去弥补现实学习场景的不足就成为可能。在学生方面，从单纯体验转变为综合创作，VR 技术成为思维重构、创造发现的新工具。例如，学生进行 VR 创作时，无意中发现将虚拟摄像机放置在山顶进行拍摄，可以使用上帝视角俯瞰整个虚拟世界，这样的沉浸式学习环境令其脱口而出"会当凌绝顶，一览众山小"，诗人杜甫在《望岳》中的想法就可以轻松地借助这种创造式探究环境实现。类似这样的 VR 创造式沉浸教学场景，会逐渐融入学生的日常学习体验。

（二）具象与抽象：从信息技术教学到跨学科教学

在信息技术课堂上，从诗歌到 VR，是一个从抽象到具象的过程，它需要学生将语文课堂上的知识与感悟，用技术手段具体呈现出来。当诗歌里抽象、不精确的意境，用算法的语言去表达时，学生必须发挥想象力，一诗千面，一首诗有多种展现形式也就不足为奇了。技术就是帮助学生将这种想象变为虚拟现实。

在语文课堂上，从 VR 到诗歌，是一个从具象到抽象的过程。一方面，学生们在互相欣赏其他同学的 VR 作品时，于交叉对比中加深了对诗歌的理解；另一方面，在诗词教学中了解学生的思维过程和理解程度，往往是老师教学的痛点和难点，而老师通过观察学生们的 VR 作品，就可以发现学生的思维过程，了解学生对诗歌具体的理解程度，便于随时进行教学内容的调整和有针对性的引导。

因此，用 VR 技术诠释诗词，不是为了倒回去体验做一个古人，而是帮学生更好地做一个现代人，更好地学每一门学科。

（三）工具与赋能：从被动使用到主动创新

VR 作为科技工具应用于教学，应该想办法去凸显它的工具性特点，避免让教师和学生仅仅去扮演简单使用者的角色。正如教育是一个优雅和缓慢的过程，教育工具也是一个探索和发现的过程，当然，人工智能技术再先进，也无法替代教师和学生的心灵交流和思想启迪，技术不是要取代而是要赋能。

虚拟现实这种方式是用现代学生能够接受的方式，去拉近学生与诗词之间的距离，为诗词教学赋能，为更多学科赋能。当 VR 制作在普通老师那里变成低门槛、易操作的教学工具，相信每一名一线教师就不会局限于使用别人制作的 VR 教学内容，去为自己的教学隔靴搔痒，而是自己主动去量身定做。当 VR 世界在学生手中变成可以自主编辑生成的工具，学生就有机会突破原有视角，去扮演一个主动并乐于去创新的角色。

四、结语

随着 5G 时代的到来，在新的技术背景下，各种 5G 应用将逐渐普及，VR 在教学中的应用也将迎来新的发展。本文提出 VR 创造式沉浸教学模式，将 VR 课堂从单纯体验式沉浸教学，转变为教授学生制作创意 VR、深度与 VR 技术融合的新模式。本文主要以信息技术教学中制作 VR 诗词内容进行教学分析，但实际教学中还拓展有天文、地理、数学、英语等更多学科主题，以期让 VR 技术赋能更多学科、赋能更多学生真实生活。VR 作为新技术在教学中的实践还一直在路上，技术赋能教育、变革教育的路上还需要教育工作者在心中存有诗与远方，还需要一线教师愿意主动突破，因为毕竟"欲穷千里目"，还需"更上一层楼"。

凭借五"力" 提升"双减"背景下教学管理格局

王　慧

为全面提高育人质量，维护学生身心健康，减轻学生课业及校外培训负担，自 2021 年开年以来，国家出台一系列教育改革政策及指导意见，在国家最高层面上把学生的"减负"工作纳入议程。我们站在深化教育教学改革的重要节点，如何整体提升管理水平才能让"双减"在学校实现落地？这需要逐步探索出科学的管理方法，让教育回归初心和本质，守护好师生成长的"绿水青山"。

一、思考力——正确理解"双减"目标

思考差之毫厘，行动失之千里。作为教育管理者，要思考、回答、实践好把学生、家长、老师引向何方这一问题，才能真正将"双减"落到实处，所以，学校对"双减"政策的思考力决定着这项工作是否能行稳致远，究竟是被动执行还是创新实践？思考力在此时创造的价值显得尤为重要，我们需要对双减工作进行不同角度的深入思考。

从初心使命角度来看，从 1921 年到 2021 年的一百年时间，人民群众对美好生活的向往是我们奋斗的目标，教育是必需的基础服务；从宏观经济角度说，在第三产业之中校外培训的过度膨胀发展，如果不加以调控，未来很有可能会危及整体产业结构的健康发展；从资源角度讲，陷入与校外培训机构的内卷是对国家资源的巨大浪费；从国家竞争角度来说，国与国之间科技、经济等全方位的竞争背后，核心是人才的竞争。我们必须要停下来思考为谁培养人、谁在培养人、培养什么人的问题，从根本上守住儿童身心健康和人格健全的底

线。站在这样的高度来理解，"双减"指向"双升"：提升课堂教学质量，提升课后服务水平。

二、行动力——精准把握"双减"提质核心

（一）团体结构调整促进教师专业化发展

既然"双减"工作的核心在校内，那么校内提质的核心一定在课内。向课堂要质量，提高干部、教师专业能力就是双减核心目标。教师在"双减"中如何自处，这是一个现实问题。"空袋无以自立"，增值赋能是教师停不下来的人生课，尤其在"双减"大背景下，教师专业能力的发展永远是第一要义。

那么教师专业能力如何可持续发展呢？只有一种伴随着交流与分享的群体合作研究过程，才能对全面提升教师应对新课程的能力产生广泛的影响，教师之间的互动合作促进教师探索和学习，让课程改革的理念从教师内部生发出来，置身于这样一个生态教学研究环境中，抓好几个专业群体建设，才能使每个人都取得专业发展和成长。

1. 教研团队

作为落实教学工作计划、开展教学研究、进行学科管理、提高教师业务水平的重要阵地，教研组的作用"当仁不让"。这个团队研究什么？课堂永远是"一"。通过课堂来把脉，查找问题，再度完善，反观备课。这样几个来回走下来，这个过程自然而然地成为教师教学设计与教学基本功的淬炼之路。

2. 项目团队

除了教研团队，还可以引导教师借项目之力丰满自己的羽翼。如"整本书阅读""项目式学习""传统文化""思维型教学提升"等项目。从教育教学中的"小问题"入手，让每个老师成为研究型教师，并将研究成果反哺教学，这样"教""研"相长、循环往复，形成良性循环。

我们希望通过关键专题、关键项目、基础日常的相互作用，让教师专业化发展的基因能够落实在常态实践中。这种结构性的机制调整用的是乘法思维。所以，双减的落实不仅有加减法，还需要用上乘除法以整体提升教学管理水平。

（二）用柔性管理激发教师能动性及职业幸福感

"双减"工作的真正落实意味着学校要在教育时间、空间、效能等诸多

方面进行更大尺度的投入，这都需要依靠教师群体的智慧与力量，调动更多教师投身教育变革的积极性与主动性，同时，在服务学生、成就学生中提升教师的职业获得感与幸福感，这些因素决定着"双减"政策落地后能否行稳致远。

为了让教师能够凝心聚力落实"双减"，学校可以尝试"弹性上下班"制度，从全面调研教师意愿着手，从学校实际出发，尝试对坐班时间与自由时间进行科学分配，使两者可根据教师实际情况进行弹性互换，最终实现教师时间更灵活、高效的使用。这些技术性操作归根结底，是一种柔性的管理制度，体现了管理者对教师的尊重以及精神关怀。

三、成长力——为学生自我成长提供无限可能

（一）校本作业设计助力自主教育

"双减"政策下，学生有了更大的自主空间与时间。学校应抓住这个时空，聚焦学生自主学习、自我教育，开展丰富多彩的学习活动，旨在使学生在活动中体会到自我提升，自主管理所带来的成果，获得成就感。如果在其内心深处孕育出一颗自我教育的种子，再沐浴阳光雨露，假以时日，必能破土而出，草木丰茂。

那么怎样在学生心中埋下这颗种子呢？教师在制定校本作业的时候可以精心设计特色插页，指导学生怎样结合学科制订计划，梳理所得，并给孩子留出一定的时间和空间去独立思考，形成文字、表格、思维导图等。培养学生的自主学习、自我管理意识，使学生养成在学科学习过程中分阶段进行知识结构复盘的习惯。推动学生做学习的主人，在思考中明确自己的目标，在复盘中修正自己的方向，逐渐摸索出自己的学习之道。

（二）分层作业助力自我管理

关注与支持每一个学生的个性化学习，针对学生差异，精心设计套餐式分层作业供不同需求的学生选择，通过免写金牌等多种形式促进学生内驱力生长；通过"分层"辅导确保学生在校内"吃饱""吃好"；通过课后服务分层指导学生完成作业，对学习有困难的学生进行精准辅导，为学有余力的学生拓宽学习空间。让学生参与到作业设计中来，组织"我心目中的好作业""好作业我来设计"等活动，调动学生作业积极性，发挥作业的最大效能。

（三）完善过程评价助力自我成就

课程建设一定少不了评价体系跟进。以传统文化学习为例，基于传统文化教育在立德树人中的价值转换，可以在全校开展传统文化课程，为全校每一位学生精心订制传统文化通关护照。自我评价、教师评价、同学互评及家长评价相结合，定量评价与定性评价相结合，帮助学生有效调控自己的学习过程，使其获得成就感，增强自信心。

四、吸引力——彰显课后服务的温度与气度

（一）服务原则

坚持"立德树人"五育并举，注重学生全面发展。课后服务，服务的是能力素养，让学生的思维方式优化、自学能力提升，"教"是为"不教"做准备。在校园内，通过时间、空间的统筹规划发挥课后服务的最大效能。在减轻学生过重作业负担的同时，最大程度地扩展学生能力边界，提升学生的综合能力，为学生的全面发展助力。

（二）管理体系

在"五育并举"目标的指导下，由学校统筹设计课后服务内容，如时间统筹、方式统筹、人员统筹、课程统筹、地点统筹。结合五育并举，涵盖自主学习、培优补差、语言艺术、传统文化、数学科学、体育健康、环境保护、艺术教育、劳动教育等几大门类。构建学习场所、学习内容、师生三结合的有序轮换方案，保证课后服务高质量、有序地开展。

五、影响力——聚焦转变推动家校协同

教育的更新、迭代过程是形成共识、凝聚合力的过程。家长观念的转变、家校协同育人机制的完善是落实"双减"的关键。可通过系列家长课程，对家长提供家庭教育指导和咨询，引导家长掌握科学的教育理念和方法，建立多元价值引领，共情、共识、共为、共筑孩子的未来发展。

这将是一个秩序重建和观念重塑的时代，"双减"的背后实则是双升的要求，提升课堂教学质量和课后服务水平，提升教师专业能力及学生核心素养。最终要在增增减减中回归教育的本原，所以，"双减"在一定程度上是教育工

作者自我调整、自我优化的一场硬仗。从来没有一本教科书，会写满"立德树人"的标准答案，教育的场景在拓宽，需要我们每一个学校、每一位教育工作者在真实情境中，提交鲜活的答案，以更宽的视野看待"双减"，以更科学的管理落实"双减"，真正发挥出教育改变未来的力量。

"双减"背景下如何提高数学教学实效性

王丽华

"双减"政策的落实不仅是为了全面减轻学生负担，更是为了督促义务教育阶段教师能够加强课程建设力度，不断地对现有教学进行优化与改革，尽快达成"减负增效"的最终目的，满足学生的成长发展需求。为了进一步落实"双减"政策，紧紧围绕培育核心素养核心目标，整体设计课上、课下的学习活动，以精简、生动的作业代替重复、机械的传统作业，切实达到"减负增效"的最终目的，坚持贯彻素质教育根本理念，以促进学生全面发展。

一、多元教学，激发兴趣

在小学数学课堂教学当中，教师应当遵循学生的性格特征、兴趣爱好、思想认识与学习基础开展多元化的课堂教学，结合实际教学内容，设计不一样的数学课堂，让学生每一次的数学学习体验都焕然一新。教师可以一改传统教学课堂中教师为主的固有模式，与学生进行角色互换，将学习的主动权交到学生手中，以此催生出学生对数学知识探索的浓厚兴趣，并在强烈的动机下实现主观能动性的充分发挥。再或者教师可以通过小组合作的形式，带领学生们对具体主题进行探索性学习。

例如，将学生按照学习基础以最均衡的人员配置分为几个小组，由组员共同选出一名组长，由组长带领组员开展问题的探究。如在教学"方向与位置"时，教师可以将本地区最著名的地标建筑或大众场所作为方向与位置的中心，让学生以学校为中心指明建筑方位，并将通往目标的道路规划出来，看哪一组的速度最快、路线最多、答案最准确。让各小组进行分工与探究，最后邀请学生上台进行展示，再由教师进行最终总结。如此一来，学生地位得到了尊重，其自身能够深入地参与到问题的探究中。并且，在小组合作的过程中，每一位学生都可以发表自己的心得体会，达成 1+1>2 的效果。

二、创设情境，营造氛围

数学知识与学生的现实生活紧密相关，如果将所学内容与学生的日常生活联系到一起，可以让学生更透彻地理解知识学习的意义，使学生能够进一步掌握数学知识，并用于解决自己生活的多样问题。为此，教师可以适当地在课堂教学当中引入一些生活化元素，将一些平常但与数学有关的事物作为课程导入的内容，使学生能够提前感知到本节课的教学情境，做好心理准备。数学课堂生活化需要教师将数学语言生活化，将教学内容、主要知识点衔接到学生的日常生活当中，从学生兴趣出发，使学生在探究中感到乐趣。

在教授"扇形统计图"时，教师可以将我们生活中常见的内容制作成扇形统计图，如每周上网时间、每周零花钱等。学生在学习与自己息息相关的内容时能够保持高度的注意力集中程度，且增强了学生的参与感，使学生能够切实地感受到自己真正的参与到了集体学习中。由此所形成的良好氛围可以有效改善传统教学课堂的沉闷氛围，打破学生对数学课堂的固有认知，从而主动积极地参与到课堂学习当中。

三、现代技术，助力发展

现代信息技术的全面应用给各行各业的发展都带来了极大的便利，促进着各个行业的全面进步，教育行业也不例外，现代教学工具与教学资源平台、网站，都是技术与教育融合后的现代产物，能够为教师教学带来极大的帮助。恰好，"双减"政策下的"减负增效"战略需要便捷、高效、现代的教学手段作为整体支撑，而现代信息技术则成为诸多教师的不二选择。为此，现代小学数学教师必须要重视信息技术的全面应用，积极加强对现代教学工具的深入探索，以灵活的实践应用来发挥出其最大的优势，以提高现代数学课堂的教学效率，提高教学质量，更好地促进学生全面发展。

四、创新作业形式，提升能力

　　课后作业一直是让众多学生比较头疼的事，繁重的课后作业会让学生感觉压力很大，课下时间应该是学生得到放松的时间，它可以让学生的大脑得到适当的放松，以更好的精神状态迎接新知识的学习。但是，如果教师留的作业单一重复较多，作业内容比较枯燥乏味，就会大大降低学生的学习效率和掌握知识的能力。作业不仅是帮助学生巩固课堂学习到新知识的工具，还是锻炼学生自主学习能力和自主探究能力的重要环节，教师应该在双减政策实施的背景下让作业形式变得多样化。在教学活动过程中作业作为其中的重要组成部分，它能够帮助学生发展自己的数学思维，提升自己的数学问题解决能力，让学生形成自己独特的学习方式。教师创新作业形式，不仅可以让学生更好了解自己的真实学习情况，让教师了解自己的教学效果，还能形成一个良性的反馈，帮助学生提升自己的学习能力，帮助教师改变调整自己的教学手段。

　　例如，教师要利用丰富的作业形式来激发学生写作业的欲望，在课堂中可以使用口头作业的形式来加深学生对数学知识点的印象，还可以利用学生的好奇心让学生完成一些实践性作业，让学生在实践的过程中掌握更多的数学知识，像教师在教授"年、月、日"知识的时候，有一项需要学生自己制定日历的任务，让学生掌握制作方式，自己动手完成作业。

　　综上所述，"双减"政策的实施不仅可以提高学生的学习质量，还给教师提供了提升自己教学能力的平台。因此，教师要通过不断地创新教学模式，激发学生学习数学知识的欲望，让学生可以主动探索数学知识。

探究魅力课堂——创境　启智　拓思

赵　霞

语文新课程标准提出："语文课程应该是开放而富有创新活力的。"时代需要具有创新意识和创新能力的人才。教学法一旦触及学生的情绪和意识领域，触及学生的精神需求，就能发挥高效作用。积极情感是放飞学生思绪的"能源"和"发动机"。在语文教学中不仅给学生提供了有力的翅膀，更使学生放飞了思绪，这样才能提高学生的思想道德修养和审美情趣，使他们逐步形成良好的个性和健全的人格，促其诸方面的和谐发展。怎样激发学生的主动意识与学习兴趣？创境、启智、拓思，多维度拓宽学习语文的渠道，逐步提高学生的语文素养。我在《幸福在哪里》课堂教学中进行了一些探究与实践。

一、入情入境，启智思绪高飞扬

我们的小学语文课堂应该注重朗读，在琅琅的读书声中培养语感；在琅琅的读书声中感受快乐、幸福；在琅琅的读书声中体悟人生的真谛……引导学生在入情入境的朗读中轻松愉悦地学好语文，更是每位语文教师必备的教育理念。

《幸福在哪里》是保加利亚著名作家埃林·彼林所著的一篇童话故事。主要写了三个牧童清理泉井，得到了智慧女儿的祝福，十年后，通过他们自己的劳动，找到了幸福的事情。说明了幸福可在有益于人类的劳动中获得的道理。

文中处处洋溢着美、渗透着美。面对这样一篇美文，我在班上做了课前预测：全班同学都非常喜欢这篇课文，通过课前预习已基本上能正确、流利地朗读课文，初步了解课文大意。这给我的课堂教学带来了无限的憧憬——课前让学生与课文内容产生共鸣，定能收到奇好的效果。

在课堂教学中，我充分发挥多学科整合的技能，集多媒体手段音、形、色于一体的特效——课堂学习在一首欢快的《幸福拍手歌》中开始啦！孩子们边歌边舞，个个脸上洋溢着灿烂的笑容。激趣导课的教学目标达成了，学生的思绪飞扬起来了，智慧的小火花在每一个孩子的身上闪烁着。

面对一个个求知欲望强烈的孩子，重点引读三个牧童挖泉井的部分时，我精心设计了从橘红色的晨雾中飘来了智慧女儿。学生们目不转睛盯着大屏幕，那发亮的眼神告诉我，他们似乎已沉浸在美景如画的童话世界里，置身于郁郁葱葱的树林之中，情不自禁地跟随着音乐拿起课本读起书来。PPT悄然抛出问题：借助图片，边读边思，假设你就是三个牧童中的一个，此时心情如何？争先恐后的学生通过分角色朗读，体会到牧童们的愉快。谈感悟的学生那种心满意足的开心劲儿更是溢于言表。学生为什么这么快乐？教育引导，学生们迫不及待地说："浑浊的泉水变成了清澈的、如同镜子一般的泉水，我们把它弄干净了，就是供大家喝的……"学生们领会到三个牧童此时因做了对人们有益的事而感到幸福。语文课堂的魅力紧紧吸引着孩子们在知识的海洋里畅游。

阅读教学让学生从读中得到快乐，有所感悟，轻轻松松地学到知识，提高语文素养。这样的课堂不禁让我想到著名特级教师高林生先生曾说："只有把文字描述的场景还原、再现，在教师、教材和学生的心灵之间搭起一种相似的和谐共振，才能使学生与所学的知识产生共鸣。"

二、拓展想象，合作思辨助成长

语文教学中培养学生的想象力，一种很有效的方法就是教师在深入钻研教材的基础上，选准能启发学生想象的"触发点"。让学生自己代入喜欢的人物角色。

A小组里同学们在合作探究学习中，通过阅读抓关键词语理解文章内容的方法，理解、思考、辨析后明白：当了医生，会为自己能给人治病，使病人恢复健康而感到幸福。

B小组的同学们在合作辨思学习中，联系上下文阅读，总结工作会为自己给别人带来益处而感到幸福。

C小组同学们边读边想象自己就是农民，感受到了丰收与喜悦，也为自己能生产粮食，养活了许多人而感到幸福。

是啊，文中的三个人职业不同，但都是用自己的劳动为人们谋幸福。同学们从拓展想象中找到了幸福。正所谓"未见意趣，必不乐学"，拓展想象、合作辨思不仅激发了学生的学习兴趣，还推进了学生语文素养的提升。

三、授之以法，创新思维多飞扬

教师应处理好传授与感悟、知识与能力、过程与结果的关系。把学习的方法传授给学生，让学生在学习过程中感悟、理解，依靠自己的学习去获取知识，体验愉悦。

词语理解——寻点。这里所说的点，是语言训练点，教师在语言文字的训练上，要科学善诱，巧设方法，引导学生寻点，让其从点中得到启示。如教学中对"领悟"一词的理解，先让学生读文中的句子，再联系上下文或自己已有的生活经历进行理解分析，最后鼓励学生试着换一个词语使意思不变，小声读一读句子，加深对文体的感悟与理解。学生很快说出了"明白""知道""懂得"等同义词。这样的寻点教学方法既提高了学生对语言文字领悟的深度与宽度，又培养了学习的创新思维能力。

感情表达——求异。所谓"求异"，要求学生凭借自己的智慧与能力，积极思考，主动探求知识，多方面、多角度创造性地解决问题。教学一开始，设置话题：智慧女儿说了什么？你有什么问题要与她交流？学生开动脑筋，发展求异思维得出下列教学流程：先阅读十年后三个牧童各自从事什么有益于人类的劳动，再回忆十年前三个牧童在一起的情景，通过"十年后"与"十年前"的鲜明对比，学生对文本的内容有了更深、更新的认识，对智慧女儿的话理解更透彻，个性化阅读的教学目标实现了。

大胆想象——多思。爱因斯坦曾说过："想象比知识更重要，因为知识是有限的，而想象是无限，它包含了一切，推动着进步，是知识进化的源泉。"想象是创新的翅膀，教学过程中，启发学生想象：你就是三个牧童中的一个，通过前面的阅读，你想说什么？学生们张开想象的翅膀：想象金秋时节，自己在田间收获劳动硕果时的那种累并快乐着的兴奋劲儿；想象自己在一家大型工厂里，挥舞着劳动工具，即使汗流浃背也笑脸盈盈的高兴情景；憧憬着自己正坐在医院里为患者治病……课堂上，学生语言流畅、用词恰当、观点新颖。这样不仅拓展了课堂内容，丰富了学生的阅读积累，而且提高了课堂效率与学生的语文素养。

四、探究提高，放飞思绪展魅力

有位教育家曾说过："学问的要诀，在于活用，不能活用的学问，便等于无学。"让学生在学习过程中学会探究，让学生们的思维放飞起来，从而提高其认知能力和学习的迁移能力。教师应给学生提供平台，不断地给予他们启发、诱导、激励和鞭策。在归纳拓展，感悟"幸福"这一环节时，因进入教学尾声，为了激发学生的学习热情，我预设：文中的三个牧童都感悟到了幸福，你在现实生活中看到了身边哪些默默无闻对社会做着有益劳动的人呢？学生们瞬间激情高扬、各抒己见，说出清洁工、园丁、交通协管员等我们身边既熟悉又常被忽略的许许多多默默无闻的劳动者。学生们谈论得兴致高扬，语言表达流畅。在学生尽情抒发对这些平凡且普通人物真心赞美的浓浓氛围中，多媒体出示了几条关于劳动的格言。在既有广度又有深度的思维拓展中，学生敞开胸襟，放飞思绪，在探究交流学习中思绪再次高高飞扬，浓浓的学习氛围溢满课堂。

高效、精彩的魅力课堂，会让学生们思绪插上翅膀。我们教师首先要更新教育观、育才观，要与时俱进，适应新课改理念，准确把握教学内容及学生身心发展特征，借助创境、启智、拓思等教学手法，引导自主、合作、探究等学习方式放飞学生。要授人以鱼，更要授之人渔，这样的魅力课堂才能唤起更多学生的学习热情，才能培养出越来越多的创新人才。

小学语文教学中的文本重构

郝姗姗

一、文本重构的内涵与要义

文本重构是对教材的二度开发，是根据实际教学需要在教材原有内容的基础上进行剪裁、整合与改编，以有效达成教学目标。

本文讲的语文教学中的"文本重构"，是教师在充分理解文意的基础上，抓住文章的脉络与主旨，使文本服务于教师对课文的设计。

文章的体裁不同，教师的切入角度不同，"文本重构"的方向、形式、内容也不同。

重构后的文本，按教师划定好的环节细化到每个区域中，侧重让学生感悟情感、主旨、精神，或是树立的形象等，其中或有交叉，但由于经过教师"重构"，必然变成一个重点突出、详略得当的文本。"重构"不是对原文本的偏离，相反是对原文本的升华、拓展与延伸。

二、文本重构的方式与分类

文本重构必然要突出与围绕一条主线或主旨来进行，通过构建情境、运用语言要素、多形式朗读、想象补白、同主题或同写法延读、原文译文比读等方式进行。

重构文本可深可浅，可多可少，有的是对某个文段的"微构"，有的是打乱文序、按照教师自成体系的设计思路来取用文本的"全构"，有的是针对某一要点（写法、主题等）来引入他篇深入剖析体会的"连构"，有的是对比原文咬文嚼字品词析句的"比构"等。

三、文本重构的原则与目的

无论怎样的重构，必须要遵循忠于原文、重点突出、融合顺畅、整体一致、多元有效等原则。

"文本重构"的目的或是让学生多角度地深入体验某种情感，达成某种共鸣，丰富内心感受，构建起精神世界的脊梁；或是理解某种主旨、认同某一观点，形成判断是非曲直的正确价值观与人生观；或是训练学生的文字品析能力，提升表达能力与写作能力，使学生能够构建和运用语言；或是突出、分析某一文学形象，让学生联系实际辩证地看待、对比与分析，提升思维能力；或是让学生了解中华优秀传统文化，感受、体验、运用以及传承中华优秀传统文化，从而提升文化自信。

四、文本重构的解析与示例

对于各种体裁的文本来说都可以进行文本重构，角度、方法依体裁、题材而定。散文作为一种常见文体，其"形散神聚"的特点也会让一线教师在重构文本时感到无所适从，大家更愿意去选择情节曲折的民间故事、童话、寓言、其他记叙文体等去展现自己的课堂风采。笔者作为其中一员，也曾有这样的困惑。笔者在研讨、听评课、观摩课的过程中，逐渐对这类文体的"重构"有了更多的认识，现将目前所见、所想、所感以概括、提炼的形式一一道来。

笔者选取了窦桂梅老师《再见了，亲人！》这篇课例作为抓手，来对散文文本的"重构"做一些方法上的概括和总结。

（一）微情境性

散文的题材广泛、写法多样，结构自由、不拘一格，文风也显质朴无华，写事如数家常，娓娓道来，并不需要情节的起伏跌宕与溢美之词的堆砌累加，情境的设置也是因事而设。在品读散文时，题目有时能作为揭示全篇旨趣和有画龙点睛妙用的"文眼"，教师通过在"题目"上的构思，把题目设计成一个微文本，便于让学生进入课文的情感氛围，领会作者为文的缘由与目的。

《再见了，亲人！》中，窦桂梅老师抓住题目设计了微情境文本：

> 战争最后终于胜利，正义和良知赢得了胜利。在 1958 年 12 月 25 日，最后一批志愿军回国了。

> 他们就站在站台上握着手说：再见了，亲人！

> 手拉着手说：再见了，亲人！

> 登上了火车，他们说：再见了，亲人！

> 火车马上就要开走了，他们说：再见了，亲人！

> 火车已经开走了，他们仍然呼喊着说：再见了，亲人！

上述段落为教师设计的微情境文本，通过多种小情境来渲染文章的气氛，体会作品的感情基调，同时也奠定这节课的文学色调。

当然，教师把题目构建成一个微文本，要注意紧贴原文，依据、改编、整合原文内容设计情境是高明之选。同时要注意简单、明了、可操作。

（二）概括性想象性

语言的发展与思维的发展相互依存、相辅相成，思维发展与提升是学生语文学习的指征之一，概括和想象是思维发展的重要组成部分。

概括是人脑在比较和抽象的基础上，把抽象出来的事物的共同本质特征综合起来，并推广到同类事物上去的过程。

想象是人在头脑里对已储存的表象进行加工改造形成新形象的心理过程。它是一种特殊的思维形式，属于高级的认知过程。

散文具有"形散"的特点，概括其中描写的人或事难度要比一般的文体大，但这也是使用此文体训练概括的意义所在。散文具有神思飞扬的特点，留给读者遐思的空间更大，在此种文体中进行想象补白教学实属锦上添花。

文本重构中的"概括"与"想象"其实是两种方法，本文放在一起写的目的，一是受制于篇幅的限制，二是与呈现的示例安排有关，三是二者同属于思维活动范畴，在这里阐释清楚以便读者明白释然。

《再见了，亲人！》中，窦桂梅老师针对大段的叙述进行了概括性与想象性并重的文本重构：

> 为了志愿军，大娘＿＿＿＿＿＿＿＿＿＿＿。

> 为了志愿军，大嫂＿＿＿＿＿＿＿＿＿＿＿。

> 为了志愿军，小金花＿＿＿＿＿＿＿＿＿＿＿。

> 为了志愿军，朝鲜人民＿＿＿＿＿＿＿＿＿＿＿。

为了朝鲜人民，志愿军_____。

前三句是对课文文本三段内容的分别概括，第四句是对前三句的概括，第五句是对第四句展开的换位思考般的想象与补白，由此奠定了中朝人民互为亲人的基调，语言上整齐有序而又层层递进，思维的训练上起承转合流顺畅快，情感上水乳交融步步升华，让人感叹精妙之构！

语文核心素养中亦强调，学生能在阅读与鉴赏、表达与交流、梳理与探究活动中运用联想和想象……能够辨识、分析、比较、归纳和概括基本的语言现象和文学形象……

教师在进行文本重构时，可以根据文本需要适当、适量、适时使用这两种方法，以达到最大限度补充原文本的短板、扩大原文本的优势的目的。

（三）多语气性

散文具有"形散神聚"的特点，"神聚"既指中心集中，又指有贯穿全文的线索。散文写人写事都只是表面现象，从根本上写的是情感体验。

语文教学中体验情感常用的方式之一就是带有感情朗读文本。朗读中会让学生将一种情感体验到最佳，教师深入分析背后的情感，或者用同类词语替换的方式使学生自己感悟，从而体现出在教师的点拨下学生朗读水平与移情能力的进步。这种方式值得肯定，也可以经过教师对于某段文本的重构，尝试用不同的情感去朗读一段文字，既能使不同的主体同时参与，也能使学生的情感多元化、层次化、递进化，当学生多次将此法迁移到其他文本的学习后，学生的思维能力也呈发散式扩展。

《再见了，亲人！》中，窦桂梅老师尝试用"请求、恳求、哀求、命令"四种情感去朗读一段文字：

大娘，停住您送别的脚步吧！为了帮我们洗补衣服，您已经几夜没合眼了。您这么大年纪，能支持得住吗？快回家休息吧！为什么摇头呢？难道您担心我们会把您这位朝鲜阿妈妮忘怀？不，永远不会。

情感层层递进、逐渐加深，课堂的情感氛围也被烘托起来。

教师重构多语气朗读的文本时，将情感呈现出来让学生带着预设的感情基调读是一种方法，还可让学生自我感悟、归纳，教师最后总结。当然，这种方法的运用对学生的要求较高，可以允许学生走一个由"进口"到"自我制造"的过程。

（四）段落性对话性

小学语文新课程标准低、中、高三段的侧重点不同，中高段更注重段与篇的学习。对于中高段的文本重构，应该注重其贴近原文、互相照应、自圆其说的段落性特点，使其成为链条上的完整一环，防止碎片化、零散化、生硬化。

在实际教学中，重构段落去让学生学习、朗读是比较考验教师的基本功与文学积淀的，然而对于恰当的篇章来说，可以就地取材稍加更改段落中的词语，可以保留段落中的关联词语与关键词语等主干去发挥，还可以与其进行相对的文意改编等，这些都不难做到重构一段贴切的文字服务于课堂教学，一线的教师可以适时大胆尝试。

《再见了，亲人！》中，窦桂梅老师在原文基础上稍加改动构成一个文本：

原文（志愿军对朝鲜人民说）：

> 再见了，亲人！再见了，亲爱的土地！
>
> 列车呀，请慢一点儿开，让我们再看一眼朝鲜的亲人，让我们在这曾经洒过鲜血的土地上再停留片刻。
>
> 再见了，亲人！我们的心永远跟你们在一起！

重构文（朝鲜人民对志愿军说）：

> 再见了，亲人！再见了，亲爱的志愿军！
>
> 列车呀，请慢一点儿开，让我们再看一眼中国的亲人，让他们在这曾经洒过鲜血的土地上再停留片刻。
>
> 再见了，亲人！我们的心永远跟你们在一起！

仅仅改换了土地（志愿军）、朝鲜（中国）、我们（他们）三个词语，就进行了角色的转换，将三个段落服务于另一个场景，能做到这一点，更多的是教师思维的转换和切入角度的不同。

而后，教师依据文本特点设计了对读场景，把阅读转为对话，更能表现出两国人民互为亲人、难舍难分的情谊，同时将"送别"与"诵别"推向高潮。

> （志愿军）再见了，亲人！再见了，亲爱的土地！
>
> （朝鲜人民）再见了，亲人！再见了，亲爱的志愿军！
>
> （志愿军）列车呀，请慢一点儿开，让我们再看一眼朝鲜的亲人，让我们在这曾经洒过鲜血的土地上再停留片刻。
>
> （朝鲜人民）列车呀，请慢一点儿开，让我们再看一眼中国的亲人，让他们在这曾经洒过鲜血的土地上再停留片刻。

（志愿军）再见了，亲人！我们的心永远跟你们在一起！

（朝鲜人民）再见了，亲人！我们的心永远跟你们在一起！

教师在重构文本时，既可以重构段落，也可以重构对话，可以将重构的段落转换为对话，也能将重构的对话转换为段落，为的是能够起到呼应、对比、烘托氛围、强化主旨的目的。

综上所述，教师对文本进行重构能将经典的、现有的，甚至有些古板过时的素材潮流化、主流化、个性化、鲜活化，更符合当时的国情、地情、班情，更多地反映教师对文本的解读与驾驭能力、学生对课堂的体验与参与程度。

教师对文本进行重构，符合当前"同课重构"的教育实践，能使一节语文课焕发经久不衰的魅力。

基于项目式学习的初三复习课初探

——以"制作简易制氧机"为例

王亚敏　崔珊珊　黄鸣春　王　磊

项目式学习是以学生为中心，基于真实情境，设置驱动性问题及任务，组织学生开展自主合作探究，最终呈现项目作品的过程。其核心目标是完成一个项目，但并不仅仅是完成一件事，更重要的是在整个项目学习过程中，希望学生可以提问题、做预测、设计调查研究、收集和分析资料、得出结论和交流观点，从而使学生学到最基本的科学概念和原理，并能把它们运用到日常生活中去，以理解知识和方法的意义。因此，对于项目式学习这种学习方式而言，它更强调的是综合性的学习。本节课尝试将项目式学习应用于初三复习课，在教学实施过程中紧紧围绕项目式学习的理念展开。

一、项目分析

"制作简易制氧机"项目中，学生要完成的最终项目产品是一台简易制氧机。在实验室制取氧气的原理和装置基础上，进行有创意的设计和改造，并将设计产品化，制作出属于自己的简易制氧机。在项目实施过程中学生要完成的认识性学习目标之一是对气体制备知识的复习，涉及的具体知识是实验室制取气体的原理和装置。除此之外，一旦需要将制作产品化，就需要考虑产品的规格和试剂的用量问题。也就是学生要完成另一个认识性学习目标即实现物质的定量转化，对应的核心概念是质量守恒定律和化学反应物质质量的定比定律——化学方程式的计算。通过化学创意制作，能够发掘化学反应的定量意义，认识性和实践性的学习通过相互作用实现融合。

二、项目流程

"制作简易制氧机"项目式学习任务及教学流程如下：

第一课时			
环节	任务设置	学生活动	设计意图
项目规划	感受制氧机从原理、定量、装置、工程技术角度规划项目	拆解制氧机；实验：制氧机制氧气；归纳需要考虑的问题	规划项目，形成思考角度
寻找制氧剂	寻找制氧剂定量选择制氧剂	元素守恒选择制氧剂；查阅资料了解原理；思考量的关系，分析思路方法；评价计算方法	逐步落实化学反应定量角度，设计制氧机
解读真实制氧机	查阅制氧机信息将化学装置与制氧机进行关联	解读氧立得原理装置；解读氧烛	完善装置、工程技术角度设计制氧机
设计制氧机	改进装置图交流展示	展示自主设计的家用制氧机；小组评价；讨论；再设计制氧机；交流展示	自主运用四个角度设计改进制氧机
第二课时			
产品发布	从几个角度思考产品，展示汇报，产品发布	思考四个角度，写出产品操作说明和注意事项，产品发布	自主运用四个角度制作制氧机，介绍制氧机
产品评价	评价制氧机，归纳制氧机模型	运用四个角度评价制氧机	自主运用四个角度评价制氧机

三、项目特点

（一）真实情境贯穿整个项目任务

本节课将项目任务置于真实的制氧需求背景下，在项目规划环节，教师首先创设情境，空气中氧气资源比较丰富，但有些特殊情境下还需要氧气和制氧机，通过展示医用、鱼池、登山等不同情境下的制氧方式引出项目任务——制作家用简易制氧机。接下来教师展示某制氧机的拆解图及原料、产品示意图及使用建议。学生阅读相关信息，并动手拆解真实制氧机，提出在拆解过程中想到的问题，教师对讨论内容进行归纳形成思考角度，即从原理、定量、装置、工程技术角度规划项目。之后学生进行实验，通过真实制氧机制得氧气，体会情境的真实性，理解制氧的原理。而接下来的解读真实制氧机、设计制氧机及产品发布等环节都基于要设计出真实的家用简易制氧机这样的前提下，极大地激发了学生的学习兴趣，将枯燥抽象的知识与真实问题解决结合，使学生完全沉浸其中。

（二）知识复习融入项目任务解决中

以往初三复习通常是习题讲评形式来回顾具体知识，但习题教学使知识点零散、孤立，缺少知识与问题间关联的建立，重解题技巧，轻基于问题解决思路的梳理和提炼，因此学生虽能熟记具体知识，但遇陌生的题目，仍然没有思考角度及思路。在本项目中学生自主调用所学知识解决制作制氧机过程中遇到的问题，同时建立思考角度和设计思路，提升批判性思维、问题解决能力。

在项目规划之后，学生明确任务即要解决原理和装置问题，这其中涉及的具体知识即实验室制取气体的原理和装置。接下来通过寻找制氧剂环节落实原理相关知识并解决设计过程中的原理问题。教师首先提出问题"哪些物质可以作为制氧剂来制得氧气呢？除了实验室制取氧气的药品，你还知道哪些？"学生回忆已经学过的化学反应，利用元素守恒找到电解水、双氧水制取氧气、高锰酸钾制取氧气、分离液态空气、氯酸钾制氧气等反应。同时教师展示资料渔业养殖和救生舱选择的反应原理（过碳酸钠、过氧化钙、氯酸钠、超氧化钾制取氧气的原理）。学生阅读资料，拓展对制氧气反应的认识。

接下来教师展示某真实制氧机的使用建议，学生关注到使用建议中有关反应物"量"的关系，教师引导思考，实际的制氧机需要获得一定量的氧气，要考虑化学反应中存在怎样的定量关系，在设计制氧机时，要考虑原料的单位投入及定量补充，另一方面要设定装置的产品规格。为了定量选取制氧剂，还需要解决"制取一定量的氧气需要多少制氧剂？"或者"一定量的制氧剂能够制取多少氧气？"。学生针对"5g 过氧化氢能提供多少氧气？"这一问题进行交流研讨，通过评价定量计算的不同方式，落实化学反应中定量计算问题，同时落实本项目设计中定量选择原理的角度。

本项目在"寻找制氧剂"这个项目任务解决的过程中，重点落实了初三化学中关于实验室制取氧气的化学反应、原理，及化学反应的定量计算，这些重点知识内容。就像学生说到的"把死的化学方程式变活了，在应用过程中，方程式的各个要素都发挥了重要作用""把实践和学习结合起来，让我们加深了对知识的理解"。

（三）项目任务将原理知识与工程技术融合，更加突出综合性和实践性

本项目围绕"制作家用简易制氧机"任务展开，在设计制作产品的过程中除了落实相应化学知识（如化学反应、定量分析、化学装置）之外，更涉及以

往初中化学教学不敢尝试的工程技术角度，让学生体会平面的书本知识与立体的工业生产之间的区别和联系，体会产品从设计到生产需要考虑外观、材料是否易得、环保、易携带等工程技术方面的问题，更加突出综合性和实践性。

从项目规划开始到最终产品发布，教师不断建立、发展、落实"原理、装置"两个一级思考角度和"化学反应、定量、化学装置、工程技术"四个二级思考角度。在"解读真实制氧机"环节让学生对比实验室制取氧气的装置与真实"氧立得"制氧机装置的区别与联系，同时解读缺氧环境中用于自救的化学氧源"氧烛"的装置，重点发展学生从装置—工程技术角度思考设计制氧机。在"设计制氧机""产品发布""产品评价"环节中，不断提醒学生要结合工程技术角度去设计、制作及评价。这个项目让学生不断体会实验室制氧装置的核心原理和技术如何迁移至真实制氧机中，建立实验室制氧原型与真实制氧机之间的联系，并不断迁移、创新、实践。

四、项目成果

学生根据建立的思考角度，不断改进自己的设计图，最终呈现了自己制作的制氧机。

学生依据设计图制作产品，制作过程中要解决实际制氧情况中遇到的很多挑战和困难，如漏气、漏液、产氧速率太快等问题，他们要基于实践证据进行反思、调整、优化和改进，不断将自己的创新思考和工程师思维融合，不断提升自己的"证据推理和模型认知""科学探究与创新意识""科学态度和社会责任"核心素养。

五、项目总结

区别于传统知识教学，项目式学习更能够体现综合问题解决素养。项目式学习不仅仅只是动手实操，而是在实践过程中融合所学的核心概念知识，内化所学并运用所学去解决实践过程中遇到的困难，它对于学生能力及化学核心素养的培养远远超出简单的知识传授式教学。在初三复习课中尝试项目式学习，让学生复习知识的同时体会创造的乐趣，这是一种值得尝试的方式。历经项目式学习，教师和学生都在原有水平上不断进阶向前发展。

基于核心素养打造小学数学绘本课堂

陈晶晶

数学课程标准明确指出，数学是人类文化的重要组成部分，数学素养是现代社会每一个公民应该具备的基本素养。作为促进学生全面发展教育的重要组成部分，数学教育既要使学生掌握现代生活和学习中所需要的数学知识与技能，更要发挥数学在培养人的思维能力和创新能力方面的不可替代的作用。小学数学绘本教学将绘本作为教学载体，将数学知识融入故事绘本之中，符合儿童年龄段的学习特点，强化了学生对数学知识的掌握能力，有利于提高学生学习数学的积极性和主动性。小学数学绘本教学的立足点是数学基础知识，以此来帮助学生奠定良好的数学基础，提高学生的逻辑推理能力，使小学数学的教学效果得到进一步提升。

低年级数学学习应当是一个生动活泼的、主动的、富有个性的过程。在现今的国际数学教育领域中，数学教育的发展已不再只重视数、量、形等内容和目标，而更重视沟通、推理、联结、解题等过程目标。这种过程目标的达成需要儿童从入学之初就进行培养。小学数学绘本教学是指根据小学生的认知发展规律，将数学知识与故事情节相互融合，从而有利于小学生对数学知识的理解，促进小学生积极创建数学知识，激发数学情感。

一、主动发现问题，抓住问题本质

兴趣是学习的动力，是获取知识的源泉。喜欢听故事是小学生的天性。趣味故事对小学生有强烈的吸引力。图文并茂的绘本故事无疑对学生有强大的吸引力。绘本故事中精彩的故事情节，环环相扣的内容，牢牢抓住了学生的学习兴趣。

在《认识平面图形》中，选取了绘本《清扫机器人咕咚》贯穿整个课堂。课堂之初，教师讲授绘本中，主人公波罗因为好奇偷偷启动了神秘机器，但神秘机器人的鼻子、胳膊、脚先后被清扫机器人吸走了。现在，清扫机器人把肚子里的东西都哗啦啦地倒到了筐里。请学生摸一摸，并把摸的感受记在心里，之后进行分类整理。机器人的故事情节一下子就吸引了学生的注意力，并在情境的导入下，产生分类整理的需要，为学生认识图形的特征提供了前提。之后，修好机器人、猜礼物盒、摸一摸礼物、搭个机器人等一系列活动，环环相扣，牢牢抓住学生的兴趣点。最终在快乐、轻松的环境中完成学习。为此，将绘本融入课堂，能够有效地激发学生的学习兴趣和学习积极性，可以将枯燥的知识变得生动，大大提高了课堂的效率。

二、问题引导，提高解题能力

将绘本故事有机地串联到整个课堂，激发了学生的学习热情。在有趣的问题驱使下，学生自发探究，通过观察、发现、比较解决问题。在认识立体图形中，绘本《寻找消失的爸爸》，以爸爸留下的信为线索，根据信中的提示，学生通过观察、推理、探索，将平面图形和立体图形建立联结，以此找到爸爸带走的东西、出发的车站、到达的地方，最终找到了消失的爸爸。在具有挑战性的任务驱使下，学生进行了自主探索，在完成任务的同时，学生体会到了"面在体上"，也提高了解题能力。这种有趣和宽松的氛围激发了他们自主探索的意识。学生在学习中体会到数学与生活紧密联系，感受到生活中处处有数学，渐渐学会用数学的眼光去看世界。

三、勾联生活实际，激活学生思维

"数学来源于生活，服务于生活。"数学绘本故事从学生喜爱的故事引入，选择与生活紧密联系的内容，易调动学生学习的积极性，引导学生用数学的思维去思考世界。在认识长度单位和测量中，绘本《我家漂亮的尺子》，以小女孩长大了，衣服裤子都穿不进去了为情境，讲述妈妈如何用"手尺"来测量，同时引出了拃、庹、抱、脚印、步这些生活中的测量单位。将教学知识融入到生活小故事中，学生很容易通过这种方式来吸收教学概念。再学习数学的时候，就不会单纯地认为是加减乘除、套公式，他们会认为数学是生活的一部分，是有趣的知识，同时也拓宽了学生的视野，发展了学生的思维。

现代的数学课堂重在培养学生基本的数学素养，为学生提供基本的数学思维方式，引导学生学会用数学的眼光观察世界，以数学的思维方式分析解决问题。数学绘本在小学低年级数学课堂中的广泛应用，能够有效地激发学生的学习兴趣，提高学生自主探究和分析解题的能力，丰富了学生的数学活动经验，发展了学生的数学思维。

参考文献：

[1] 杨芳 . 引思促发：小学数学教学中数学绘本的应用 [J]. 华夏教师，2020（35）：2.

[2] 李兴中 . 绘本故事在小学数学课堂教学中的应用研究 [J]. 安徽教育科研，2021（10）：2.

[3] 温燕玲 . 论绘本在小学数学低段课堂教学中的有效实践 [J]. 教育前沿，2021（13）：1.

[4] 任云娟 . 基于核心素养发展目标打造数学绘本魅力课堂——北师大版小学数学四年级教学为例 [J]. 好日子，2021（12）：1.

小初衔接"思维之树"之如何思考、解决问题
——思维课堂展示课

惠红民

一、课程设计

《义务教育数学课程标准（2022 版）》将数学课程要培养的学生核心素养概括为"三会"：会用数学的眼光观察现实世界，会用数学的思维思考现实世界，会用数学的语言表达现实世界。结合"三会"，我设计"思维之树"课程的主要指导原则为：（1）形成对数学的好奇心与想象力，主动参与数学探究活动；（2）能够运用符号运算、形式推理等数学方法，分析、解决数学问题和实际问题；（3）对数学具有好奇心和求知欲，了解数学的价值，欣赏数学美，提高学习数学的兴趣。

"思维之树"课程定位于小初衔接的数学思维培养，关注的是六年级学生在认知、情感、社会性等方面的发展变化，把握课程深度、广度的变化，体现学习目标的连续性和进阶性。这也符合新修订的义务教育课程标准强调一体化设置，促进学段间的衔接，提升课程的科学性、系统性。

本节课基于数学核心素养中"几何直观"与"应用意识"的内涵：建立形与数的联系，构建数学问题的直观模型；能够感悟现实生活中蕴含着大量的与数量和图形有关的问题，可以用数学的方法予以解决。我设计了与学生学校生活有关的实际问题——一道看似简单深入理解后又觉着不可思议的足球场问题。教学关注点在于学生如何应用学过的知识、方法去解决新的生活中的问题。

二、课堂实施

（一）创境启思——问题激发兴趣

如图，足球场上两个球门之间的距离为 100 米，一条 101 米长的绳子（虚线所示）固定在两个球门底部之间。猜一猜球场正中间处的绳子可以抬到多高？

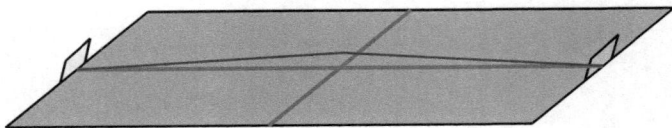

A. 离地面的高度不到一米

B. 其高度正好可以让人从下面爬过去

C. 其高度正好可以让人从下面走过去

D. 其高度足以通过一辆卡车

设计意图：在没有数学的思考以前，六年级的学生凭直觉会认为答案在选项 A、B 之间，这时候老师要引导学生遇到问题不能想当然，而应该思考解决问题的方法，以及解决问题需要用到的知识与技能。

（二）问题解决工具

（1）自探静思——观察下列左右两图：左图是由 4 个形状大小一样的直角三角形拼成的正方形，右图是将这 4 个直角三角形重组以后的正方形，先观察，然后说出自己的思考所得。

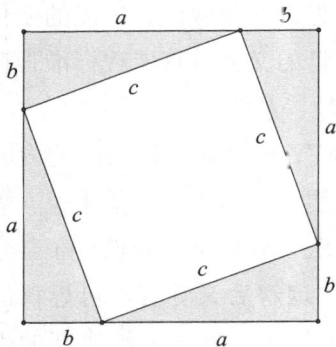

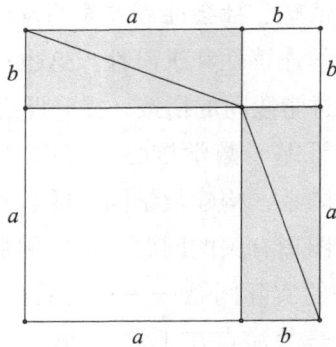

因为大正方形（边长为 $a+b$）的面积不变，4 个直角三角形的面积不变，

所以左右两图中的空白小正方形的面积是相等的，即 $a^2+b^2=c^2$。

（2）如何理解 $a^2+b^2=c^2$ 这一等式？

a，b，c 代表着一个直角三角形的三条边长，其中 c 代表直角所对边（斜边）的长，等式 $a^2+b^2=c^2$ 揭示了一个直角三角形中的三条边长之间的数量关系。这个结论就是上初中以后我们要重点学习的勾股定理。

（3）几何画板动态演示，改变一个直角三角形的三边长，但是依然满足两条直角边的平方和等于斜边的平方，说明勾股定理满足于直角三角形中。

设计意图：从简单的长方形、正方形、直角三角形的面积入手，培养学生的动手实践能力。利用图形面积的不变性，帮助学生体会并认识勾股定理的直观证明。

（三）合作辩思——问题抽象建模

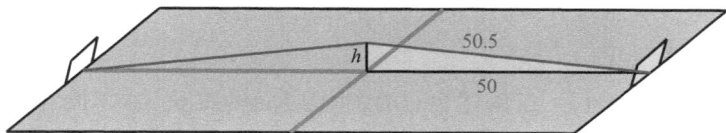

（1）抽象出一个两条边长 50.5m，第三条边长 100m 的等腰三角形，求底远上的高。

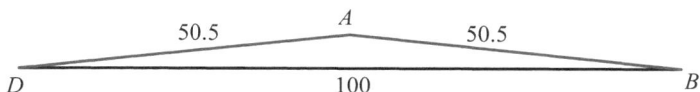

（2）转化为一条直角边长为 50m，斜边长为 50.5m 的直角三角形中，求另一条直角边的长。

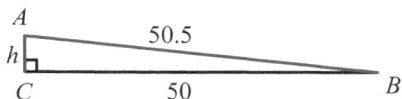

（3）新结论的应用。

依据上述结论展开计算：

$h^2=50.5^2-50^2=2550.25-2500=50.25m^2$，

$7^2=49$，$7.1^2=50.41$，

计算结果说明 h 超过了 7 米，这意味着比 100 米的足球场仅长了 1 米的绳子，可以从中间抬高 7 米多一点。学生不但会感觉"不科学"，甚至怀疑计算

方法与过程。

设计意图：能够以勾股定理为符号预算的依据，建立形与数的联系，构建与运动场有关实际问题的数学模型，初步建立具有几何直观的数学眼光。

（四）回归拓思——现场模拟活动

（1）原问题中的长度单位"米"调整为"厘米"，数值不变，会是什么样的结论？

（2）若长度单位保持不变，长度数值缩小10倍，又会是一个什么样的结论？

播放视频，用10米及10.1米长的两根绳子模拟问题，即实验模拟问题（2）。

设计意图：增加学生的直观感受与认知。经历理性、感性的认知过程，增加数学的兴趣，增强对数学严谨性、科学性的理解。

（五）各抒己见

课堂小结，同学们不仅阐述自己在知识层面的收获，同时还回顾自己在思维层面的提升。

三、课后反思

本节课是学校关于"551"思维课堂继续推进的一个环节，也是小升初衔接课程如何设计的自我探索过程。借助这样的一节"思维之树"常规课堂，目的是希望更多的老师尤其是年轻老师勇于挑战自我，在"551"思维课堂教学模式中取得更好的效果，提升课堂效率。

教学中能明显地感觉到学生对数学具有好奇心和求知欲，他们了解到数学的价值，又欣赏到数学之美，提高了他们学习数学的兴趣。个别学生在利用图形面积不变的情况下直观感知、体会勾股定理，还推导出了完全平方公式，这说明学生有潜力，也提醒我们在小初衔接的课程设计上还有文章可做。因此，以后应该多学习新课标，在教学设计中体现核心素养培养要求，要有利于引发学生思考，课堂教学素材的选取应尽可能地贴近学生的现实。

借助项目式学习　发展学生数学核心素养

——以北师版二年级下册"时、分、秒"单元设计为例

刘佳琪

项目式学习利用贴近实际生活的项目问题，使学生在问题解决的过程中产生探究活动以及其他有意义的合作，在主动学习的状态下探索知识、开展讨论、制作作品、完成报告，自主构建知识体系。而数学学科本身源于对现实世界的抽象，通过对数量和数量关系的抽象、图形和图形关系的抽象，得到数学的研究对象和研究对象之间的关系；通过对研究对象的符号运算、形式推理、模型建构等，形成数学的结论和方法，帮助人们认识、理解和表达现实世界的本质、关系和规律。因此，在小学阶段开展数学项目式学习是数学学科与实际生活结合的必然选择，既符合学生的学习规律，又有利于改变学生被动学习的状态，使学生在完成项目活动的过程中培养善于思考、深入探究的习惯，促进关键能力的发展，培养探究精神和创新能力。项目式学习是发展学生数学核心素养的重要载体。基于以上背景，笔者以北师版二年级下册"时、分、秒"单元设计为例的项目学习（以下简称"揭秘时间"项目）为例，深入探讨如何将数学核心素养培养贯穿于项目式学习全过程，促使学生数学核心素养深入发展。

一、活动背景与项目设计

一年级的数学学习中，学生已经初步认识了钟表，能够读出整时与半时，有了一定基础。但是在二年级"时、分、秒"的教学时，学生再次提出关于钟表的一些问题，如"为什么钟表是圆的""钟表上为什么有 12 个数字""钟面

上为什么会三根针""钟表上的小格子是干什么的""时间是什么"……看似学生已经学会了一些数学知识．但由于时间概念的抽象性，使低年级学生无法将抽象的时间与具象的钟表建立联系。如何解答学生的疑惑，并让学习在课堂中真实发生。学生的数学学习是经历数学，在现实背景中体会和抽象数学模型，在经历数学知识的形成过程中，自主探索出数学表达及数学规律，而不是单纯依赖模仿和记忆。带着以上思考，进行了本项目的设计。

"揭秘时间"项目北师版小学数学二年级下册"时、分、秒"的内容，旨在将抽象的时间与具象的钟表建立联系，让学生认识钟表。学生需要完成的任务：一是提出对时间及钟表感兴趣的问题，在教师引导下对问题进行分类讨论、价值分析，去同存异，最终提炼出有效问题；二是以学生提出的问题为主线，建立时间与钟表的联系，在关系不改变的基础上进行创新设计；三是在完成知识内容学习后，进行设计与创意，完善小钟表的设计。"揭秘时间"项目从现实情境出发，呈现了系统性的数学知识，有助于学生理解数学内容的本质，不仅关注数学抽象、逻辑推理、模型思想、数学运算等素养水平的提升，而且关注数学核心素养综合性与整体性的发展，体现了数学作为一门工具学科对多学科融合发展的推动作用。

二、项目实施与深入探究

"揭秘时间"项目进入实质性实施阶段后，教师围绕三个环节，层层深入地引导学生展开探究。

环节一：确定问题

在一年级的数学学习中，学生已经初步认识了钟表，能够读出整时与半时。在二年级"时、分、秒"的教学时，教师鼓励学生提出关于时间及钟表感兴趣的各种问题，然后组织学生对问题进行分类讨论，初步将问题分成了"表盘""指针""表符"三类问题。接着对诸多问题进行价值分析，哪些问题可以进行数学研究、值得进行探索，最终提炼出有效问题，例如"钟表上为什么有12个数字""钟面上为什么有三根指针""钟表上的小格子是干什么的""时间是什么"。

环节二：解决问题

教师结合环节一中学生提出的问题进行教学设计，以学生提出的问题为主线，进行启发式教学。部分关键问题如下。

关键问题 1：为什么钟表是圆的？

教学中，让学生用自己的一天描述时间。教师与学生一起将回答中的不同时间进行简单排序，如果用一条线来表示时间，那么在此之后的所有时间都出现在这条无限延长的线上。引导学生提出优化方案，可以截取重复的部分，收尾相接，形成封闭的圆形。

关键问题 2：钟表上为什么有 12 个数字？

在解决上一问题后，由于需要在圆形钟面上表示时间，学生会用数字（或其他符号）对其进行标注。大致有两种数字的表示方法，第一种 1—24，第二种 1—12。学生对此展开讨论，1—24 的呈现方法固然详细，但由于数字过多不方便查看。1—12 的呈现方法不仅简洁清晰，还可以通过两圈的方式准确地表示出一天内的 24 时。

关键问题 3：钟面上为什么有三根指针？

学生根据创意会设计出只有 1 根指针的钟表，教师以学习素材的方式呈现，学生意识到 1 根指针虽然能够表示整时，但是半时等其他时刻需要再添上第 2 根指针。当两根针已经能满足生活中多数需要的时候，第 3 根针的出现可以将时间表示得更加详细、具体。

此环节以问题串的方式设计学习活动，让学生经历钟表产生的过程，建立时间与钟表的联系，最后鼓励学生在关系不改变的基础上对小钟表进行创新设计。

环节三：展示与评价

在完成知识内容教学后，给予学生充分的时间进行创意，完善小钟表的设计。对学生作品进行展示与评价。

三、项目结果与教学启示

项目式学习并不是一两节课就能完成的。因此，教师可以结合信息技术手段，并在课后进行拓展延伸，形成课上课下、校内校外的学习闭环。"揭秘时间"项目的实践，为借助项目式学习发展数学核心素养，提供了如下有益启示。

首先，要设计发展学生数学核心素养的问题主线。数学核心素养的提升必须渗透在合适的情境中，教师以项目为载体与学生进行有效互动。如，"揭秘时间"项目的三项任务有效地提升了学生的数学抽象、直观想象、数学运算、数学建模、逻辑推理等数学核心素养。在项目准备阶段，学生根据已有生活经验提出关于时间、钟表的问题，较好地培养了问题意识。在学习活动中，学生对所提问题进行分类讨论、价值分析，提炼出有效问题，并以问题为主线，经历钟表产生的过程，建立时间与钟表的联系，有效地提升了数学运算、数据分析、数学建模等核心素养。数学核心素养的培养在项目开展过程中具有连续性和阶段性特点，教师要准确分析并把握项目式学习过程中各阶段蕴含的数学核心素养，切实促进学生数学核心素养的发展。

其次，要设计整合性的项目内容。"揭秘时间"项目以教材单元"时、分、秒"作为内容支撑，将"认识钟表"改造成以学生设计钟表作为成果展示，设计具有开放性，能真正培养学生的创造力；将数学学科与美术学科有机结合在一起，自然融合美术学科知识。设计合适的教学情境、提出合适的数学问题具有挑战性，也为教师的实践创新提供了平台。教师应提高自身的学科素养，探索数学知识之间以及数学与其他学科的联系，开发出有助于提升学生数学核心素养的教学案例。

最后，要打破传统学习时空的限制。项目式学习的教学容量大，教师不能完全采取传统讲授模式，而应以开放式的展示课、讨论课为主。因此，教师可课前布置任务并进行学情分析，课中进行展示、研讨，课后指导学生形成研究成果并进行教学评价。

在新课标的思想指导下，培养小学生的数学素养是教师现阶段的首要任务。基于此，教师应基于教材设计项目，结合特定的教学任务，挖掘数学核心素养在教学中的孕育点、生长点，将数学核心素养与具体项目内容相关联，能让学生在项目开展的过程中深化对知识的理解和应用，发展数学核心素养。

浅谈学生创造性语言表达能力的培养

——以二年级语文教学为例

刘云鹏

在学习语言的过程中，使学生在语言表达方面独具匠心是培养其创造力的重要渠道。那么什么是创造性语言表达呢？创造性语言表达是指：自觉独立地运用语言表达自己对问题的看法，谈论或讨论找出不止一个答案或结论，表达的内容总含有新的见解，有自己的语言风格。概括地讲，创造性语言表达要求表达的内容不能人云亦云，表达的形式不要千篇一律。

一、培养创造性思维，使语言的表达内容具有创造性

"语言是思维的物质外壳"，这就是说我们不能脱离思维谈语言。创造性语言是创造性思维的产物；创造性思维的发展，必然会提高语言表达的创造性。那么如何在学习语言过程中培养学生的创造性思维，从而使语言的表达内容富有创造性呢？

（一）在发现问题的过程中培养创造性思维能力

1. 质疑激思维

质疑是开启创造思维的金钥匙。学生的思维总是从问题开始的，古语说，学起于思，思起于疑。教师要多鼓励学生提出问题，训练学生问意蕴、究因果、寻依据、提异议、求异同、找规律，久而久之，学生的思维就会具有深刻性。课堂上，教师应鼓励学生对课文内容提出自己认为重要的、有价值的或者感到疑惑的问题。比如在《小毛虫》一课，学生先后提出了一些问题：小毛虫可怜又笨拙，可为何他不悲观也不羡慕别人？昆虫们都有各自该做的事情，那

么大家该做什么事情呢？小毛虫为什么要尽心竭力编织茧房？小毛虫变成蝴蝶后，又惊又喜的是什么呢？

认真梳理这些问题，不难发现，这些问题也是对"这是一只怎样的小毛虫（蝴蝶）"这个核心问题的具体分析。在学生质疑的过程中，随着文本学习的深入，学生的困惑也由浅显逐渐深入，逐步提出有价值的问题。因此，在教学过程中，教师巧妙地安排学生对课文内容进行质疑，可以激活学生的创造性思维。

2. 无疑诱思维

朱熹曾说："读书无疑者，须教有疑。"教师要精心设计提问，激发学生的认知冲突，尽力点燃学生创造思维的火花。怎样才能使问题问得精、准、巧呢？要问在无疑处。即教师要在学生似乎无疑的地方揭示矛盾，提出问题，把学生引向创造性思维的新境界。在学习《小蝌蚪找妈妈》二、三、四自然段时，学生并没有发现什么问题，于是教师引导学生质疑：为什么小蝌蚪按照鲤鱼的话却没有找到妈妈？如果光听乌龟的话而不听鲤鱼的话小蝌蚪能不能找到妈妈？为什么？这些问题一经提出，立刻激活了学生的思维。经过热烈的讨论学生终于认识到：小蝌蚪按照鲤鱼的话没能找到妈妈，是因为鲤鱼所说的特征不仅片面而且没有抓住主要特征。如果只听乌龟的话小蝌蚪也能找到妈妈，因为乌龟抓住了青蛙妈妈的主要特征也就是个性来描述的。因而学生认识到不仅要全面地看问题，还要抓住主要特征才能认识事物的本质。接着教师又让学生自己描述一种动物，让其他同学一听就知道说的是哪种小动物。正是教师在学生似乎无疑的地方提出了诱发学生能够进行创造性思维的问题，从而使学生语言的表达内容富有创造性。

（二）在分析问题的过程中培养创造性思维能力

发现问题是成功的一半，只有会分析才能达到成功的彼岸。在这个过程中，引导学生学会创造性思维的方法，提高创造思维的质量，从而使语言的表达内容富有创造性。

1. 合作促思维

在创造活动过程中，为了共同的目标，小组成员间达成的心理活动和行为是一致的。组员间在智力、信息量和某一方面的能力又是不相同的，良好的合作可以根据各个成员的优势和不足进行优化组合，最大限度地发挥各自的特长，取长补短，增强创造能力。不仅如此，合作还能增强克服困难的心理力量，激发良好的创造状态。需要指出的是，合作应在自学的基础上进行，质量才会高。在学习《千人糕》一课时，学生问："千人糕"为什么叫这个名字？教师让学生首先自学，在书上画出有关的句子，自己试着说一说，然后小组合作，说说你认为"千人糕"的名字如何而来。学生互相启发、补充，根据父子的对话内容总结出叫"千人糕"的几点原因。学生的创造性思维在小组合作学习中得到了促进与发展。

2. 讨论助思维

讨论可以扩大学生的信息量，打破阻碍学生创造性思维原有的思维定式，提供一种新的思维方式，又可以增强思维的灵活性，触发学生的灵感。可能一个冥思苦想未能解决的问题，在讨论过程中受到别人的启发而豁然开朗。"听君一席话，胜读十年书"便是讨论作用的真实写照。在学习《小马过河》一课时，教师引导学生围绕课后题展开讨论："什么事都要自己尝试，别人的话不可信。"对于这句话你同意吗？说一说理由。通过讨论发现，有些学生能够结合本文的小故事说明自己的想法，有些学生则结合生活实际谈自己的理解，认为这样的说法不完全正确，要看具体情况，否则可能会不安全。通过热烈的讨论，学生们能结合文本和生活来说明自己的想法，有助于学生进行创造性思维的训练。

（三）在解决问题的过程中培养创造性思维能力

1. 多辟蹊径

在教学实践中，我们不能拘于一种解决问题的方法，这样就限制了学生的思维。要引导学生多角度地解决问题，才能使思维具有灵活性，这就需要教师根据教材特点寻找切入点多辟蹊径。学习《狐狸和乌鸦》一课，狐狸靠说奉承话的方法骗得了乌鸦嘴里的肉，这时教师问学生：如果你是狐狸，还能用什么方法得到乌鸦嘴里的肉呢？一石激起千层浪，学生的思维活跃起来，想出了好几种意想不到的妙招。

2. 发展情节

读完一篇文章，常常会使人意犹未尽，好像故事还没有结束，其感人的艺术魅力往往使人浮想联翩。这时教师因势利导，让学生展开想象的翅膀大胆去设想故事发展下去的结果会是怎样的，这一过程对发展学生的创造性思维有着重要的意义。《我要的是葫芦》一课，学完全文后，教师问：第二年，种葫芦人又种了一棵葫芦，故事会怎样发展下去呢？学生展开想象，产生了好几种新颖独特的结果。

3.补充情节

小学课本中的有些内容，作者留下了很多空白，教师可以抓住这些空白让学生填补，训练学生的创造思维。学习古诗《春晓》，围绕第二行"处处闻啼鸟"，问学生：你认为小鸟会在哪里叫？学生说：树上、房上、空中等，再让学生边说边把小鸟图贴在黑板上，情景交融，放飞学生想象的翅膀，促进学生创造思维的发展。

4.更换情节

文章的情节是作者思维推理的表现，但在同一个发展过程中，其中某一情节的发展过程是不同的，尤其随着社会的发展，对同一问题的看法又有了变化。在朗读课文的基础上，教师要鼓励学生敢于不唯书、不盲从，敢于反其道而思，根据整个故事过程，推测可能产生的另一种故事情节，借以培养学生的发散思维以及思维的批判性。

二、加强语言训练，使语言的表达形式具有创造性

在语文教学中，加强语言文字训练，使语言的表达形式多样化，也就是一个内容可以用多种语言形式来表达，学生的表达形式就会富有创造性，以此来提高学生创造性语言表达能力。怎样通过加强语言训练使语言的表达形式具有创造性呢？

（一）模仿性语言训练

创造性语言训练是从模仿开始的，没有模仿就没有创新，创新绝不是空中楼阁，所以适量的模仿是创新的前提条件。例如：在学习拓展古诗《风》时，教师让学生模仿这首诗的写法说一说《风》，于是学生就说出了这样的精彩诗句：谁也没有见过风，不用说我和你了，但是国旗飘动的时候，我们知道风来向国旗敬礼了。谁也没有见过风，不用说我和你了，但是尘土飞扬的时候，我们知道风来淘气了。通过模仿性语言训练，不仅发展了学生的创造性思维，而且丰富了学生的语言表达形式。

（二）扩展性语言训练

1.扩展词汇

创造性语言发展的标志之一，就是词汇量的丰富，在教学中我们要经常抓

住恰当的时机，让学生学会一串词。在看图学句中有一句话："夜深了，老师还在灯下批改作业。"让学生观察图，在"批改"前面可以加哪些词？"夜深了，老师还在灯下（认真地、仔细地、聚精会神地、全神贯注地）批改作业。"学生词汇量丰富了，表达形式也就多样了。

2. 扩展句子

学生能把句子说好写好就为语言表达打下了坚实的基础。尤其是扩展句子，既是连句成段的基础也是思维发散和深化的过程。一般可以采用把句子写具体，以及运用连词把单句连成复句的方法，这样思维就展开了，语言的表达形式也就丰富了。《蜘蛛开店》一课中，"蜘蛛看到顾客后，却吓得匆忙跑回网上。原来那位顾客竟是一条四十二只脚的蜈蚣！"这两个句子，教师引导学生认真分析，找到它们之间的联系，终于使学生发现这是两个因果关系的句子，于是让学生用连词把它们连接起来。学生就说出了这样的复句：因为那位顾客是一条四十二只脚的蜈蚣，所以蜘蛛看到它后，吓得匆忙跑回网上。通过扩展句子的训练，使语言的表达形式多样化，也就使学生创造性语言得到了发展。

（三）重组性语言训练

对课文句段篇可以重新组织，以训练语言表达形式的多样性。重组句子就是利用提供的词语，组成意思相同或不同的句子，以加强表达形式的多样性。例如，用如下词组成不同的句子：孔雀　散步　百鸟林中　在　自由地　各种。通过思考，学生说出了几种不同的句子：a.百鸟林中，各种孔雀在自由地散步。b.各种孔雀在百鸟林中自由地散步。c.各种孔雀自由地散步在百鸟林中。d.各种孔雀自由地在百鸟林中散步。由同样的词汇组成了形式不同的句子，这种训练同样也丰富了学生语言的表达形式，使语言的表达形式具有创造性。

（四）变换性语言训练

1. 变换词语

对于文章作者的遣词造句，不要迷信、盲从，对课文里的某些词要深究细嚼，试着替换，学生有可能找出更为精彩准确的词语，即使替换的词不如文中的准确，但对于体会课文的内容，训练学生思维的求异性也是大有好处的。《揠苗助长》中有这样的句子："他巴望自己田里的禾苗长得快些。"这里的"巴望"还可以换成什么词？经过学生的积极思考，说出了希望、盼望、期望等好词，不仅积累了不同的近义词，还从中理解了"巴望"的意思。这一教学环节，把整节课引向了高潮。这种训练要在教学中随处可见，会使学生语言的表达形式非常富有创造性。

2. 变换句式

变换句式的训练，既可以加深学生对课文的理解，使学生的思维从求同达到了变通，从变通中又开拓了新意。《我要的是葫芦》一课中，种葫芦人说："叶子上的虫还用治？"学生变换句式为：叶子上的虫肯定不用治。叶子上的虫不需要治。叶子上的虫没必要治。表达的形式多样了，对种葫芦人的观点也就更加清楚明了。

以上从语言的表达内容与形式两大方面阐述了如何培养学生创造性语言表达能力。毋庸置疑，创造性语言的表达内容与表达形式有机结合才能使学生的语言表达更具有创造性。需要说明的是，小学语文教学中在培养学生创造能力问题上，我们还要进一步做深入细致的研究。在教育教学研究过程中，最大的感触是培养学生的创造性思维关键还在教师。新的《语文课程标准》也指出：教师应创造性地理解和使用教材，积极开发课程资源，灵活运用多种教学策略，引导学生在实践中学会学习。只有这样才能培养出富有创造性的一代新人。

核心素养视域下小学英语整本书阅读
——读写结合教学策略新探索

孙然然

在小学英语整本书阅读教学活动中开展读写结合教学策略的研究，针对当下英语课堂学习中普遍存在的读写分离现象、浅层次学习问题、写作练习模式化等问题，笔者提出了在课堂实践中运用角色定位及转换的教学策略组织学生读写活动的展开，尝试赋予学生不同的身份和角色，引导学生潜入文本情境进行深度阅读和思考，梳理文本的逻辑关系，进而运用相应的逻辑关系进行写作练习。

一、研究背景

英语作为国际交流与合作的重要工具，兼具工具性和人文性的特征。英语课程所承载和传递的不仅仅是表面的语言与文化，更是理念与视野，价值观与思维方式。2022 年版《义务教育英语课程标准》发布，再次强调语言能力、文化意识、思维品质和学习能力作为英语课程核心素养的四个方面是相互渗透、融合互动、协同发展的。其中语言能力是核心素养的基础要素，在小学英语课堂中开展读写结合的教学实践是培养学生语言能力的重要途径。纵观近几年来关于读写结合教学策略的研究，有从教学环节角度出发进行阐释的，包括课前导入拓展阅读认知水平、构建情景发展学习能力、读写主题统一扎实语言基础、整合资源拓宽视野、输出环节做好读写衔接等（李存芳，2021）；有从学生角度出发，以激发学生学习兴趣、加强情感认知、拓展思维为目的进行读写教学模式优化和创新的观点（谢南虹，2021；吴艳丽，2019）；还有从教学手段的角度出发，主张通过多媒体技术丰富教学内容和资源、运用思维导图构建学生读写思维等（杨卫娟，2020）。

近几年来，整本书阅读的概念逐渐成为新课改的一个关键词，语文学科最早进行了整本书阅读的教学实践研究，鉴于语言学习的相通性，整本书阅读也走进了英语学习领域。张金秀等在《小学英语整本书阅读》一书中指出，与以往的碎片化篇章阅读不同，整本书阅读强调的是整体阅读，按照整进整出的原则，引导学生在主题探究下实现意义建构，帮助学生将书中的通识经验或他人经验转化为自己经验。英语整本书阅读课是要学生在主题意义的探究、建构和内化的基础上完成语言的习得与生成。

本文将针对当前小学英语课堂中读写结合教学的一些普遍问题，探索在英语整本书阅读的课堂教学中能够实现读写深度结合的一些创新做法。

二、小学英语读写结合教学的现状与问题

（一）教学中读写分离现象普遍存在

当下的小学英语课堂教学活动中，基于文本语篇的阅读教学活动占主要部分，对话、短文、故事、海报、信件等都属于不同的文本形式。课堂教学活动也大多从阅读课的角度进行设计和展开，即使在高段的英语课堂中，读写结合的英语教学活动占比也比较低，读写分离现象普遍存在。这种现象的产生一方面跟使用教材的结构设计有关，目前大部分教师还是受教材的影响和限制比较大，不敢或不愿意摆脱教材的束缚。另一方面也是受到英语课时数和时长的限制，以我校英语课时安排为例，低段为 2 课时 / 周，中高段为 3 课时 / 周，尤其是在中高段的英语课堂教学中，一节课的时间很难完成读写结合的深度学习。

（二）日常阅读教学多停留在意义理解层面，缺少结构分析和意义深度挖掘

英语阅读课在当下英语教学中的占比是比较高的，然而常态下英语阅读课的教学质量还是有待提高的。很多阅读教学都仅仅停留在单词和文本意义的理解层面，缺少文本结构分析和梳理，以及对主题意义的深度挖掘。这一方面跟英语学科评价方式和导向有关，更重要的是教师理念的转变，小学中高年级的学生逻辑思维能力逐渐发展完善，已经具备了深度学习的能力。深度学习方式

与浅层次学习相比需要引导者更加精心的课堂准备和设计，对于学习者来说也需要付出更多的思考与实践，思维的惰性是这一问题的关键。

（三）写作练习模式化，限制学生语言思维发展

当下小学英语教学中，文本写作模板处处可见，随之而产生的就是篇篇雷同的写作练习。谈到 Hobby 的话题就是：I like reading books. I think it's interesting. 谈到 Travel 的话题就会看到很多：I want to go to Sanya. I want to eat seafood and swim there. 学生是否真的喜欢读书，是否真的想去三亚？通过询问就会发现事实并非如此，很多学生之所以这样写是因为这样不容易出错。这样的回答应该引起我们的关注和思考，我们教师的教学行为是否对学生这种观念的形成给予了暗示？写对更重要还是真实表达与运用更重要？

三、小学英语整本书阅读读写结合教学策略实践与分析

针对以上英语课堂教学中存在的问题，我们利用课后服务时间在小学中高年级开设了英语整本书阅读选修课，选取《大猫英语分级阅读》作为整本书阅读教学的文本材料，尝试在充分的课时保障下进行读写结合的教学策略实践研究，在深度阅读与学习的基础上引导学生进行真实的表达，对标英语核心素养，从语言能力、文化意识、思维品质和学习能力四个维度更好地发展学生的语言素养。我们在课堂中运用角色定位的方式组织读写活动的展开，尝试赋予学生不同的身份和角色，引导学生深入文本情境进行阅读和思考，梳理文本的逻辑关系，进而运用相应的逻辑关系进行写作练习。

（一）我是小记者

当下的阅读学习中，学生往往是被动的接受者，对于文本的理解大多停留在书籍呈现的部分，不愿意做更多的探究和思考。小记者身份是对学生提问行为的一种鼓励，更是对学生积极思考的一种引导。根据学生问题的深度不同，教师再进行有针对性的引导，使学生成为阅读的主动探索者。

（二）我是当事人

"当事人"是书本中人物的代称，"我是当事人"活动是要让学生站在书本人物角色的视角进行复述练习，当事人的选择由学生自己选择或者抽签决定，当事人不同，讲述的视角不同，学生需要梳理的逻辑关系也会存在差异。同时这个训练活动也帮助学生在处理其他一些事情时形成换位思考的意识。

（三）我是小演员

从文本阅读到文本演绎，学生需要经历感知、理解、共情、内化、整理、输出等不同层次的学习过程，是对语言由浅入深的一次深加工的过程，演绎不仅有模仿，更有创新，同时学生需要关注语言表达才能完成演绎的过程，是深受学生喜爱的一种学习方式。

（四）我是小插画师

我是小插画师是要求学生运用图画的方式对书籍大体内容或某关键事件进行复现的活动，这个活动不对图画的水平做评价，关键看逻辑关系的梳理。再配以语言的描述与介绍，是读写初步结合的一种呈现方式。

（五）我是小作家

写是一种创造性思维活动，语言基础是最基本的要求，更关键的是有想法、有逻辑。根据 fiction 和 non-fiction 等不同文本特点，小作家的任务或是故事新编、故事续写、故事加戏，或是公告、明信片、宣传语等应用类练笔，教师提供的是"写"的方向，不做语言框架限制，重在激发学生写的兴趣和想象力，同时鼓励学生为自己创造的内容配上简单的插画，加深对写的内容的意义探究和梳理。教师们往往不敢放手的重要原因在于放手后学生的语言错误问题，笔者认为语言基础的问题会随着阅读的推进逐步改善，在小学阶段，留住学生写的兴趣和创作热情更为重要。

四、结语

2022 义务教育阶段课标的发布开启了新一轮的课程改革，学科育人放在了首要的位置。在小学英语整本书阅读教学活动中开展读写结合教学策略的研究更是一种英语课堂育人方式的探索，我们的课堂活动设计指向的不仅仅是语言习得的方法，更是一种思维的方式、价值观的思考。学生通过整本书阅读获得的不仅仅是丰富的语言盛宴、一种特殊的生活体验，阅读更是活跃思维、形成观点的重要途径，而这些也正是形成写作能力的必备条件。改变英语课堂中的读写现状需要每一位英语老师付出更多的实践与尝试，秉承学科育人的思想，找到适合自己学生成长的学习路径。

参考文献：

[1] 张金秀，徐国辉. 小学英语整本书阅读 [M]. 北京：北京师范大学出版社，2020.

[2] 李存芳. 核心素养下小学英语读写结合教学策略研究 [J]. 考试周刊，2020（57）：94−95.

[3] 谢南虹. 核心素养下小学英语读写结合教学策略探究 [J]. 基础教育研究，2021（6）：179−180.

[4] 吴艳丽. 核心素养下小学英语读写结合教学研究 [J]. 知识文库，2019（12）：104−106.

[5] 杨卫娟. 核心素养下小学英语读写教学策略探究 [J]. 教学研究，2020（45）：293.

拼读与绘本相遇

——以丽声拼读绘本 Fat Cat 为例

孙宇慈

自然拼读法全称为 Phonics，又被称作字母拼音教学法，通过教授学生字母及字母组合与发音之间的内在对应关系，最终达到"见词能读，听音能写"的教学目标，因此，自然拼读是英语阅读的基础工具。鉴于此，笔者以丽声自然拼读绘本 Fat Cat 绘本课为例，期待达到拼读促进绘本阅读的效果。

一、小学英语自然拼读教学优势

自然拼读是建立在 26 个英文字母基础之上的一种发音规则，它摒弃了按照音标符号来发音的传统，学生看到全新的英文单词，便能看字读音，直接正确发音，又或听到单词便可直接写出来。

就英语词汇的记法来看，自然拼读法相对简单自然，有非常明显的优势，并且被广泛使用。自然拼读法既能提高小学生的英语学习水平，还可提高低年级学生英语阅读及韵文编写的能力，更好地帮助学生发展语言能力。绘本教学也可以提高学生们的想象力、逻辑思维、学习力和探索力，因此，拼读绘本受到老师们的追捧。

二、小学英语绘本教学优势

绘本是一种图文并茂的书籍，语句多重读、含义有趣广泛且可以吸引孩子们的注意力。实际上，绘本就是小儿书、连环画等在教育界的另一种称呼，绘本在教育界发挥出了重要的价值。这类文字一般与图画配合，相得益彰，浅显易懂，容易抓住孩子们的心理，可以提高孩子们的认知和观察能力，也可培养孩子们的想象力。绘本虽然是一本故事书，但是其中蕴藏深层的价值。

小学生对新知识的学习理解和接受能力还处于萌芽阶段，在课堂上如果只是按照传统的方式传授故事只会让学生产生枯燥厌烦的情绪。绘本不仅为学生提供了大量的语言知识，也提供了丰富的生活情境，可更好地帮助学生发展语言能力。

在小学英语课上绘本是非常值得利用的资源，可以使学生集中注意力，增强学习英语的乐趣，大量的图片降低学生学习的难度，提高学习效率。

三、自然拼读与绘本教学相结合的优势

低年级学生在拼读过程中存在着记忆难和记不住等问题，这主要是因为在传统的拼读教学中，以死记硬背为主，学生不知道其中的规律，因为年龄偏小，低年级的学生自己不能发现规律，久而久之，产生了背—忘—再背的恶性循环，因此作为低年级小学英语教师，我们的任务就是帮助孩子们掌握和熟练发音规律，在拼读课堂上引入绘本是最好的选择，以 Fat Cat 拼读绘本为例。

首先，可利用简短的自我介绍小韵文让学生关注 "a" 在词汇中的发音，让学生感知到本课的内容与 "a" 有关（见图 1）。

I'm Sally.
I'm not fat.
I like the cat.
I don't like the rat.
If you love me,
We will be happy.

图 1　英文自我介绍示例

其次，引导学生关注本课绘本的内容，猜一猜本课的主人公，增强趣味性〔见图 2）。

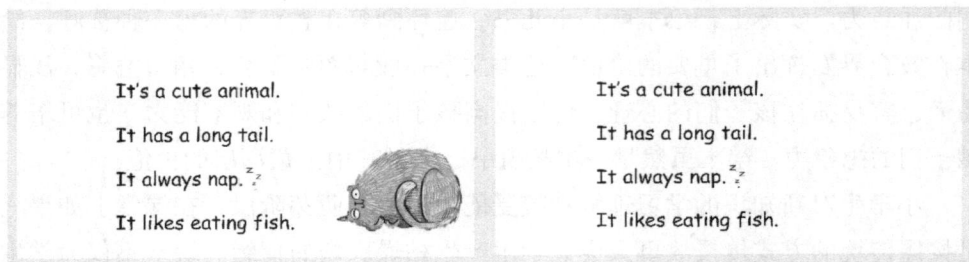

图2 英文例句

再次，通过图片环游的方式，引导学生感知 happy、mad、sad 等词（见图3）。

图3 英文单词示例与配图

然后，教师可以利用 Reader's Theater 练习词汇，熟悉 CVC 词汇的发音规律。

随后，教师设计 Read and Share 环节，让学生把握 CVC 词汇的发音规律和绘本的故事情节（见图4）。

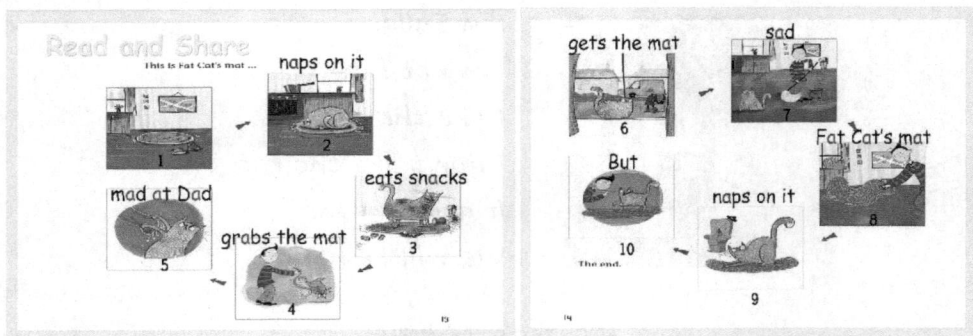

图4 英文小故事

最后，教师引导学生根据规律说出更多符合 CVC 词汇规律的词汇，创编新故事。拼读教学通过与绘本教学相融合，进而提升单词教学的系统性和完整性，巩固学生语感。

四、自然拼读和绘本教学结合的途径

（一）利用绘本创设情境，在情境中培养学生语言意识

所谓情境教学，是指在教学过程中，根据学生年龄和认知，创设适合学生的情境，从而使教学积极有序地开展，让学生得到情感共鸣，从而培养学生的思维意识和语言意识。

绘本是一个多姿多彩的"世界"，以绘本故事为情境，通过图片环游等形式，使学生感受到大肥猫的喜怒哀乐及原因，吸引学生们的注意力。通过情境和图片，学生们自然而然感受到 CVC 词汇的构成规律，从而解码 CVC 词汇。在 Fat Cat 一课中，我通过图片环游的方式引出本课 CVC 词汇 cat，mat，fat，mad 等，并通过用不同颜色突出字母 a，从而引导学生观察字母 a 在词汇中的发音规律，同时设计了韵律小短文，引导学生感知并解码 CVC 词汇。

（二）基于绘本夯实基础，提升学生语言意识

由于拼读知识比较零散，学生在学习拼读后，还要不断进行拼读练习，这样才能巩固学习成果。而在以往的拼读教学中，为了巩固所学成果，教师设计反复机械操练等环节，效果不太理想。如果基于绘本练习拼读，会不会增加学生的阅读兴趣呢？在 Fat Cat 一课中，我设计了 Reader's Theater 这一环节，以小组为单位排练绘本故事，从而达到熟悉绘本故事和拼读的目的，让学生在表演中熟悉 CVC 词汇，加深学生对课堂所学知识的理解，帮助学生牢固掌握课堂学习的知识。

（三）根据故事结局创编新故事，发散学生思维、巩固学生对词汇的理解与运用

创编不同于创作，其构思是学生们自己创作的，而任务的设计是要参考绘本原本故事的，这一环节，学生可以合理运用想象，使故事更加生动具体。在 Fat Cat 一课中，我有意识在上课过程中让学生积累一些与本课有关的 CVC 词汇，例如：bat，pad，hat，rat 等，让学生理解 CVC 词汇的构成特点，并加以运用，用积累的词汇创编新的故事，此环节能够增强学生们的小组合作意识。

五、结语

总而言之，自然拼读与绘本教学相结合，可以帮助学生形象地理解词义、掌握读音规则以及词汇构成，更能培养学生的阅读能力和思维能力，因此，教师可以结合小学生的年龄特点，合理地创设情境，激发学生的思维品质，为英语学习奠定坚实基础。

浅析教师如何通过作业设计推动"双减"落实落地

——以一年级语文为例

陶雪菲

前言

2021年7月，中共中央、国务院印发《关于进一步减轻义务教育阶段学生作业负担和校外培训负担的意见》，明确提出要"全面压减作业总量和时长，减轻学生过重作业负担"。要解决当前中小学作业量过多、质量不高、功能异化的问题，切实减轻学生作业负担，教师作为作业的设计者和评价者，需持续优化作业实践，在明确"双减"政策的要求及意义的基础上，转变对作业设计的固有思想和模式，深入思考研究、创新改革，设计出有梯度、有价值、有思想的作业，遵循教育教学规律，紧跟国家教育方针动向，为学生的终身发展奠基。

基于此，本文以一年级语文学科为例，通过"站位有高度""观念需转向""设计循方法"三方面阐述，浅析教师如何通过作业设计推动"双减"落实落地。希望能为广大一年级语文教师分享一些有价值的作业设计思路和经验，学会借助作业管理，实现减负提质增效。

一、站位有高度：明确"双减"要求及意义

2021年4月8日，《教育部办公厅关于加强义务教育学校作业管理的通知》（以下简称《通知》）中，详细地规定了作业诸多具体问题：1.把握作业

育人功能；2. 严控书面作业总量；3. 创新作业类型方式；4. 提高作业设计质量；5. 加强作业完成指导；6. 认真批改反馈作业；7. 不给家长布置作业；8. 严禁校外培训作业；9. 健全作业管理机制；10. 纳入督导考核评价。从中不难看出，中央坚决扭转一些学校作业数量过多、质量不高、功能异化等突出问题的态度，每一条都指向了作业的管理，每一条都和国家提出的五育并举结合，与学校的职责结合，专注于教师专业，把作业设计的研究提升到教研价值上。

作业是学校教育教学管理工作的重要环节，是课堂教学活动的必要补充。《通知》不仅明确了要求，也表明了作业的真正意义：在课堂教学提质增效基础上，切实发挥好作业育人功能，布置科学合理有效作业，帮助学生巩固知识、形成能力、培养习惯，帮助教师检测教学效果、精准分析学情、改进教学方法，促进学校完善教学管理、开展科学评价、提高教育质量。而语文学科在育人方面有独特优势，教师可以巧妙地将社会主义核心价值观、中华优秀传统文化、良好的思想道德风尚等人文教育内容融合在作业设计中，润物细无声地激发学生热爱祖国的思想感情，培养自尊自信、勤劳勇敢、自强不息的美好品质，增强社会责任感。

根据《通知》要求，教师应与时俱进，转变固有认知。以前教师常常认为教学设计是教学的主体，但以后作业设计将会成为教学设计的重要环节。因此，教师应遵循教育规律、坚持因材施教，严格执行课程标准和教学计划，坚持小学一年级零起点教学。此外，教师还应提高自主设计作业能力，针对学生不同情况，精准设计作业，根据实际学情，精选作业内容，合理确定作业数量，在校内安排适当巩固练习，确保一年级不布置书面家庭作业。也要根据第一学段、语文学科特点及学生实际需要和完成能力，尝试布置分层作业、弹性作业和个性化作业和实践性作业，探索跨学科综合性作业。

二、观念需转向：做好作业设计四个"转变"

《关于进一步减轻义务教育阶段学生作业负担和校外培训负担的意见》明确提出要"全面压减作业总量和时长，减轻学生过重作业负担"。要解决当前小学作业量过多、质量不高、功能异化的问题，切实减轻学生作业负担，小学一年级语文教师作为作业的设计者和评价者，需要实现四个"转变"以实现作业改革。

（一）作业观转向：从"工具"到"发展"

很多教师窄化了作业的功能，认为作业只是学生巩固、强化所学知识的工具，主要目的是让学生通过复习和预习，熟练掌握所学知识。尤其是一年级语文，课文内容简单，思维含量不高，重在学习拼音和识字写字，教师则将作业仅仅设计为简单的拼音和书写练习，虽然时效性强，确实能帮助学生加深记忆，提高熟练度。可事实上，教师对作业的这种理解间接影响了学生的长远发展，很多学生每天在完成相同类型的抄写作业练习时，渐渐形成惰性，只是照葫芦画瓢，缺乏思考，不会变通，不利于未来学习和长久发展。

作业作为学校课程的一部分，承担着重要的育人功能，它应该促进学生全面而丰富的发展。因此，减轻学生作业负担的基本前提是教师要树立正确的作业观——作业作为课堂教学活动的必要补充，其根本目的在于促进学生全面发展，依据语文课程标准对第一学段（一至二年级）的阶段目标内容，笔者认为一年级语文作业设计应考虑以下三个方面六个要素。

第一，一年级语文作业既要关注学生对语文学科知识的学习，又要强调学生语文学科思维方法的发展。在作业设计中既有能够巩固学生拼音认读、字词句书写的基础知识练习，也有诵读儿歌、童谣和浅近的古诗，展开想象，获得初步的情感体验，感受语言的优美的思维方法训练。

第二，一年级语文作业既要重视对学生树立正确价值观的积极影响，又要关注对学生自我管理能力的培养。在作业设计中既有浅近的童话、寓言、故事的阅读，也有写出自己对周围事物的认识和感想的写话练习。对于有难度、有挑战的题目，可以设置"小贴士""金钥匙"，通过"搭梯子"的方式辅助学生自主思考完成。旨在培养学生向往美好的情境，关心自然和生命，能对感兴趣的人物和事件有自己的感受和想法，并乐于与人交流，遇到作业难题时的自我鼓励、对完成作业的时间管理等良好意志品质和学习习惯。

第三，一年级语文作业既要鼓励学生实践参与，更要重视学生创新能力的培养。在作业设计中既要结合语文学习，引导学生观察大自然，热心参加校园、社区活动，并能结合活动，用口头或图文等方式表达自己的观察所得、见闻和想法。也要培养学生对周围事物有好奇心，能就感兴趣的内容提出问题，结合课内外阅读，共同讨论的综合性学习能力。

（二）作业分析转向：从"随意"到"严谨"

很多教师缺乏相应分析，布置作业比较随意，没有体现对不同群体、不同能力类型和不同思维水平的学生的关注，作业布置"一刀切"。比如对生字进行抄写组词练习是一年级语文的常规作业，这项作业对于有一定基础且学习能力强的学生来说，属于重复练习已掌握的知识。而对于零基础且书写能力差的学生来说，完成起来依然费时费力。高质量的作业设计应建立在教师深入分析教材和学情的基础之上，做到因材施教，有针对性、有特色，符合学生自身的发展规律。因此，作业改革必然要求教师以严谨的态度从以下三个角度进行分析。

1. 学生群体差异分析

学生的发展总是存在一定的差异性，教师要基于实践需求，对不同学生进行合理归类，以此为依据对作业难度、数量和类型进行恰当分层，使作业更具有选择性和针对性。依据《语文课程标准》第一学段（一至二年级）的阶段目标内容，结合核心素养及部编版教材编排理念，在作业设计时教师应针对不同层次的学生设计不同程度的作业，制定基础性作业、发展性作业、创造性作业。基础性作业相对比较容易，比如读一读课文、写一写生字词语，在关心潜力生的前提下为他们提供巩固学习的保障；发展性作业略有坡度，如诵读儿歌、童谣和浅近的古诗，展开想象，需要学生跳一跳才能摘到"桃子"，给中等学生更多思考的空间，让学生在思考中有收获，从而形成学习能力；创造性作业相对就比较难，如较完整地讲述小故事，能简要讲述自己感兴趣的见闻，需要引领优秀学生发展思维，让学生形成思维品质。

2. 学生能力要素分析

一年级的学生好奇好动、喜欢模仿，并且有直观、具体、形象等思维特点，对学习有好奇感，行为动摇不定，不善于控制，很难做到专心听讲四十分钟，独立完成作业时注意力不易集中，情绪变化无常，冲动敏感，容易疲倦。因此，起步阶段的语文作业，要尊重儿童，准确把握儿童身心发展特点，关注学生已有的知识经验和生活经验，在作业内容、学习方式等方面做好过渡链接。教师在设计一年级语文作业时，要结合一年级学生的心理年龄特点和认知发展规律，打开思路，通过不同的作业促进学生学习能力、交往能力、实践能力、创新能力等全面发展。可以尝试设计动手操作型、趣味游戏型、活动展示型、积累练习型等不同类型作业。保护儿童探索世界的好奇心，让学生在玩中学，在喜闻乐见的游戏活动中完成学习和作业。

3. 学生思维水平分析

即使是一年级的小学生，在完成作业的时候，思维也应该是持续的、由低向高逐渐递进的。所以，一年级语文教师在作业设计时不仅要关注学生的记忆和积累，还要重视理解和应用，更要强调评价和创造，不仅要把握一份作业不同问题之间的思维梯度，更要关注学生在完成作业过程中思维能力的呈现。引导学生发现语言学习的规律，鼓励探究学习，尽可能多地为学生提供交流展示作业的机会。通过丰富多彩的互动作业设计，引导学生改变被动接受知识的学习方式，在自主学习、主动探究的过程中感受语文学习的乐趣，不断激发学习动力，真正成为学习的主人。

（三）作业设计转向：从"割裂"到"整合"

当作业被简单地重复叠加时，作业量必然大，学生完成作业所需的时间必然长。因此，作业负担重的一个重要原因是很多作业是割裂的，既缺乏学科内的前后呼应，又缺乏学科间的横向关联。要扭转这种现象，教师必须从整合的角度来设计作业。

1. 一年级语文作业设计需"瞻前顾后"

作业是对课堂教学的延续和补充，是课程的重要内容。小学语文课程有相互关联的知识体系，而不是一个个知识散点。语文教师在设计作业时也绝不能只针对某一课的学习，而应基于语文学科内不同知识的内在关联，通过作业实现语文学科内"前后"知识之间的综合运用。小学语文部编版教科书的编排已为教师统筹设计提供了很好的扶手，充分利用教材中的练习活动和内容安排，可以帮助教师更加系统、合理、专业、全面地设计作业。即使作为一年级的教师，也应该系统全面地了解部编版教材的编排特点，了解六个年级十二册书的具体内容和关联。

（1）关注教材"双线组织单元，加强单元整合"的思路。

围绕人文主题和语文要素双线组织单元。除了不同年段册次的纵向联系，体现由易到难、由浅入深的发展梯度，还着力加强单位内部的横向联系。各部分内容环环相扣，互相配合，使每个单元形成一个系统。

（2）考虑教材"重视方法指导，促进能力提升"的特点。

《语文园地》中的"交流平台"，集中体现了学习方法的指导与应用。每个单元的"交流平台"，都聚焦学习方法，围绕本单元的语文要素，从学生的学习实践中提取可迁移运用的方法，总结出一些最基础、最重要的学习经验，使学生对本单元的语文要素有进一步的认识。同时，在练习活动中渗透方法，培养学生的方法意识。教科书的每一个练习活动往往不只是简单提出一个学习要求，而是引导学生运用某种方法完成学习任务，开展学习活动的过程，也是方法运用的过程，这些练习活动蕴含的学习方法，都可以举一反三地迁移运用到今后的阅读和表达实践。

（3）凸显实践性加强语言文字运用。

教科书着力加强语言文字的运用，不论是练习活动的设计，还是《语文园地》的内容安排，都引导学生联系生活，在生活情景中运用语文，凸显语文课程实践性的特点。关于词语的练习活动，多是创设具体情景，促使学生调动生活经验，在生活情景中运用词语，激发学生学习词语的兴趣，教科书还努力加强阅读与表达的联系，促进读写结合，将阅读中的收获迁移运用于自我表达，使学生的语文学习与生活实际紧密联系起来。

2. 一年级语文作业设计需"左右关联"

割裂的各学科作业无疑会加重学生负担，教师可以通过彼此之间的合作共同研究设计跨学科作业。这类作业的关键在于找准"整合点"，以此为基础设计恰当的问题情境，让学生在解决问题的过程中对不同学科知识进行提炼整合。比如：在学习一年级语文上册《影子》一课时，需要认识"左""右"两字，可以和数学《位置和顺序》一课相结合；学习《日月水火》一课时，和美术"画出美丽的甲骨文"相结合，设计综合性跨学科作业，两个甚至几个学科的知识内容通过一道题就可以完成练习巩固，一题多练，事半功倍。

3. 一年级语文作业设计需"知行合一"

作业设计要在致力于提高学生语言文字理解和运用能力，重视积累的同时，强化运用，体现语文学习的综合性和实践性。避免单调枯燥的机械操练，而是设计灵活多样的作业形式，与学生的现实生活结合起来，引导学生在真实情境中学习语文、运用语文、解决问题。注重调动学生已有的生活经验，并指导他们将语文学习成果运用于生活，不断丰富自己的生活经验，才能让学生学会更好地运用所学，实现知识的迁移和创造。

如学习小学一年级上册《语文园地》二"识字加油站"板块，教材呈现的是小学一年级的课程表，让学生了解"语文、数学、音乐"等课程名称，学习"文、数、学、音、乐"五个生字。学生每天都要与课程表见面，利用课程表，既能帮助学生认识各课程名称，又能识记生字，体现了识字的趣味性和实用性，能调动学生学习的积极性。对于此板块的作业设计可以结合本班级的课程表，如请学生找出星期三的课程安排，并按课程表上的顺序将课本一一拿出，说说星期三上哪些课，在引导学生认识课程表的同时进行识字与说话的练习，使学生感受到语文与生活的联系。

（四）作业评价转向：从"判断"到"增值"

评价是作业改革的重要组成部分，对学生的学和教师的教具有重要促进作用。但当前作业评价往往被简单地等同于作业批改，仅限于评判学生是否完成作业及其对错情况，其"增值"作用未能充分体现。

1. 一年级语文作业评价的判断要"准"

首先，判断学生作业要及时，否则会因为时间过长而影响对学生学习判断的准确性。其次，判断学生作业的依据要全面，既重视错题，又关注作业中正确或者精彩回答；既基于学生某一次作业进行判断，又关注学生一段时间内多次的作业情况；既要根据学生作业进行判断，还要结合课堂内外师生交流的情况来把握。最后，判断学生作业的标准要多元，既要明确学生在知识体系上的漏洞，又要分析学生思维方法上的不足，还要把握学生学习的态度。

2. 一年级语文作业评价的挖掘要"深"

教师要基于对学生作业的判断，深入分析其根源，找到改进学生学习的关键点。方法上，教师可以通过对学生的观察，或者让学生自己讲讲自己是怎么想的，以此来了解学生具体的思维过程。内容上，一是指向学生的学习，追根溯源时切忌"就题说题"，而应全面分析学生的学科知识体系、学科思维方法、学习策略和学习态度，进而明确其改进方向；二是指向教师的教学，教师要基于对学生作业的判断，思考"我应该怎么教更合适"，以此明确教育教学实践改进的方向。

3. 一年级语文作业评价的跟踪要"久"

教师应对学生作业进行持续的跟踪和关注，不仅要看学生作业中的错误是否得以改正，更重要的是关注学生知识体系、思维方法、学习态度和策略是否得到优化。同时，教师也应该在调整自己的教学过程中进一步反思，"我这样调整之后是否有助于学生更好地理解"等。只有长久持续地跟踪和关注，才能真正实现学生作业的发展性功能。

三、设计循方法：作业巧设计，"双减"变"双赢"

"双减"政策在作业方面的重点，在于发挥作业诊断、巩固、学情分析等功能，将作业设计纳入教研体系，系统设计符合年龄特点和学习规律、体现素质教育导向的基础性作业。鼓励布置分层、弹性和个性化作业，坚决克服机械、无效作业，杜绝重复性、惩罚性作业。通过作业引导学生自主探究，提高思维品质，所以要求教师在作业布置上，要精心选择作业内容、精准针对不同学生、精确校正课堂教学、精细反馈作业情况。

怎样能在作业设计中既不加重学生负担，又能让作业发挥其功能，笔者认为应从以下三方面来考虑。

（一）统筹安排，养成良好习惯

"双减"政策规定不允许老师以任何形式在家长群布置作业，不允许老师要求家长检查作业和签字，在作业时长方面也做了具体要求，一年级不布置书面家庭作业。因此一年级语文教师应统筹安排好课前作业、课中作业、课后作业。课前要抓好预习，还要注重课文的朗读和自主感知，课前朗读感知能帮助学生更好理解新知识，提高自主学习能力。课中作业要与教师的讲、导融为一体，相辅相成，体现为听、说、读、写等灵活多样的课堂实践，当场进行，即时评价。提高课堂教学效率和质量，留出充足的可供学生自主思考、写作业的时间，并在此时段及时提醒和纠正学生的坐姿和握笔姿势，及时关注学生写作业时的专注度和态度，及时发现和培养学生自主学习时的好习惯。课后作业以口头和实践探究的形式布置，是学习的梳理、补充、完善，能帮助学生温故知新，学以致用。

（二）关注学情，实现作业分层

教师可以根据学校要求及班级整体、学生个体情况，探索"基础＋拓展""基础＋弹性""基础＋特色"等多种模式分层作业。笔者以为，拓展作业是基础作业的延展，如基础作业是背诵部编版一年级上册第五单元《语文园地》的古诗《悯农·其二》，拓展作业可以设置《悯农·其一》，旨在鼓励学生多朗读积累优秀古诗词；弹性作业是基础作业的变形，如基础作业是照样子写生字，弹性作业可以设置两三道和生字有关的变形题：分辨象形字、看拼音写汉字、换偏旁组字等，旨在满足不同能力层次学生的需要，帮助夯实基础，灵活运用；特色作业是基础作业的创新，可以结合学校的特色课程或所在地域的特色文化设置作业，如在学习一年级上册《我上学了》时，可以带领学生实地参观学校，初步了解学校文化，对于能力较强的孩子还可以通过口头或绘画的形式展示自己的收获，旨在增强学生对自己身份变化的认知，培养对学校的认同感、归属感，同时也练习了口语交际和综合实践能力。

分层作业设计，不仅要找准分层的依据，还要引导学生量力而行，选择与自己能力水平相当或者比自身水平略高的作业。

（三）作业超市，可以自主选择

针对一年级语文学科，作业设计要循序渐进、多元化多样态。既要有基础性有标准答案的练习，也要有采用口头练习、表演练习、实际操作等形式独特的开放性作业；既要有短期的，也要有专题性或研究性的长期作业；有个人作业，也有小组或全班的合作性作业；有单科作业，也有跨学科的综合性作业；有教师布置的作业，也有学生自己设计的作业；有知识巩固性作业，也有应用性、实践性作业。联动"家、校、社、企"教育合力，将作业融入社群生活，可以依托地方特色进行作业设计，如学习一年级上册《语文园地》八的《春节童谣》，这首童谣讲述的内容跟孩子的生活联系很紧密，读完以后，家长和孩子可以一起聊一聊，说说现在过年的方式和童谣讲述的内容有哪些不同，大人也可以讲一讲自己小时候是怎么过年的，还可以让孩子说说过年最喜欢哪些活动，将作业融入一些探究实践、亲子活动中去；也可以设置"档案袋"式的作业，要求每周、每月、每学期都去跟进的长期作业，提升学生学习兴趣。

作业的多元化设计，给学生自主选择的空间，让学生发挥自己所长，选择作业就像玩通关游戏一样有趣而且又富有挑战性，学生对作业就不是抗拒或逃避，而是积极主动去接纳。

四、结语

精准设计小学一年级语文作业，要关注作业的育人功能，构建学生生活，增进学习体验。作业设计中尤其要关注单元要素，关注课后思考与练习，与课堂教学紧密结合，实现"备—教—学—练—评"的一致性。同时增强作业设计的趣味性，避免机械重复式书面作业，增加综合性、实践性、融合性作业，丰富作业类型。另外作业设计在符合本班大面积学生认知水平的同时，设置具有一定思考难度的习题，实施分层次、有弹性和个性化作业。作业更精简，但也更灵活，既守住了底线，又尊重了学生能力差异，为有能力的学生提供开放的生长空间，真正实现减负增效。

优化作业设计，让作业变得生动而有趣，才能让学生化被动学习为主动学习。引导学生全面而有个性的发展，真正体会到学习的愉快、童年的幸福，让作业回归生活实际和生命质量提升，才能真正发挥作业的育人功能。

基于提高学生史料实证能力的教学实践

王东娜

史料实证是历史学科五大核心素养之一，也是最具历史学科特色的"方法论"。英国史学家曾说过："历史学是通过对证据的解释而进行的……"作为认识历史的桥梁，史料是人类社会在发展过程中所遗留下来的各种材料，它能帮助我们认识、解释和重构历史，是我们揭示历史真相不可或缺的证据，也是填补历史教科书枯燥的结论的必要补充，更是我们评析历史人物、历史现象与历史事件的基石。

史料实证指对获取的史料进行辨析，并运用可信的史料努力呈现历史真实的态度与方法，基本的环节就是史料辨析、史料解读和史料推论。

初中学生关于阅读文字提取信息能力一般，对于运用史料理解史论的意识也比较薄弱，教师应该在教学过程中组织相关教学活动、选择教学策略，逐步提升学生史料实证能力。

辛亥革命在中国近代政治文明史上具有重要地位，本课内容在本专题中起承上启下的作用，不仅结束了一个旧的封建时代，而且开拓了一个崭新的局面。在 20 世纪初的中国，辛亥革命的爆发是历史发展的必然，开启了中国近代政治民主化的历程，民主共和的观念逐渐深入人心，鼓舞中国人民为民族独立不懈奋斗，但是由于时代的局限，辛亥革命并没有改变中国近代半殖民地半封建社会的性质，革命并不是完全成功。课本的语言描述结论性太强，需要搜集资料提取信息，促进历史理解。本课在评价辛亥革命中突出体现培养学生"史料实证"能力这一核心素养，同时注意关于评价历史问题方法的总结。

一、新课导入

用纯混黑的 PPT 背景象征黑暗的半殖民地半封建社会的近代中国。

问题：黑色的屏幕象征什么？

学生回答：象征黑暗、腐败的社会，黑暗的近代中国，中国民族危机空前严重……

教师：在此背景下，近代社会无数仁人志士执着地为中国寻找光明。这一历史性转折就发生在 20 世纪初的辛亥革命。

设计意图：纯混黑的 PPT 背景象征意义极强，引导学生回忆从鸦片战争到八国联军侵华战争中国近代社会民族危机空前严重的形成过程，直接引出辛亥革命的背景。

二、课堂教学

第一环节：辛亥革命的背景

1. 学生介绍伟大的民主革命先驱孙中山先生的早期革命活动

设计意图：课前学生已经按照小组为单位去搜集相关资料，课上找出优秀的小组代表介绍，了解了孙中山先生从医人到医国思想的转变，学生搜集史料，判断史料的真伪和价值，不是两手空空进入课堂的，而是带着已有的知识经验、能力方法和情感态度价值观参与课堂学习活动，有利于学生更好地了解孙中山先生胸怀天下，将自己的理想与国家民族的兴衰紧密联系的伟大情怀，更加重视史料的搜集、整理和辨析。

2. 资产阶级革命团体和政党的出现

提问：通过学生代表的介绍，概括孙中山早期革命活动。

学生回答：1894 年，孙中山在美国檀香山创立了兴中会；1905 年孙中山等人在日本东京建立起中国第一个资产阶级革命政党——中国同盟会。

教师：引导学生简单分析同盟会的纲领——三民主义。

学生回答：驱除鞑虏，恢复中华，推翻以满洲贵族为主的清政府——民族主义；创立民国，推翻封建君主专制制度，建立资产阶级民主共和国——民权主义；平均地权，核定地价，增加国有——民生主义。

其中民权主义是核心，也是最能体现从专制到民主的转变，三民主义是孙中山先生救国理想的体现，也是中国的光明之路。

1908 年，清政府颁布《钦定宪法大纲》，筹备立宪。1911 年清政府宣布实行内阁制，在 13 名内阁阁员中，满族占 9 人。其中皇族 7 人，全部军政大权集中于皇室，被称为"皇族内阁"。

——人教版《中国近现代史》（上册）

教师：在国内革命呼声越来越高的情况下，清政府做了适应性改革。

材料中明确体现了"皇族内阁"实际上大权依然是清政府满洲贵族牢牢把控，更加暴露了清政府的腐朽嘴脸，清政府丧失公信力，这样清政府的境地更加孤立。正如梁启超所说："现在的政府，制造革命之一大工场也！"

第二环节：辛亥革命的爆发——武昌起义谱新篇

引导学生观看武昌起义纪录片。

设计意图：运用视频资源，增加感官刺激，启发学生的学习兴趣。

教师：武昌义旗一举，各省云起响应，一场反清的革命运动兴起。

设计意图：此处 PPT 显示动画地图，形象描绘武昌起义后全国的震动，南方十几个省纷纷宣布独立，清政府统治土崩瓦解。

1911 年 11 月，江苏巡抚和德全宣布脱离清政府独立，自任都督，挂起来"中华民国军政府江苏都督府"的旗子，并"用竹竿挑去了府衙大堂上的几片瓦，以示革命必须破坏"。江苏就这样"和平光复"了。

——武昌起义总指挥吴兆麟

教师设问：材料中体现了江苏的权力被谁控制？这样会引发什么后果？

学生回答：旧官僚控制江苏省，革命派可能控制不住江苏省。

教师：1911 年 10 月 22 日到 11 月 27 日，宣布独立的省份 13 个。其中同盟会推动独立的有 8 个，立宪派、旧官僚宣布独立的有 5 个。

设计意图：说明革命潜伏着多种力量，为辛亥革命的结果埋下伏笔。

第三环节：辛亥革命的高潮——立国行宪废帝制

立国：1912 年 1 月 1 日，亚洲第一个资产阶级共和国——中华民国成立。

行宪：1912 年 2 月 11 日，颁布《中华民国临时约法》。

废帝制：1912 年 2 月 12 日，清朝宣统帝退位。

中华民国，由中华人民组织之。

中华民国之主权，属于国民全体。

中华民国人民一律平等，无种族、阶级、宗教之区别。

国民有人身、居住、财产、言论、出版、集会、结社、宗教信仰自由。有选举和被选举的权利。

中华民国之立法权，以参议院行之。

临时大总统代表临时政府，总揽政务，公布法律。

法官独立审判，不受上级官厅之干涉。

设计意图：突破重点，解读一手史料，提高学生获取和解读信息的能力，理解《中华民国临时约法》关于国家权力的归属、国家权力的保障、人民的权利等几方面的规定，充分体现了人民主权、三权分立的民主原则，把人们对专制的痛恨和对民主的向往由理想转变成现实。那么中国的民主政治命运又如何呢？

第四环节：辛亥革命的评价——有花无果恨悠悠

这部分是本课的难点也是重点，教科书只给出结论性的语言，晦涩难懂，需要阅读史料理解辛亥革命的意义和局限性。

观点一：辛亥革命开创了完全意义的近代民族民主革命，打开了中国进步的闸门，传播了民主共和思想，极大推动了中国社会变革。

—— 习近平总书记在纪念孙中山先生诞辰150周年大会上的讲话

观点二：辛亥革命是失败的，并没有改变中国社会的性质，没有改变中国人民悲惨的境地。

—— 北师大版历史教师用书

两种观点没有对错。一种观点肯定了辛亥革命的对中国的进步作用。一种观点持否定态度。学生首先要明确自己对辛亥革命持哪一种史观，再进行史料解读、选择支撑观点的材料，最后史料推论，依据时代背景形成自己对辛亥革命全面、客观的认识。以评价为主题，学生的思维活动包括阅读理解、提取信息、分析评价三个彼此衔接的阶段。针对学生的分析史料能力不同，再把学生活动分为两个阶段首先是自主探究、史料解读、观点归纳阶段，然后是合作探究、展示成果、史料论证阶段，这样学生在互相交流讨论中相互提高史料实证能力。

学生史料评价思维活动		
阶段	步骤	技能
阅读理解	什么会成为相关的证据？	理解史料的信息
提取信息	这条史料会告诉我什么信息？ 我可以相信这条史料吗？ 为什么我可以或不可以相信这条史料？ 哪条史料会支持我的观点？	选择和处理证据 准确表达 怀疑批判
分析评价	形成理由	建构逻辑思维

材料一：1912 年 3 月 5 日，《时报》上刊载了一篇题为《新陈代谢》的文章，文中描述民初中国社会的革故鼎新说："共和政体成，专制政体灭；中华民国成，清朝灭；剪发兴，辫子灭；阳历兴，阴历灭；鞠躬礼兴，拜跪礼灭；老爷大人称呼灭，先生称呼兴……"

材料二：（辛亥革命）各种报刊，蔚然云起，评论时政，非常活跃；政党社团，勃发风靡，参与国事，盛宣一时；女权运动，异军突起；热烈参政，古来罕问……

——朱英《辛亥革命与近代中国转型》

材料三：（南京的下层人士）通常谈到孙文是新皇帝，他们不了解总统这个专门名词，认为它不过是更高头衔的一个委婉的说法。

——摘自湖滨译《英国蓝皮书有关辛亥革命资料选译》（下册）

材料四：（辛亥革命）没有从根本上摧毁封建制度和封建文化的根基，没有改变中国半殖民地半封建社会性质，革命的冲击也远远没有达到中国传统思想上的更深的层次，因此在此后的几十年中，中国都在封建传统与近代文明的双向拉力中艰难迈步。

——曾宪义、郑定《中国法律制度史研究通览》

材料五：……南京临时政府关于"振兴实业"的舆论宣传，提倡国货运动，激励了工商业者投资开办工厂。从 1912 至 1919 年，中国新建的厂矿企业达 470 多家投资近 1 亿元，加上原有扩建新增资本达 1.3 亿元以上，相当于革命前 50 年的投资总额。

——《中国近代史》第四版

　　材料六：民国三年，戴季陶遇见一个老农，因戴季陶身着日本服装，老农遂问其国籍。戴称："予中华民国人也。"老农忽作惊状，似乎不解中华民国为何物者。当戴告诉老农"你也是中华民国人"时，老农茫然，连声说："我非革命党，我非中华民国人。"

——何成刚、张汉林《历史教学设计》

　　第一阶段：自主探究、史料解读、观点归纳。
　　第二阶段：合作探究、展示成果、史料论证。
　　有了史料作为依据，学生在评价辛亥革命时就会有深度思维的认识和解释，进而形成自己的评价理由。在学生的评价展示中发现学生看问题的角度不太一样，在评价时有些学生观点是单一的，有些学生观点是全面的，教师进而要引导学生掌握评价问题的方法。首先要有明确看问题的观点——史观，选择合适的材料去支撑史观——史料，还要站在当时的时代背景客观地评价，用一分为二辩证的观点分析问题。

三、课堂小结

　　辛亥革命推翻了两千多年的封建帝制，建立了亚洲第一个资产阶级共和国，推动了中国政治民主化，但是由于时代的局限，并未结束半殖民地半封建社会性质，没有实现真正的民主与独立。但是它的丰功伟绩将昭示一代又一代中华儿女，在探索富民强国的道路上贡献自己的智慧与力量，为黑暗的近代中国寻找光明。

　　历史课离不开史料的学习，本堂课学生通过史料辨析、史料解读和史料推论，最后得出自己对辛亥革命有证据的评价，在合作交流中初步掌握了评价历史人物的方法。只有将"史料实证"素养的培养有机融入课堂教学，学生的"史料实证"素养的发展才有可能，有效课堂教学才能够找回真正的意义。无论是历史教师以及学生，对史料的探究都要以求真求实为目标，以史料为依据，重视史料的搜集、整理和辨析，去伪存真，去粗取精。通过对史料的辨析，依据时代背景，形成对历史正确、客观的认识。

参考文献：

[1] 中学历史教学参考 [M].西安：陕西师范大学出版社，2017.

[2] 胡绳，金冲及.辛亥革命史稿 [M].上海：上海辞书出版社，2011.

[3] 尚明轩.孙中山传 [M].北京：文化艺术出版社，2008.

多学科融合教学模式在劳动课堂中的应用

王亚娟

生活中，人们往往会将不同学科学到的知识进行综合运用。所以，作为教师，不仅要教导学生学习当下，更要应对未来，不仅要运用知识解决问题，更要在问题解决中创造新知识。基于此，学科之间的交叉融合显得尤为重要。它是在承认学科差异的基础上不断打破学科边界，促进学科间相互渗透、交叉的活动。学科融合既是学科发展的趋势，也是产生创新性成果的重要途径。

在本人所教的劳动课上，很多教材内容都具有相互交织、重叠的现象，将这些知识学习和技能培养进行整合和实践，对提高学生学习的积极主动性、有效性具有重要意义。

一、优化劳动教育，传承传统文化

在小学劳动课中，许多教学单元都蕴含着丰富的中华传统文化元素。如中国结，它是一种中国特有的手工编织工艺品，以其独特的东方神韵、丰富多彩的变化，体现中国人民的智慧和深厚的文化底蕴。如剪纸，它表达吉祥、美好的寓意，特别是民间剪纸是我国各族人民在生产劳动中创造的，以其丰富的形象语言反映了深邃的传统思想、古老文化，具有极高的文学、美学价值，是当之无愧的艺术瑰宝。布艺中的十字绣、刺绣图案彰显地方特色，是我国原生态的文明产物。木工技艺中精巧的榫卯结构体现了历史建筑技术与现代艺术的完美结合等。

我在四年级劳动课《纸模服装》一课中，以项目为依托，将中华优秀传统文化的内容加以整合与拓展融入其中。课前以任务书的形式，鼓励学生阅读相关历史资料，查找有关汉朝重要人物的历史典故，了解人物的服饰特点，从中深刻理解中华优秀传统文化的基本内涵。通过网络学习与阅读《中国传统民间艺术探源》《中国古代服饰研究》等书籍，了解中国传统艺术的起源与发展过程，理解服饰的发展和人们息息相关的生活习惯等。

在导入环节，我播放视频，使学生了解王昭君是什么时期的人，她为何被后人所铭记等。让学生了解汉朝时期的重要历史，并教育学生学习其中的家国情怀培养他们正确的价值观。这段视频激发了学生学习热情和兴趣，教师引导学生设计汉服，学生对历史有了解，在尊重历史的前提下设计制作汉服。

通过本节劳动课，学生在学习技能的同时，不仅了解汉朝服饰类型和特点，感悟中华优秀传统文化的博大精深和古人的聪明才智，而且了解中国传统技艺与生活的内在联系，将传统技艺运用在现代设计中，激发学生的创新思维和设计意识。

二、劳动创造美，提升艺术气息

劳动三年级上册有关于剪纸的教学内容和泥塑的教学内容，而美术课里也有。我在教学时时常感悟到，劳动课偏重"技术"，美术课则偏重"艺术"。如果能恰当地将美育的"艺术性"运用到劳动教育的"技术性"里，势必会使课堂更具艺术氛围。

我曾经是美术教师，在进行劳动课"泥工"单元——《泥塑小动物》和《泥塑笔筒》两课的教学活动时，将美术课上的教学经验和方法与劳动操作进行结合，取得了良好的效果。

《泥塑小动物》一课可以和美术课中《北京动物园》一课相联系。课堂伊始，播放小动物的照片让学生们欣赏，并对学生进行"爱护小动物"情感教育。接下来，引导学生小组合作、着重分析特征明显的如刺猬、大象等的外形特征，这其中就包括美术课中所学的基本型、眼睛、鼻子形状和颜色、身体组成部分等知识。并出示一组熊猫姿态图片，启发学生思考熊猫的姿态变化取决于身体哪部分的动作变化。学生从形和神上抓住对象的外部特征之后，再学习材料工具的使用规范和注意事项，最后通过揉、捏、压、剪、粘接等技术方法，泥塑创作出自己喜欢的小动物，组成小动物园。

在学习《泥塑笔筒》一课时，在讲授的环节我采用图片展示法和对比教学法，出示最简单的圆柱体笔筒和经过改造加工的笔筒。教师启发学生思考：哪款更能吸引人的眼球？笔筒除了圆柱体还可以有哪些基本形式？学生通过讨论交流，思维打开，欣赏不同基本型的学生作品，然后进一步引导学生分析得出：要做出不拘一格的泥笔筒，变化的关键在于筒口、筒身和筒底的装饰，泥塑的手法、步骤都是一样的。

接着教师引导学生对基本的泥笔筒进行装饰美化。比如可以改变筒口的造型：用大小不一的泥球、粗细不一的泥条（也就是美术教学里常用的点、线、面）进行装饰；也可以对筒身、筒底用挖切镂空和填补的方法使之富于变化等；还可以用不同颜色的自然泥塑形，如白瓷泥、黄泥、紫砂泥或者将不同颜色的泥进行不均匀的混合，形成自然的纹理与色彩的渐变、冷暖对比等进行创作；还可以做出各种造型的笔筒，如动物造型款的、植物造型款的，等等。

融入美术课上学到的基本型、特征、构成、装饰美化等知识，孩子们的作品更加生动有趣了，这也成为本节课的一个亮点。规范的泥塑作品就是一件劳动作品，而美观的泥工作品就成为一件艺术品。

三、数学辅助劳动教学，成果更具严谨性

劳动教学离不开数学知识，数学作为一种抽象理论学科，每时每刻伴随着我们的生活和工作。在实际教学中启发引导学生把数学知识转化为数学应用能力，解决实际技术问题，使劳动技术实践更加规范和严谨，从中体验数学的应用价值。

在劳动课的纸工单元，学生制作笔筒、相框、小盒子时，实用性是设计的第一要求，造型合理，富有美感也要与其使用功能相得益彰。这就需要设计出的作品遵从一定的比例关系，符合一般审美要求。而"黄金比"就是在各种设计中容易让人产生美感的比例，"黄金分割"源于数学。在剪纸课上，也要用到数学中的对称知识，定好对称轴，便能剪出两个完全一样的图案。

劳动课中的木工项目比如"华容道""孔明锁"等和金工项目中的"九连环"等内容，同样蕴含着丰富有趣的数学知识。"七巧板"也是《木工设计与制作》教材中练习直线锯割时常做的一个项目。它们不仅是智力玩具，更是对数学的有趣应用。劳动教学过程中，要让学生知其然，也知其所以然，不仅激发学生好奇、乐于实践的心理，也激发了他们学习数学知识的兴趣。

综上所述，劳动课程立足于"做中学"和"学中做"，既是对已有学科理论知识的综合运用，也是对新知识与能力的综合学习，其中交织来自不同领域的知识技能和跨学科素养。多学科融合教学模式正是打破学科之间的壁垒，融通不同学科的知识和能力，共同探索和解决真实情景中的问题，提升学生的学业成就水平。

微课在小学语文古诗教学中的应用

王艳君

2020 年的"停课不停学"让我们手握粉笔的一线教师，纷纷变身"十八线主播"，也让原本处于发展阶段的线上教育迅速成为当今教育的主流方式。微课作为线上教学重要载体也必然走在了教育的前沿位置。

一、什么是微课

微课是以微型教学视频为主要载体，针对某个学科知识点、技能点（如重点、难点、疑点、考察点）或教学环节（如学习活动、过程、实验、任务等）而精心设计和研发的一种短小精悍的、可视化的、数字化学习资源。随着教育信息化的不断发展，这种新型教学模式可以很好地满足学生碎片化的学习需求。

二、微课在小学语文诗歌教学中的应用：以《书湖阴先生壁》为例

（一）教学分析

（1）教学目标。

①知识与技能目标。学习拟人与描写巧妙结合的表达方法。学生能够理解诗的字面意思，在头脑中再现诗中刻画的情境，同时能领会"花木成畦""排闼"等重要词语的含义。

②过程与方法目标。借助注释理解诗句意思，体会作者对江南农村美景的喜爱和赞美之情。

③情感态度目标。学生通过学习这首古诗，能够领略中国古代文学的魅力，培养学生热爱生活的态度。

（2）教学内容。

《书湖阴先生壁》是宋代诗人王安石的作品。这首诗是题写在湖阴先生家墙壁上的。前两行写他家的环境，洁净清幽，暗示主人生活情趣的高雅；后两行转到院外，写山水对湖阴先生的深情，暗用"护田"与"排闼"两个典故，把山水化成了具有生命感情的形象，山水主动与人相亲，正是表现人的高洁。诗中虽然没有正面写人，但写山水就是写人，景与人处处照应，句句关合，融化无痕。诗人用典十分精妙，读者不知典故内容，并不妨碍对诗歌大意的理解；而诗歌的深意妙趣，则需要明白典故的出处才能更深刻地体会。

（二）微视频制作

（1）确定《书湖阴先生壁》的微课教学流程，如表1所示。

表1　微课具体内容

画面内容（及音乐）	教师语言	长度（秒）
已示课题	这节课王老师和同学们一起学习古诗《书湖阴先生壁》。	20秒
FPT展示王安石画像	王安石，北宋杰出的政治家、思想家、文学家、诗人，"唐宋八大家"之一。……有《王临川集》《临川集拾遗》等存世。	40秒
PPT出示古诗内容	朗读古诗	30秒
PPT出示课本中古诗注释的图片	书是题写的意思。结合注释我们知道湖阴先生叫杨德逢，是王安石退居钟山时的邻居。这首诗是诗人题写在湖阴先生墙壁上的。长扫：即常扫，指经常打扫。	50秒
PPT出示花木成畦、河流环绕农田、两山排闼的图片	花木成畦：花草树木成行。护田：保护着农田。排闼：推开门。	35秒
PPT出示古诗及大意	这首诗的大意是：茅屋常被主人打扫，干净得不生青苔，院内一排排的花木都是主人亲手栽种的；院外，一条溪流环绕着绿油油的农田，两座青山仿佛推开屋门把那翠色送到眼前。"茅檐长扫净无苔，花木成畦手自栽"这两句写院中的景致，表明了主人的勤劳、爱整洁，也通过手栽花木写出了其生活品位。后两句写庭院外的景色，弯弯曲曲的溪水像是用手护住了田野，两边的山峰则像是推门而来。	1分40秒
PPT圈出古诗使用拟人手法的词语	这样的描写，赋予了自然景色拟人化的动态，令画面显得生动可爱、极富情趣，其中尤以"排闼"二字为神来之笔，说山峰仿佛带着青翠之色推门而入，这种极具新鲜感的形容精准、有节奏且余味悠长，令人眼前一亮。	40秒

续表

画面内容（及音乐）	教师语言	长度（秒）
PPT出示"护田""排闼"中的典故	"一水护田将绿绕，两山排闼送青来。"这两句诗在写景中还暗藏了典故。"护田"出自《史记》的"因置使者护田积粟"。意思是使者负责保护田地、积攒粮食。"排闼"出自《史记》"十余日，樊哙乃排闼直入，大臣随之"。意思是樊哙急切推门而入去探望。理解了这两个典故，有利于更深刻地品读、体悟诗的意蕴。	2分钟
PPT出示古诗对仗之处	再读古诗后两句，看看从结构上你能发现什么特点吗？是的，"一水""与两山"，"护田"与"排闼"，"将绿绕"与"送青来"是两两相对的。对仗可使诗词语句更具韵味，增加词语表现力在形式上和意义上显得整齐匀称，给人以美感，是汉语所特有的艺术手段。	1分钟
PPT出示类似的对仗诗句	两个黄鹂鸣翠柳， 一行白鹭上青天。 明月松间照， 清泉石上流。 七八个星天外， 两三点雨山前……	40秒
PPT出示：古人云，仁者乐山，智者乐水。一切景语皆情语	古人云，仁者乐山，智者乐水。王安石通过拟人化的手法，将湖阴先生家的院内之景，描绘得清洁优雅，院外之景，刻画得清新自然，他巧妙地勾画出湖阴先生极具生活情趣的形象。一切景语皆情语。王安石不仅表达了对湖阴先生居住之地的喜爱，更表达了对湖阴先生的敬佩欣赏与赞美之情。	1分钟
PPT出示古诗	让我们像诗人一样带着对美好生活的向往，再读这首古诗。	20秒
PPT出示作业	请你收集王安石生平三次上任和罢官的诗文和古诗，进行赏析诵读，讲述表演，下次课上交流。	10秒

（2）微课制作。首先，搜集整理相关资料，制作微课视频中所需的PPT课件。其次，搜集与本节课教学相关的视频资料，通过互联网搜集相关影视、艺术作品，得到一些王安石相关的视频素材。对于这些视频素材不能拿过来直接使用，需要先用Camtasia Studio等软件进行剪辑，剪辑时要根据微课教学流程，以及解说视频各个环节的用时，保证视频画面与解说词同步。最后，使用Camtasia Studio的录屏功能，将PPT课件与剪辑好的视频材料录制到一起，然后进行适当的后期处理，如添加字幕、去除噪声、设置转场效果等，处理完毕后，将微视频以MP4格式导出。

（三）教学实施

本节课教学分为两部分，第一部分学生在课前观看微课视频，在此过程中能领会"花木成畦""排闼"等重要词语的含义，理解诗句所表达的意思，学习拟人与描写巧妙结合的表达方法，在头脑中再现诗中刻画的情境，体会作者对江南农村美景的喜爱和赞美之情。观看完微课视频之后，学生根据微课最后设置的问题，收集王安石生平三次上任及罢官的诗文和古诗。进行赏析诵读，讲述表演。第二部分在上课时为交流汇报课，在本课教学中，学生小组交流汇报表演，老师补充。在课堂上以学生为主体，让学生自主探究发现王安石的作品和经历间的关系，使学生心中王安石的形象更加丰满立体，提升学生对人物的评价判断能力。

三、微课在古诗教学应用中的优点

（一）教学内容简短

古诗具有简洁、篇幅短小而丰富的特点。微课内容具有"短""小"的特点。微课的"短"指的是其教学视频时长一般在 10 分钟以内。"小"指主题小，内容集中。两者的特点天然契合。

（二）增加学生学习的趣味性

微课具有"精""悍"的特点。"精"指其精致、精彩、内容集中。"悍"指有用、有趣、视听效果好。古诗词对于有些学生来说较为枯燥或抽象难解，可以通过精致精美的图片、动画设计及微课中播放相关视频（如相关历史纪录片、诗词中相关人物及地点的短片等）来激发学生对古诗词学习的兴趣。

（三）增强学生学习的自主性

古诗词微课可以在手机、电脑等平台上学习，做到走到哪、学到哪，不会受到地点与时间的限制。充分利用了碎片化的时间，忘记时还能随时随地观看，提高了学生的学习效率，突破了教学必须在教室的局限性，增强了学生学习的自主性。

（四）提升学生的审美

古诗具有意美、语美、音美、形美的特点。人们常说："诗中有画，画中有诗。"古诗微课中通过动画或者精致精美的 PPT 图片创设情境便于学生体会古诗的形象美、意境美；通过配音时流畅的语句、标准的发音、精准的节奏断句便于学生体会古诗的语言美；通过插入相关的音乐配合古诗朗读的押运和节奏，音韵和谐便于学生体会古诗的音乐美（如在《书湖阴先生壁》微课制作时插入古筝《平湖秋月》）。古诗的这些特点可以陶冶和升华学生的情感，从而提升其审美能力。

（五）提高古诗传播的便捷性

古诗词微课和其他微课一样作为一种视频教学资源，可供学生反复下载观看，并且能够进行多次传播分享。古诗词文化是先贤圣人用生命所写，字字珠玑，也是一代又一代的青年、一代又一代的学者在继承与发扬的传统文化瑰宝，古诗词微课的出现可以提高古诗传播的便捷性，更好地发展、弘扬中华文化。

四、结语

综上所述，本文以什么是微课为切入点，从教学分析、微视频制作、教学实施几个方面，详细论述了微课在小学语文古诗教学中的应用策略和优点，多角度入手，旨在探索一条微课与古诗教学的有机融合之路，全面提升小学语文古诗教学水平。

"双减"背景下的小学语文课堂

刘佳文

从教育改革本质而言，"双减"政策的提出与推行其实是基础教育发展的大势所趋，也是贴合新时代人才培养标准变化，而为基础教育可持续发展提供的新挑战与新机遇。基于"双减"背景打造高效小学语文课堂，实际上就是一个微观社会。既是使学生与教师、学生与学生之间相互影响关系由抽象变具象的实质过程，也是使小学生初步形成自我概念的具体过程。只是，就目前阶段的"双减"教学目标来看，高效小学语文课堂构建仍有待完善。故文章从分析小学语文教学现状与原因入手，针对性提出"双减"语文课堂构建建议，为接下来语文教育发展提供参考。

一、小学语文教学现状与原因分析

（一）小学语文教学现存问题

"双减"政策简单来说，就是一方面减轻学生作业负担，使学生的作业总量与完成作业时长明显减少，作业设计与作业讲评亦皆较之以往有优化提升。一方面减轻学生校外培训负担，实效改善学校课后服务质量，让学生走出"课后三点半"困境，得到全覆盖、高辐射的课后服务指导。在"双减"背景下改革小学语文课堂，换言之，就是说语文教师遵循"以生为本"教学原则，以学生为中心革新教学组织形式，提高课堂教学质量，将培养小学生语文学习自主兴趣放在首位，使语文教育改革真正发展。但是，制定教学目标并不等同于该教学目标一定可以完全实现，在现阶段的小学语文课堂教学中就是如此。一部分语文教师对"双减"实施其实重视度不足，在实际教学过程依然易于出现一些"重理论，轻实践""重书面，轻体验"的实际教学引导问题，学生真正能参与的口语交际活动匮乏就是表现之一。加之，部分语文教师受应试教育思维长期束缚，开展课堂教学与课后服务时，不可避免的组织训练活动过于片面，也是语文教师与学生之间和谐交流关系搭建的一大阻碍，导致学生与语文教师"自说自话"，实际交流难以深入。所以，在接下来的语文教学改革中，语文教师无论是结合学生实际学习情况，科学创设适宜教学情境，确保学生课堂主体地位实效凸显，还是注重自我完善，深入贯彻落实立德树人教育理念，都需契合"双减"内涵，有目的、有计划、有方向地开展语文教学创新工作。

（二）对小学语文教学问题的原因分析

从上述分析不难看出，导致小学语文课堂教学效率低下抑或停滞不前的主要原因有以下两点：其一，小学生年龄较小，虽然易于对一切自己不了解的人、事、物充满探究兴趣，好动、活泼、求知欲强，但是同样也是因为这些年龄段特点，大部分小学生都难以长时间保持学习注意力，经常在一开始热情满满，随着时间推移就丧失探究最终答案的兴致。如果语文教师在课堂教学过程一味使用"填鸭式"教学方法，小学生就会快速产生学科排斥，久而久之，对语文知识学习失去信心，也难以感知语文学习之于自身的重要意义。其二，语文教师在课堂教学活动中想建立一个相对可靠的课堂纪律，而未能把握好纪律建设"平衡点"，或者是尝试放手放权，贴合"双减"要求，将语文课堂还给小学生，结果学生会"玩"不会"学"；或者是语文教师自身教学理念更新存在一定滞后性，相较于主动学习、应用最新教学方法，更加倾向自身多年教学经验积累，因而导致小学语文教学的教学内容存在固化、呆板问题，在很大程度上不利于小学生主观学习能动性有效培养。

二、"双减"背景下高效小学语文课堂构建策略

（一）知识联系生活，强调小学生自我体验

要想基于"双减"背景优化小学语文课堂，促使小学生自主参与语文教学活动，首先，语文教师可以以语文教材中的插图为"支架"，在看图联想指导中引导班级学生自主联系现实生活，顺着语文教师创设的适宜教学情境，将书面化教学内容变得生动。这样，插图与情境相结合的教学手段在此应用，就可以实效强化小学生课堂学习参与感，让小学生体会学习的快乐，而后大胆发表

个人见解，愉快深入学习过程。例如，在教学《一起做游戏》一课，语文教师基于自己对所带学生的日常了解，先行提出问题"同学们平时喜欢做游戏吗？都做过哪些游戏呢？"吸引班级学生注意力。而后，语文教师通过引导语言"那你们在接下来要学习的《一起做游戏》一文中能找到你们玩过的游戏吗？"，灵活迁移小学生视线，就可以让小学生自发进行文章阅读与插图讨论，无形中增强了小学生交流欲，在减少"说教式"教学负担的教学方法革新中，激发小学生自主学习兴趣，让小学生互相展开热烈讨论，不感枯燥。课堂教学主题围绕"游戏"关键词，逐层让学生从中学习通识知识，体会语文知识学习美妙乐趣。

（二）丰富教学语言，启导小学生乐学好学

结合人的思维发展特征可以知晓，小学生正处在思维飞速发展与成型的关键阶段。只有语文教师利用好小学生好奇心与求知欲，小学生才可以始终对未知事物保持高度好奇，愿意跟随语文教师的教学指导将之探析，切实收获学习成就感，并有效增加语文知识储备。但想实现这一教学目标，必须基于小学生语言水平实效提升关键前提。所以，为了让小学生的语文学习思维高效培养，带动学生逻辑思维发展与概括思维改善，语文教师就必须从自身做起，以符合小学生学习发展规律的语言启导提升为指标，着力于提高小学生语言水平，实效丰富语言体系，帮助小学生自发发现语文学习乐趣。

（三）采用趣味教学，正确应用多媒体设备

基于"双减"背景构建高效小学语文课堂，自然语文教师也要重视语文课堂教学的时代性特征，应用小学生们喜欢的信息化教学手段，为小学生打造"趣味性"与"教育性"兼顾的"新"课堂。切实凸显素质教育要求的"创新实践"本质，让小学生逐步走出教师依赖困境，学会并习惯于通过多媒体设备学习语文知识，内化已学知识，预习待学知识。采用这一教学模式，语文教师还可以将文字化教学内容形象展示，缩短"说教"教学时间，让学生通过微课、慕课、翻转课堂等，对文字知识产生动态关联印象，生成鲜活学习记忆，为自身终身学习发展厘清方向，奠定基础。例如，在教学《观潮》一课，语文教师为让小学生对文章描述的内容、手法等全面感知，便在讲解文章重难点知识时，直接为班级学生播放提前制作的微课视频，视频内容由两部分组成，一部分是与文章描写观潮过程相关的静态图片，一部分是视频与文章部分段落结合展示的解读内容。以此让学生通过多媒体设备辅助深化文本学习深层感受，快速理解并记忆文章重点知识，学习一定景色描写手法，作用于后续写作学习所需，实现语文学习科学拓展。

在"双减"背景下为小学生创设趣味语文课堂，最重要的是肯定并凸显小学生课堂主体地位。因而，除了语文教师站在"引导者"角度，以"创新"为关键，不断调整、整合教学内容，还需要语文教师自身重视内外兼修，深入研究"双减"含义，通过多样方式培养小学生主体意识，让小学生真正成为语文课堂的主人，让教师的教学指导作用更加隐性，而小学生的自主学习潜能则更加外显，坚定展开探索自主，大胆提出个人质疑，实效完成学习任务，不再似以往的题海式训练，直接伤害学习热情。而要具体做好这一点，就要求语文教师"因材施教，分层教学"，在语文课堂教学中灵活变通。

三、结语

综上所述，新时代要求的"双减"，需要小学语文教师明确的是，此处的"减"并不意味着减少小学生作业，同时减少对小学生作业完成质量把控，恰恰是减量增质。也不意味着减少小学生课外辅导，就完全放手，让小学生视"学"为"玩"，而是要求语文教师通过精心设计的课后服务真正凸显教育改革本质，助推小学生综合发展。只是，要想从根本上实现这一教学目标，需要语文教师"以身作则"，通过对"双减"含义的深入解析，利用增效减负这一基本手段，真正让小学语文教学走出应试教育困境，借助科学合理的教学方法，启导小学生自主学习，实效培养语文学习主观能动性。

浅析初中历史时空观念的培养

——以《沟通中外文明的"丝绸之路"》一课为例

王玲玲

所谓时空观念是指在特定的时间联系和空间联系中对事物进行观察、分析的意识和思维方式。本文以《沟通中外文明的"丝绸之路"》一课为例，重点阐述如何培养初中生的时空观念，让学生在历史学习中掌握相关的历史知识、能力与方法。

一、研究背景

2019年秋季学期在北京师范大学历史学院课程与教学论专家的指导下，我校举行了高端备课的教学活动，笔者参与了该项目的一次教学活动。历史学科的教学活动主要是备课、试讲和正式讲三个环节。专家教授在集体备课和试讲环节参与指导，在两次的集体研讨过程中，先由笔者展示自己的教学过程，与专家和老师们交流设计的思路，最后由专家提出相应的改进意见，促进教学进一步的完善。本次教学内容以部编版七年级上册第14课《沟通中外文明的"丝绸之路"》为例，在教学过程中侧重去培养学生的时空观念。时空观念是初中生历史核心素养之一，本文以同一个课例的多次教学实践，逐渐摸索在课堂教学中如何能有效提高学生的时空观念。

二、研究的开展

（一）以课程标准为依据，设计教学目标

本课主要学习三部分内容：张骞通西域、丝绸之路、对西域的管理。《义务教学历史课程标准要求（2001 年版）》课程内容要求通过丝绸之路的开通，了解丝绸之路在中外交流中的作用。"教学目标是教学的起点，也是教学的终点。在强调核心素养的今天，教师应该从发展学生历史学科核心素养的角度制定教学目标，将核心素养的培养作为教学目标的出发点和落脚点。"所以教学目标的设计要以课程标准为指导，结合教材内容，同时也要关注本校学生的学情。笔者的教学设计对本课三个子目的内容进行了有机整合，经过了两次教学实践。在第一次试讲中，专家及同组的老师对笔者这次教学活动进行评课：总体来说，本次试讲的内容完整详尽，教材中的知识点都有所涉及。但是，在讲课过程中，教师讲授的过多，学生活动少。语言生硬，过渡性语言不强。随着进一步磨课，对教参进一步挖掘与思考，笔者对教学设计进行了修改。

在新的教学设计中，笔者更注意以学生为主体。设计了以下教学目标：（1）学生通过了解张骞两次出使西域、丝绸之路的开辟以及汉朝对西域的管理等基本史实，初步理解丝绸之路在中外文明交流中的重要意义。（2）学生通过识读《张骞出使西域路线示意图》《丝绸之路路线图》等图片和文字材料，初步掌握解读能力、提取信息的能力。（3）学生通过阅读和分析史料，提升分析解读材料的能力，培养论从史出、史论结合意识。通过学习张骞出使西域的经历，强化爱国思想、开拓进取的精神；通过分析张骞通西域和丝绸之路开辟的重要意义，认识到文化交流的重要性。

（二）确定教学立意，培养时空观念

教学立意是一节课的"灵魂"，挖掘一节课的主线对于一节课的立意十分重要。评价一节历史课的育人价值，首先的指标就是教学立意。确定教学立意需要把七零八落的知识点串联起来，使得一节课成为有机整体。如果能把一节课的主线找到，一节课的"魂"就出来了。笔者通过教学实践，最后确定本课的教学主线，突出本节课的"灵魂"——丝绸之路过程中的中外文明交流。笔者把教材内容介绍的张骞通西域、丝绸之路和对西域的管理等内容，进行整合。教学主线围绕丝绸之路展于，基于这样的教学主线，笔者确定了以下教学

策略。

1. 丝绸之路的开辟

（1）张骞出使西域。出示古代丝绸之路的地图，通过丝绸之路示意图，解释丝绸之路的概念及名称的由来。出示张骞通西域路线图，通过路线图，讲述西域的地理范围和自然环境，包括张骞两次出使西域所体现的精神。

在本课教学过程中，讲到张骞通西域，首先学生要知道西域的地理位置，教材中只有对西域的地理位置的文字表述，但是初一学生无法通过文字真正了解到西域的地理位置，所以使用历史地图在教学过程中是必不可少的。讲解张骞通西域路线图，笔者先进行讲解，然后让学生用红笔在地图上圈出"玉门关"和"阳关"两处地方。接着出示课件上的地图，用箭头指出玉门关和阳关以西的广大地区为西域。学生通过自主地识读历史地图，知道西域的地理位置，了解西域的空间概念。

笔者在教学过程中不仅出示相关的历史地图、历史图片，还把本课的主要知识点以时间轴的形式表现出来。在每讲完一子目后，就以时间轴的形式把主要内容呈现给学生。笔者在讲述完张骞两次出使西域的史实后，用时间轴把知识点串联起来，让学生一目了然，了解各个历史事件之间的先后顺序和联系。时序和空间是历史学习中非常重要的两个要素，时序以时间轴的形式呈现给学生，空间就需要运用到历史地图，这样更有利于学生对教材内容的学习与理解。

（2）对西域的管理。笔者结合教材讲述西汉设置西域都护、东汉班超经营西域等相关情况，并提出问题：西汉的疆域与秦朝的疆域面积相比，发生了什么变化？学生通过地图对比，可以发现西汉的疆域比秦朝疆域面积大，多出了西域地区。西汉中央政府为了加强对西域的管理，在这里设立西域都护府，也说明了新疆自古以来是中国领土的一部分，自西汉以来就纳入祖国的版图。通过历史地图，不仅培养学生的时空观念，同时培养了学生的爱国情怀。

2. 丝绸之路的意义

笔者出示《丝绸之路路线图》，引导学生定位陆上丝绸之路经过的重要地点，在教材上勾画出丝绸之路的路线。让学生了解陆上丝绸之路是从长安出发，穿过河西走廊，经西域运往中亚、西亚，再转运到更远的欧洲。我们不仅有陆上的丝绸之路，汉武帝还以远超常人的睿智，将眼光投向了广阔的海洋，开辟海上交通航线。《汉书·地理志》最早记载了一条从今广东湛江徐闻县出发、经过广西合浦往南海通向印度南部和斯里兰卡的航海线，对沿途各地的地理现象做了记录。中国从此处可购得珍珠、琉璃、奇石异物等，中国的丝绸等由此可转运到罗马，从而开辟了海上丝绸之路。引导学生定位海上丝绸之路经过的重要地点，标记出海上丝绸之路的路线。通过图文并茂的方式，培养学生时空观念。

古代丝绸之路，已然随着阵阵驼铃和漫天黄沙消失在历史的烟尘中。依据今天"一带一路"路线图，向学生提出问题：结合本课的学习，谈谈对今天建设"一带一路"的感想。

总结："一带一路"是对古代丝绸之路的传承与发展，积极主动地发展与沿线国家的经济合作伙伴关系，经济合作，文化互相包容，以实现中华民族伟大复兴的中国梦，这条路必将再次见证这个大国一次新的崛起。

三、研究的反思

本课通过历史地图、史料及历史图片等设置时空情境，引导学生活动。初中生，尤其是初一的学生，如果只是根据课本内容和老师的讲述，对他们来说很难理解，并且无法激起学生的学习兴趣。但兴趣是最好的老师，所以在历史课上教师应该通过各种教学手段吸引学生的注意力。本堂课的教学实践中，笔者着重对学生在时空观念与历史价值观这两点核心素养的培养中做了尝试。在教学过程中，注重新旧知识之间的串联，并且大量运用地图图片、图形标注和动态路线演示的方式帮助学生更加直观地理解。在教学过程中重视学生家国情怀的培养，尤其是涉及中国疆域范围、领土主权等方面的问题，强调西汉时期西域都护府的设置标志着在西汉时期新疆地区就已归到中国的版图，以此提高学生维护国家领土主权的意识。

课后专家及同组老师共同评课：总体来说，整节课思路清晰，环节紧凑，重难点突出，设计合理。课件精美，让学生有耳目一新的感觉。从教学过程来看：这节课的教学过程流畅，教学环节紧凑。通过对细节的描述，使事件更加立体、生动，也更容易引起学生共鸣。只有生动、具体、有过程的教学才是成功的教学。历史老师要通过合理有效的历史情境设置，使枯燥的历史知识生动起来，逐步提高学生历史的核心素养。

参考文献：

[1] 徐蓝等 . 普通高中历史课程标准（2017 年版）[M]. 北京：人民教育出版社，2018.

[2] 李凯 . 历史这样教——中学教学技能 [M]. 贵州：贵州教育出版社，2016.

英语阅读教学中阅读圈小组活动的
实施问题与解决办法

任淑弘

一、引言

  《义务教育英语课程标准（2022 年版）》中明确规定九年级初中生英语课外阅读量应累计达到 15 万词以上。若每个学年按 40 周计算，初中生平均每周的课外阅读量至少应该达到 1250 词。《普通高中英语课程标准（2017 年版）》对于高中生每周课外阅读量作出更加明确的要求：必修课程阶段课外阅读量平均每周不少于 1500 词；选择性必修课程阶段课外阅读量平均每周不少于 2500 词。如果学生单纯凭借教师要求或者自己的兴趣而漫无目的、没有规划地阅读课外读物，缺乏教师有策略的指导，学生的阅读只能停留在表层，缺乏深度思考。在这样的情况下，很多教师选择运用阅读圈（Literature Circcle 或者 Reading Circle）教学活动来解决学生在进行课外阅读时流于形式、无法开展深度阅读这一难题。

  阅读圈教学活动的优势在于能够充分发挥学生的学习主体地位，在教师的精心设计和指导下，以小组合作的方式进行自主探究的深度学习过程。学生能够通过自觉独立的阅读，针对阅读内容的某一个方面进行深入的思考分析，并在小组合作分享各自的学习成果，通过互相学习、提问质疑、思维碰撞，不断加深学生对阅读内容的理解，提高阅读能力和思维能力。

二、阅读圈小组活动开展的现状及困境

使用阅读圈小组活动进行英语教学对于一线教师而言还比较陌生，因此在阅读圈教学的实践过程中暴露出以下问题。

（一）教师对于阅读圈教学的实质理解不到位

在课堂教学中，有的教师发现在课堂上阅读完一本书耗时较长，以至于无法在预设课时内带领学生完成对文本主题的深入探究。盲目套用阅读圈教学模式，将整本书或按故事情节发展，或按功能结构分割为几个不同的部分，而后要求不同的学习小组对不同部分的文本内容进行阅读，并在小组内布置不同的阅读圈角色任务，从词汇、篇章、文化、关联、修辞等多方面对该部分进行阅读、分析、探究和交流。

这样的阅读圈小组活动看似完整，但是每个小组阅读的内容都是整个文本的一部分，这样的阅读圈活动就如同盲人摸象一样，分析探讨的基础就是错误的。结果就会造成各个小组所进行的分析不是基于自身先对整篇文本有理解后再进行深入小组学习的过程。各个小组在听其他小组分享的时候，由于对其他小组讲述、分析的内容不熟悉，导致根本无从理解其分享的内容，更不用说进行思维的碰撞，产生新的想法了。

（二）学生任务单任务要求不够明确，学生落实困难

有的教师在课前缺乏对学生的指导，对阅读圈任务单设计得不够具体，学生阅读任务不够明确，从而造成学生进行分角色任务阅读时感到一头雾水。例如，有的教师在 Word Master（词汇大师）的任务设计中要求学生在阅读结束后记录 3—5 个生词、1—2 个好句。有的老师会要求得更细致一些：记录的生词需要标注词性、中英文释义或图解、词汇的拓展、例句等；摘录自己喜欢的句子或者自己理解有困难的句子。

这样的要求表面看起来具体、明晰，但是学生往往记录和积累的词汇、句子充满了盲目性。他们不知道为什么要记录积累这些词汇，也不清楚这些词汇或句子对自己理解文章和阅读鉴赏能力的提高有多大的相关性。

又如，有的教师对 Connector（关联者）这个角色的任务要求在阅读结束后，将阅读的内容与自己的生活相关联、与自己以往的阅读经验相关联。通过访谈和回收学生任务单的情况来看，学生在具体操作中感到茫然、无从下手，

只能是在读后信马由缰地想到什么就说什么、写什么。

（三）小组讨论活动中，学生参与度差异较大

由于阅读圈活动需要小组成员对阅读内容从不同的角度进行深入思考和分析而后再进行小组内的分享，使得成员可以相互学习，吸取组内成员的学习研究成果；然后通过自己的再思考、提问、质疑，达到对阅读内容形成更深层次的理解和多角度的分析。但是，这样的合作对组内每个成员的能力要求都很高，而现实情况是由于班级内学生英语能力个体差异悬殊，阅读圈内小组活动中某个成员或某几个成员承担的角色任务完成度不高，影响小组内互相学习的效果，从而使得学生的参与度和参与热情受到影响。

此外，马德利、徐国辉（2019）在《英语学习》上发表的《例析文学圈策略在中学英语课外阅读教学中的运用》一文也指出了小组合作学习中出现的一些问题："在小组内进行不同角色的分享时，个别小组内有些学生完成了自己角色的分享后，就不再关心别的角色的任务，对小组分享的任务投入不够。其次，角色展示时仅要求个别学生汇报，其他学生处于无任务状态，同一时间内生生交流不够。"

（四）小组成员安排缺乏思考，小组间学习效果差距大

在进行阅读圈教学活动中，会发现，除了学生个体能力差异大的情况外，各个阅读圈小组之间的能力差异也存在不均衡的现象。这是因为有的教师在进行阅读圈教学之初，思考不够细致，对于阅读圈小组成员的安排缺乏思考，有的教师仅仅是根据班里座位相邻的同学自然组成阅读圈小组。这样可能会造成某些小组的成员能力都很强，因而这些小组的分享和学习效果就会很理想；但是某些小组的成员能力若普遍不高，学生之间的互助很难实现，这些小组的学习效果就不会很理想，学生的课堂实际获得也会相应出现量与质的差异。

三、完善阅读圈小组活动开展的办法

（一）课前精心进行阅读圈小组成员安排

首先，为了能够避免由于学生个体英语水平的差异无法有效在组内分享的情况，教师在布置阅读圈角色任务之前，应该首先根据学生的实际情况，将全班成员合理匹配，要保证每个小组内都有可以帮助其他同学学习、作为小组领导者的成员；同时也要注意保证各组之间的成员能力平均水平差异不要过大。

其次，为了切实地帮助学习能力确实不足的同学在课堂上能够有收获，能够获得帮助与提高，教师还要编排相同角色任务的同学形成新的学习小组——专家组。在专家组里，由于学生的任务内容都是相同的，生生互助与学习就会更容易实现。

例如，教师在阅读圈教学中安排了四个阅读角色任务，分别标记为任务1—4，在活动前设计的专家组中尽量做到每个组成员间英语水平从红色、绿色、蓝色到黄色依次呈现的阶梯性。同时在阅读圈小组内也要做到这样的阶梯性安排。

（二）布置课前阅读任务，以可视化结构进行信息梳理

为了保证阅读分享活动的有效开展，可以在课前通过布置思维导图等可视化结构的作业来检测学生课前阅读的效果。教师可以在布置思维导图作业中提出明确要求，如：按照故事的发展顺序进行梳理，按照故事的要素进行梳理，或者按照文本说明结构进行梳理。

（三）细化阅读圈任务单内容，给学生提供指向文本主题意义的参考思路

为了避免学生在进行阅读圈活动时产生茫然感，教师应该将教学目标充分地体现在任务的设计中，让学生在教师的指引下，对主题意义和写作手法、写作意图进行深入探究。这样学生的自主学习是有方向、有依据，可操作、可落实的。例如，在指向对人物性格特点分析的阅读圈活动中，教师在设计 Word Master（词汇大师）任务单的时候，就可以布置学生写出能够体现所分析人物特点的 3—5 个词汇（这些词汇可以是文中出现的，也可以是学生自主查阅资料或词典后获得的），以及对这些词汇的解释、文中出现该词的具体位置、选取该词汇的理由和在阅读中获得的依据。科普类的阅读中，教师可以设计让学生整理与主题意义探究相关的词汇。例如，整理操作该物体的相关词汇、体现该物体各种功能的词汇等，来帮助学生通过完成自己的角色任务，更好地对文本进行深入理解和学习，提高学生的学习和思考能力。

（四）进行分步骤、多轮次的小组活动，促进学生之间的交流和学习真实发生

鉴于学生能力和水平不同，教师可以采取不同的课堂小组合作、分享的形式，来指导学生进行阅读圈学习活动。

1. 课前发放任务单，给学生充分的思考时间

由于学生的英语水平和学习能力不同，加之课堂上学生可以利用的资源有限等问题，教师可以提前将设计好的角色任务单分发给学生，让学生在课前有更多的时间和更多可利用的资源，促使学生认真深入地思考，更好地完成自己的任务，为后续的小组分享合作学习做好准备。这样可以增强学生的课堂实际获得和成就感，从而提高学生的课堂活动参与度。

2. 进行单一角色任务阅读圈活动训练，帮助学生掌握不同角色任务的作用

由于阅读圈角色任务比较多，要求学生一时间掌握不同角色任务所需要的阅读能力和策略存在较大的困难。这时，教师可以采用在不同的时间对某一角色任务进行集中训练的方式从一个方面完成对文本的深度学习和分析。

例如，教师在进行《阳光英语分级阅读》第 11 级 "The Pied Piper" 阅读圈教学过程中，采取了全班都进行 Character Analyzer（人物分析员）的角色任务。在课堂中，教师为了让学生分析故事中"市长"的心理变化和人物性格特点，教师在学生完成绘本阅读并进行故事梳理后，将故事按照 "The Pied Piper"（彩衣魔笛手）四次吹响魔笛的顺序进行拆分，要求阅读圈小组内成员以 Character Analyzer1，Character Analyzer2，Character Analyzer3，Character Analyzer4 的角色任务，分析不同场景下"市长"的心理变化，即 Character Analyzer1 分析在魔笛第一次吹响前的想法并提炼其人物性格特点，以此类推。这样，全体同学虽然都是在进行人物分析的任务，但是每个人的任务又有所不同，便于学生就某一部分进行深入理解和思考，在后续的分享活动中也可以获得其他同学的想法，激发自己再次思考。

通过几次单一角色任务阅读圈活动训练后，学生就会慢慢熟悉并掌握不同的角色任务，在阅读圈小组活动中就可以更好地完成自己的任务，进行分享探究学习，从而提升阅读能力和思维能力。

3. 组织多轮次小组分享，促进生生互助互学

课堂教学中，学生的能力差异很大程度上会制约课堂学生的学习效果，为了解决这样的问题，很多教师会在阅读圈小组活动前先组织学生进行专家组的小组活动和分享。教师要求专家组成员按照黄、蓝、绿、红的顺序进行分享，同时要求小组成员都在其他成员分享的时候进行记录和提问，由红色成员负责组织小组讨论，承担起 Discussion Leader（讨论组长）的角色任务。在专家组分享、合作学习后，进入老师安排的阅读圈小组中再进行不同角色之间的分享

和合作学习。这样的课堂通过专家组、阅读圈小组多轮次的合作学习活动，可以保证学生都能有效参与小组活动，使得学习水平相对弱一些的同学可以得到更多的帮助、更好地完成自己的角色任务，提高这部分同学在随后的阅读圈小组活动中的参与度和成就感。

（五）利用学生的互评与自评，促进学生反思与提升

《义务教育英语课程标准（2022 年版）》指出，形成性评价其首要目的是促进学生学习，核心是通过不同形式的反馈给学生提供具体的帮助和指导。《普通高中英语课程标准（2017 年版）》也提出，评价的过程和结果要有利于学生不断地体验英语学习过程中的进步与成功，有利于学生认识自我。因此，阅读圈教学中的评价环节也是必不可少的。例如，有的教师在进行《阳光英语分级阅读》第 11 级 "Moving Things" 的阅读圈教学过程中，在阅读圈小组分享和展示环节都设计了如表 1 的评价量表。这样，可以通过评价量表来促进无分享、展示任务的同学评价正在进行分享任务同学的学习成果，以期达到通过对他人的评价来反思自己的学习成果这一目的，同时也有效地解决了马德利、徐国辉（2019）提出的在小组分享和小组展示中出现的问题。

表 1 评价量表

Reading Sharing		
Roles	Performance	
Discussion Leader	Help each member sharing and discussing in the group.	Ask questions to help the group think deeper.	Make comments and offer help in the group.
Word Master	Share at least 3 words to show the usage or the importance of the machines	Explain the meaning of these words clearly.	Tell the group why these words are important.
Connector	Share using of the machines in our daily life	Share the feeling and comments of using these machines.	Make comments and offer help in the group.
Passage Person	Share at least 2 passages that are important for the text	Find out interesting or powerful language.	Give comments on the importance of the passages.
New Machine		
Title	simple	interesting	showing the function of the machine
Structure	reason	usage	influence / importantce
Illustration	clear	helpful	beautiful
Expressions	correct	appropriate	various

四、结语

　　阅读圈活动为学生分组自主完成阅读任务提供了平台，是一种以人为本、以学习为中心的合作学习策略。在阅读圈教学活动中，需要教师积极开动脑筋，针对自己的课堂实际情况采取一系列有效的措施和手段，指引和帮助学生提升他们的深层思维和深度理解与表达能力。

基于单元教学评一体化的高中英语阅读教学实践

丁雪莹

一、引言

《普通高中英语课程标准（2017年版）》提出，单元是承载主题意义的基本单位。教师要认真分析单元教学内容，梳理并概括与主题相关的语言知识、文化知识、语言技能和学习策略，并根据学生的实际水平和学习需求，确定教学重点，统筹安排，在教学活动中拓展主题意义。

在高中英语教学中，比较突出的问题是阅读课忽视单元主题下阅读语篇的意义和贡献，割裂了单元整体性；阅读课教学设计模式化，忽视单元下各个语篇的具体特点。因此如何在高中英语单元教学下设计单个语篇的阅读课值得我们进一步探索。

二、基于单元教学评一体化的阅读课策略

《普通高中英语课程标准（2017年版）》指出，教学评一体化是指一个完整教学活动的三个方面。具体而言，"教"是教师把握英语学科核心素养的培养方向，通过有效组织和实施课内外教与学的活动，达到学科育人的目标；"学"是学生在教师的指导下，通过主动参加各种语言实践活动，将学科知识和技能转化成自身的学科核心素养；"评"是教师依据学科目标确定评价内容和评价标准，通过组织和引导学生完成以评价目标为导向的多种评价活动，以此监控学生的学习过程，检测教与学的效果，实现以评促学、以评促教。

笔者以一节市级公开课为例，探讨在单元教学目标的引领下设计阅读课教学活动，落实学生所学。本课使用的教学材料是北师大版《英语》必修一Unit3 Celebration。单元话题属于人与社会主题语境中的历史、社会与文化。笔者在实施本单元的 Lesson 1 Spring Festival 阅读课的教学中，开展了以下教学环节。

（一）基于单元教学目标，设定阅读语篇的教学目标

1. 分析单元各部分内容，制定单元教学目标

内容把握指向教师对文本的解读，搞清楚教师"教什么"和学生"学什么"是教育教学的主要内容，可从 what，how，why 三个方面开展。

本单元学生在 Topic Talk 中简单谈论了已知的中国节日的日期和庆祝活动；在 Lesson1 中阅读三篇不同年龄段、不同背景的人谈论春节的经历、感受。在 Lesson2 中听西方庆祝活动的注意事项，学习在不同场合下如何得体表达感谢和祝贺。Lesson 3 阅读一篇回忆自己和奶奶度过的最后一个圣诞节的文章。Writing Workshop 学习全家为爷爷庆祝 70 岁生日的活动，并写出一篇个人的庆祝活动。

综上所述，本单元教学内容围绕"Celebrations"话题，按"传统节日"和"特殊场合"两条线索介绍不同的庆祝活动。介绍庆祝活动如何准备、如何开展再到庆祝后的心情和为什么庆祝，即需要学生思考、探究人们庆祝所表达的意义。

根据课程标准和教材分析，笔者制定了本单元的单元教学目标：知晓特殊场合的意义；关注重要节日，理解节日的背后含义；表达庆祝活动及活动内涵。

2. 分析阅读课任务，思考阅读课与单元教学目标的关联

本文是杂志的专栏报道，三篇文章都是以个人的视角谈论春节的经历、感受。文章开头段和结尾段介绍了春节的重要性，中间部分是三个主人公的春节经历。第一篇是 16 岁的外国交换生 Tom 第一次在中国过春节的感受。第二篇是 28 岁的电脑工程师 Xu Gang 在外打拼后回乡过春节时的活动和感受。第三篇是 70 岁的奶奶 Li Yan 春节前精心准备团圆饭，期盼儿孙回家，见面后一起包饺子、吃饭等活动。

本文从三个不同人物谈论春节，让学生从不同的视角理解春节的意义。对于外国人来说，他看到的是春节的热闹，体验的是我们国家过春节的氛围，想

到的是和他们国家重大节日的不同庆祝方式。因此，让学生第一篇文章，聚焦春节活动的文化内涵。而对于接下来的 Xu Gang 和 Li Yan 来说，春节意味着团聚、家人。因此，第二篇 Xu Gang 和第三篇的奶奶正好构成了典型的中国过春节的两类人群：回家的人和在家里等待亲人的人。通过两个人的一系列行为，可以看到他们都为彼此做了精心的准备，都向彼此表达了爱意。因此让学生读第二、第三篇文章，聚焦春节对于中国人的真正意义：家的团聚，爱的表达和爱的传递。

本文使用了大量按照时间顺序连接过渡。文中有很多生动描写春节时的活动及该活动的意义的词汇与语句，生动描写过节场面的词汇与语句，表达喜悦心情的语句和表达春节的意义的语句。

从语法角度看，本文关注的重点是时态语态。杂志专栏报道的第一段和最后一段是一般现在时和现在完成时；文中讲述过春节的回忆使用一般过去时；讲述每年的习惯使用一般现在时。本文是以第三者视角客观地讲述如何过春节，因此使用了大量的被动语态，特别是 Tom 客观描述他眼中的春节。

3. 通过学情调研，了解学生的学习需求

学情分析旨在把握学生的起点，了解学生的总体状况、能力水平和情感态度等信息，关注其已有经验、潜在困难和现实需求，为制定目标和选择方法提供参考。

上课前笔者做了学情调研，从学生的问卷中可以看出：大部分学生可以写出春节的活动如吃饺子、看春晚、放烟花等，但是语言的准确度都有待提高。学生能够写出春节意味着团聚、和家人一起及幸福时刻，但是并不能清晰地、有逻辑地写出来。学生认为表达的主要难度在正确的词汇运用上，希望老师能提供语言学习的帮助。水平较好的学生希望老师能在有逻辑的表达上提供支持。

由此可见，上课前笔者对于文本分析后，原计划把教学重点放在引导学生思考春节的意义，但学情调研发现学生已知春节对于中国人的意义，然而困难在于对于这样的已知无法有逻辑地用正确的语言表述出来。基于此，笔者调整了教学设计。

4. 结合单元目标、文本分析和学情，制定阅读课教学目标

经过本节课的学习，学生能够：

① 完成信息表，提取介绍春节的语言（如春节前的准备、春节的活动）并

口头介绍春节；

② 分析 Tom、Xu Gang、Li Yan 眼中的春节，推断春节对于外国人和中国人的不同意义——文化内涵，关注语言表达形式；

③ 运用本课所学框架和语言，写出自己的春节经历、心情及春节的意义。

（二）从学生学习角度出发，设计落实教学目标的学习活动

教师要依据单元教学目标和课时教学目标，基于主题意义合理设计具有整合性、层次性、实践性的学习活动，引导学生在学习理解的过程中关注并获取主题意义下的语言知识、文化知识，适时地依据主题语境开展多样的实践应用活动，并适度地进行迁移创新运用，进而发展基于主题意义提高辨证表达的能力。

在阅读课的教学环节中，学生关注文章第一段，明确文体和文章主旨大意。接下来，学生阅读第一篇文章，找出 Tom 眼中中国人如何过春节的信息。学生继续阅读另外两篇文章，找出 Xu Gang、Li Yan 如何过春节。根据这三篇文章的春节活动描写，学生总结出一般中国人过春节的准备活动和过春节的具体活动。通过小组讨论，学生提出想补充的春节活动，教师答疑。至此，达成教学目标 1 完成信息表，提取介绍春节的语言并口头介绍春节。

为达成教学目标 2 分析 Tom、Xu Gang、Li Yan 眼中的春节，推断春节对于外国人和中国人的不同意义，学生分析文中有关春节意义的重点语句，分析春节的文化意义。学生找出中国人眼中的春节与外国人眼中的春节的差异；总结春节对于中国人和外国人的不同含义。

为达成教学目标 3 运用本课所学框架和语言，写出自己的春节经历、心情及春节的意义，学生再次阅读全文，画出时态、语态、描述春节活动可以使用的句式和表达。学生通过小组活动，口头表述人们为了表达过春节的感情而参加的活动，内化本课所学的内容和语言。最后，学生联系自我，迁移到新的语境下运用。

学生通过本节阅读课的学习，从文章结构、内容和语言上关注了中国传统节日春节的表达和含义，为达成本单元第三个单元的教学目标，关注重要节日，理解重要节日背后的含义起到了相应的作用。这样的阅读课加强了学生对本单元庆祝这一主题的理解：节日不单单是礼物和热闹的活动，更重要的是我们是为了表达爱与被爱。

（三）通过过程性评价检验教学目标达成度，促进学生落实

本课设计了自评、互评环节，例如上课之初 Warm-up 环节中，教师让学生介绍春节，以下是该学生的课堂回答实录转述：Spring Festival，we eat jiaozi，and watching fireworks. 学生在学习结构和语言后，教师创设场景，再次让该学生介绍春节，她的介绍如下：First，we have prepared something for the Spring Festival. We clean the house，it means sweep away the dirt and get ready for the next year. And we also paste couplets，put up New Year pictures. And we had a lot of activities，such as offer sacrifices to the ancestors，Give New Year's greeting，and watch Spring Festival Gala on CCTV. According to these activities，we felt happy and excited. It means we have a chance to get together with our family.

由此可见，学生通过本节课的学习活动，达成了本节课的学习目标。该学生通过口头输出任务的前后对比，看到了自己的进步，同学们也为她鼓掌，这样的评价方式既调动了学生的学习热情，也检验了学生是否达成学习目标，也是教学评一体化落实的有效方式。

三、单元教学评一体化下的阅读课设计反思

在实施单元整体设计下的阅读课时，笔者有以下几点反思。

教师要认真思考单元中各个内容，分析每个语篇在这个单元里的意义和贡献，然后才能概括出单元教学目标，否则课堂很容易割裂。从单元教学的角度分析，就可以找到为了达成一条线的主题意义而设计的每课的重点，同时也就找出相应的语言学习重点。

阅读课的语言学习也是根据单元话题及本课的教学目标而定的。不能见到哪个词汇、语法项目都想给学生拓展，也不能因为学生问了某个语法项目而整节课讲语法。应多考虑本课学生想表达的内容需要什么语言支持，以及本课与单元话题之间的关联。这样语言学习与单元整体话题一致，学生才能运用所学语言表达。

在新课程改革的背景下，教师应充分考虑单元整体性，在单元整体教学的思路下设计各课时，并建立关联，提升教学效果。

基于深度学习的小学英语绘本教学实践探究

贺敬敬

时下单元整体备课成为英语教学主流。教师以单元整体教学的视角对教材进行分析、融合、调整、挖掘和拓展，进行整体语言教学。"在教学中，教师要善于根据教学的需要，对教材加以适当地取舍和调整。"（英语课程标准，2011）绘本故事成为教材内容拓展的重要内容。绘本故事与单元内容相结合，突出单元主题意义，帮助学生在语境中学习知识，在语境中思考问题并解决问题。本文将以 Scholastic 出版社出版的绘本故事 *When Sophie Gets Angry—Really, Really Angry* 的教学设计为例，来探究如何在小学英语绘本教学中引导学生进行深度学习。

一、深度学习的概念

美国学者马顿和萨尔约最早明确提出"深度学习"（Deep Learning）概念。马顿和萨尔约（1976）认为深度学习是指学习者在理解知识的基础上，能够对新知识进行批判性的学习和接受，并能将新知识与已有认知进行结合，同时能将已有知识运用到新情境当中，解决新的问题。

国内外不乏学者对深度学习进行研究。Biggs（1979）认为表层学习（Surface Level Learning）只是将内容进行低水平复制，而深度学习则是对内容进行主动认知和高水平加工。李建东（2020）认为深度学习是一个持续认知的过程，主要体现在对学习内容理解，能进行批判性的接受；对学习过程建构，能对已知进行反思；对学习问题分析，能够解决遇到的问题；重视知识的迁移，将知识运用到生活当中。在此认知活动的过程中不断发展学生的高阶思维。郭华

（2016）认为，深度学习具有以下五个特征：第一，联想与结构，即学生将学到的新内容与已有的知识进行关联，对学习内容进行重新组建，构建自己的知识结构，完成经验与知识的相互转化。第二，活动与体验，即学生全身心投入活动，通过主动、有目的地开展活动，与同伴间相互合作、相互启发，成为教学活动的主体。第三，本质与变式，即学生能够抓住知识的内在联系，通过探究对学习对象进行深度加工。第四，迁移与应用，即学生将所学知识进行综合实践，运用到生活中。第五，价值与评价，即教育以人的成长为宗旨，帮助学生形成正确的价值观。

深度学习不是停留在表面上的学习活动，它需要学生进行主动学习，同时进行高阶思维，对知识内容进行深加工，能够评判、构建、迁移及运用。

二、绘本 *When Sophie Gets Angry*
—Really，Really Angry 内容解析

绘本 *When Sophie Gets Angry—Really，Really Angry* 是 Scholastic 出版社出版的绘本，绘本色彩浓烈，内容精彩，巧妙地引导大家如何疏导情绪。绘本主要讲述了小女孩 Sophie 与姐姐因为抢玩具而生气，而这种情绪又因为自己摔倒被无限放大，Sophie 跑出家门，在广阔的大自然里得到抚慰。最终心情平复后的 Sophie 高高兴兴地回家了，迎接她的是依然爱她的家人。

（一）绘本图画

该绘本运用鲜明的颜色勾勒出主人公不同时间的不同心情。在故事开始时，运用黄色勾勒人物线条。在 Sophie 开始生气时用橙色来勾勒人物。随着 Sophie 越来越生气，人物及周围环境的线条都变成了深红色，以此来烘托生气的情绪。作者用紫色来表达伤心的情绪，蓝色来抚慰 Sophie 的情绪。最后在 Sophie 平复心情后，又用黄色来表达内心的欢乐。

绘本还从构图上体现了人物情绪。在 Sophie 很生气时，整个画面当中，Sophie 变得很大，在她平复后，周围环境变得很大，而 Sophie 也变成小小的 Sophie。同时在她生气时没有注意到周围的小动物，在她稍微平复心情时她听到了一只鸟叫，但当她完全平复心情时，她看到了周围的一切。以此来表明，人在生气时根本看不到周围的世界，只有自己的情绪。

（二）文字内容

作者用不同的动词来描述 Sophie 生气后的活动，用比喻句形象地表达 Sophie 当时的心情，让读者感同身受。例如：roars，screams，like a volcano ready to explode 等词汇让读者真切感受到 Sophie gets really，really angry。

（三）主题意义

绘本虽是儿童绘本，却令人深思。现代人生活节奏加快，压力剧增，如何应对孩子的情绪也变得重要起来，关注青春期孩子的情绪，显得尤为重要。绘本通过 Sophie 从生气到后来被自然抚慰后平复心情，重新回归温暖的家庭这样一个故事线，引导学生在遇到不好的情绪时，知道如何调节情绪，父母、朋友在这个过程中应该扮演怎样的角色，实现学科育人的教学目标。

三、绘本 *When Sophie Gets Angry*
—*Really，Really Angry* 教学案例

本节课授课对象为北京市某小学六年级的学生。关于情绪的话题，学生对简单情绪的英语单词比较熟悉。六年级学生处在小升初、青春期，比起以往阶段情感更加丰富，情绪变化很大。会出现情绪难以控制、调节的情况。如何控制情绪、调节情绪显得尤为重要。学生接触过思维导图，但是对其他类型的组织结构图不够熟悉。需要教师引导学生利用可视化思维工具辅助开展阅读活动。以下是本节课的教学详案。

（一）读前活动：主题导入——激发兴趣

1. 观察同学照片，进行已知激活

教师与学生问候之后，出示反应本班级学生情绪的照片，分别是：A 同学哭了，因为她丢失了铅笔盒；B 同学生气了，因为另一名学生抢她的书；C 同学很开心，因为读到一本有趣的书。用学生照片来复习跟情绪相关的词汇和功能句，同时引入本节课话题。

2. 展示绘本封面，抛出核心问题

教师展示图 1，并介绍绘本基本信息。

T：I have a wonderful story for you today. This story won the Caldecott Medal and the Charlotte Zolotov Prize. Can you find the title，author and the publisher of the book？ What's the girl's name？教师暂停，学生找出信息。

教师抛出核心问题：How does she feel？引出读中活动。

（二）读中活动：浸入情境，获取梳理，移情理解

1. 听读绘本，了解大意，梳理结构

学生带着核心问题听读绘本，理解故事大意，梳理文本结构。将文本分成以下五个环节，见图1。

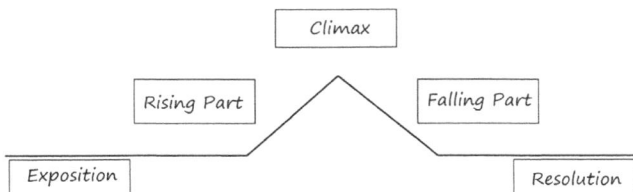

图 1

2. 默读故事，浸入情境，获取梳理

第一步：学生读1—4页，回答问题：What happened to Sophie？ How does Sophie feel？

学生带着两个问题来读绘本，能够抓住重点信息，知道发生了什么事情，并能够体会 Sophie 的心情。

第二步：听、默读5—12页，并与同伴共同完成任务单1左侧，听、默读第13—24页，与同伴共同完成任务单1右侧，见图2。这样的设计帮助学生抓住细节，清楚地看到 Sophie 情绪的变化。了解 Sophie 在生气后是如何发泄的，以及她是如何调节情绪的。像楼梯一样的图形组织，能够具象化 Sophie 越来越生气的心态变化，之后又像下楼梯一样感受 Sophie 情绪逐渐平复。两人为一小组共同完成，提升小组合作能力。

What does she do?

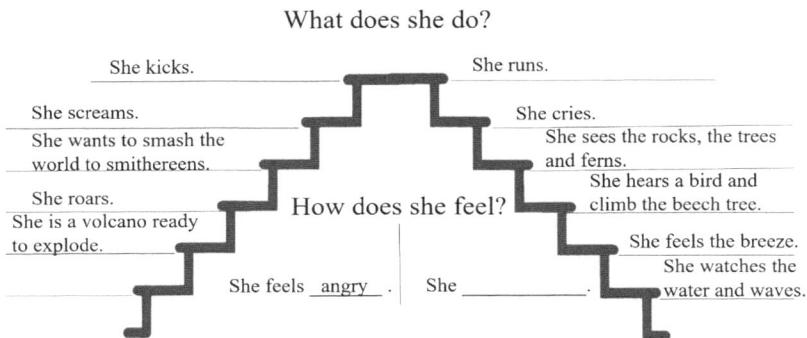

图 2

引导学生仔细观察第 5、第 6 页图片和第 23、第 24 页图片，小组合作完成任务单 2，见图 3。两张图形成鲜明对比，让学生找到他们的不同，体会 Sophie 在生气和平静下来时的变化。组织图能够帮助学生清晰展现它们的不同。

While Reading

● Angry	● Calm Down
Big	Small
When she is angry, there is nothing but herself in her world.	When she calms down, she can enjoy the world around her. Her angry feeling is not the center of her world.
at home	outdoor

图 3

第三步，听读 25—34 页，回答核心问题：What happened to Sophie? How does Sophie feel? 用核心问题贯穿整节课，让学生时刻关注 Sophie 的活动及她的心情变化，为学生处理坏情绪提供方法。

3. 深入探究，联系实际，体会色彩心理学

学生再次阅读绘本，找出颜色所代表的意义。同时与同伴合作完成任务单 3，见图 4。此项活动为了引导学生关注除了语言以外的颜色所表达的情绪上的变化，同时了解色彩心理学。

What do the colors mean?

In the story	angry	happy	hope and calm	calm	sad

图 4

（三）读后活动：总结归纳，联系生活，绘制绘本

教师小结：Sophie knows how to manage her feelings. Do you know how to manage your feelings？同时出示 Word Box，为学生提供足够的情绪词汇及活动词汇。让学生根据自身经验来思考自己如何调节情绪。接下来，教师展示自己制作的调节心情绘本，给学生提供示范，搭好框架。

（四）课后作业：分享故事，表达心情，调节情绪

学生课后有两项作业要完成，一是重新阅读绘本，欣赏绘本；二是绘制自己的情绪调节绘本，学会调节心情，正确发泄自己的消极情绪。

四、深度学习在本案例中的运用

深度学习具备五个特征，分别是：联想与结构、活动与体验、本质与变式、迁移与应用、价值与评价。在本案例中：第一，注重故事学习与学生已有认知相结合，将绘本内容与日常生活相联系。第二，本教案强调学生合作，相互探讨，相互启发，共同完成任务单。第三，本教案强调听读和探究绘本内容，让学生浸入绘本，感受绘本当中 Sophie 的情绪，跟 Sophie 产生共情，一起接受自然的抚慰。第四，将 Sophie 的故事联想到学生的生活，关注学生自己的切身情况。在遇到不好情绪时，自己应该怎么调节情绪。第五，本教学案例非常注重故事教学的育人价值。学习 Sophie 的故事，反思自己的生活，引导学生学会正确调节自己的情绪。

五、结语

深度学习将课堂内容与学生生活实际联系在一起，激发学生主动探索的求知欲，激活学生高阶思维，注重培养学生正确的价值观，为学生解决问题提供依据。在绘本教学中，应充分关注知识学习的广度，以及它的关联性，鼓励学生体验探究，激活学生高阶思维，真正做到深度学习。

深度学习视域下中学政治课单元教学实践

任英明

单元教学是一种介于课程规划与课时教学之间的中观层面的教学设计，通过设定鲜明的教学主题，实施统一的教学目标、教学过程和教学评价，能给学生整体性的学习体验。政治学科落实核心素养，推进深度学习，"一个重要的支点就是构建有意义的单元教学体系"。在单元教学的探索和实践中，我觉得下面几种方法非常有效。

一、以议题为抓手实施单元教学促进深度学习

议题式教学在我国高中教育教学中受到广泛关注，它能提高高中学生的社会参与能力，也是提高政治教学效率的重要途径。选取相互关联的议题，实施单元教学能引导学生深入研究社会问题，落实核心素养。

在讲授思想政治必修 2《经济与社会》第二单元"经济发展与社会进步"时，我设计了单元议题"从百姓生活看我国经济发展与社会进步"。在单元议题统领下，选取四个民生议题，分别对应本单元四课教学内容。议题一"中国怎样解决 14 亿多人的吃饭问题？"聚焦老百姓的米袋子和菜篮子，选取我国各地人民提高粮食和蔬菜产量，保障我国粮食安全的事例，分析农业生产实践中如何贯彻新发展理念，完成第三课"坚持新发展理念"的教学。议题二"怎样增加家庭收入、缩小贫富差距？"关注老百姓的钱袋子，从我国的收入分配政策和家庭收入来源学习我国为缩小收入差距、实现共同富裕所采取的措施，完成第四课"我国的个人收入分配"的教学。议题三"从社会保障卡看我国的社会保障制度"从学生熟悉的社会保障卡入手，介绍我国社会保障的形式和作

用，分析案例，鼓励学生为完善社保提建议，学习第四课"我国的社会保障"。议题四侧重原因分析，选定议题为"2020年中国经济如何实现全球唯一正增长？"通过思考"我们吃得好、有钱花、有社保的原因是什么？"使学生从经济的角度了解我国经济逐步复苏、快速发展的重要原因正是第三课"建设现代化经济体系"的内容。

本单元的议题聚焦民生领域，从日常饮食、家庭收入、医疗社保角度选取材料，学习新发展理念，现代化经济体系和收入分配公平、社会保障等知识。经过本单元的学习，学生懂得了百姓安居乐业离不开经济有序运行，知道了日常衣食住行看病都与国家经济生活息息相关，培养了透过现象分析本质的科学精神，增强了对我国经济制度的认同，感悟到社会主义制度的优越性。民生议题的单元教学，既兼顾了政治学科的政治性、教育性，又贴近学生生活，体现时代性、实践性。学生的参与度极高，教学效果非常满意。

二、以内容为主线设计单元教学培养高阶思维

《普通高中思想政治课程标准（2017年版2020年修订）》提到，核心素养并不见之于孤立的、碎片式的学科知识和技能的习得，而是见之于能否综合地、系统地运用学科知识和技能应对来自真实生活的问题。根据教学内容，整合相关知识进行单元教学，能突破教材章节限制，关注知识间的联系，结合学情设计出具有实际操作性、贴近学生生活实际、更受学生欢迎的教学方案，更好落实核心素养。

对思想政治必修3《政治与法治》第三单元"全面依法治国"进行单元设计时，我先熟读教材，提炼核心概念，然后梳理单元逻辑，建构出本单元知识网络。在这个过程中，我发现第八课"法治社会"和第九课"全民守法"在内容上有许多相通之处。法治社会从社会的角度分析，全民守法从公民的角度解读，其实是从两个角度看同一件事情，就像融资与投资、纳税与征税。在进一步梳理内容的过程中，我发现两者的内涵也高度吻合。比如法治社会的内涵之一是"法律得到普遍公认和遵从"、全民守法与之对应的是"所有社会成员普遍尊重和信仰法律"；法治社会要求"社会治理依法开展"而全民守法与之对应的是"依法行使权利和履行义务"。在实现路径方面，建设法治社会要求"开展法治宣传教育，推动全社会树立法治意识"，全民守法要做到"增强公民法治观

念"，两者相互呼应。我把这部分内容整合成"法治社会"小专题。

与本单元相似的内容还有第八课"法治政府"和第九课"严格执法"，前者讲法治政府的内涵和如何建设，后者讲法治政府如何履行职能。我做成法治政府的小专题。与这两个专题对应设计了"法治社会如何让生活更美好""我为法治政府建言献策"两个学科活动，寓教于乐，理例结合。以内容为主线设计单元教学，我觉得能更好整合教材、创设统一的教学情境、设置关联的学科活动，高效地处理学生、教材、教师之间的关系，有利于学生深入研究相关知识，培养高阶思维。

三、以活动为载体开展单元教学推进深度学习

课程标准将思想政治学科的课程性质定义为活动型学科课程，单元教学可以通过形式多样的活动展开。思想政治选择性必修2《法律与生活》第一单元"民事权利与义务"的教学中，我设计了模拟法律职业资格考试和模拟法庭两个活动，教学中融入了职业体验，对学生的职业生涯规划很有助益。

借鉴国家法律职业资格考试的形式，模拟法律职业资格考试分客观题和主观题两部分，分别测试。客观题重点考查基础知识，测试成绩70分以上者进入主观题测试。主观题重在考查学生思维能力和分析解决问题的能力，60分以上合格。主客观测试都通过的同学可以获得学校内认可的法律职业资格证书。

取得校内法律职业资格证书的同学，可以选择担任模拟法庭中的法律工作者。参与模拟法庭的同学分成法官组、原告（含辩护律师）组、被告组（含辩护律师）、工作组（书记员和法警），每组3人，共同负责本组法律知识的搜集、法律文书如起诉状、答辩词的撰写，法官需准备审判文书，书记员需准备庭审流程。另外设置了法治新闻记者、教育局法治工作者、中学法治教师等职业，其扮演者也要通过资格考试，并且在庭审之后要从自身的角色出发对本案件进行分析点评。模拟考试没有通过的同学扮演当事人、嫌疑人、证人等角色。

考核的学习模式加上法官、检察官、律师等角色的职业扮演，极大地调动了学生的学习积极性。模拟法庭开展得非常成功。法官专业权威，控辩双方唇枪舌战，整个过程严谨、流畅。撰写的法律文书、记者的法治新闻报道和法治

教师对案件的点评都锻炼了学生的团队合作能力和运用法律知识分析解决问题的能力，提高了学生参与社会生活的能力，培养了法治思维。

四、以情境为依托创设单元教学落实深度学习

建构主义学习理论认为，要想让学习者完成对所学知识的意义建构，最好的办法是让学习者到现实世界的真实环境中去感受、去体验。《道德与法治》八年级下册第一单元"坚持宪法至上"的单元教学中，我设计了"小明与宪法的故事"，创设的教学情境都来源于日常生活中的真实场景，在学习中解决真问题。单元总结课的情境依托五一假期创设。

五一假期第一天，"天安门之行"。小明一家去参观天安门广场。爷爷看到人民大会堂说："这是修改宪法的地方。"提出问题："宪法是什么法？"

父亲五一加班，劳动法规定加班有三倍的工资，提出问题："宪法和劳动法是什么关系？"

听到大家在谈论宪法，爷爷问："对我这样的退休老人，宪法能给我什么实实在在的好处？"姑姑回答：退休金、医保、老年补助、坐公交、进公园等优待福利就是宪法对退休人员提供的保障。

天安门广场上很多人都拿着小国旗，小明问爷爷"您怎么看待商场、民居挂国旗的现象？"听到有人把国歌当手机铃声，爷爷问："你们觉得这样做合适吗？"一天行程结束的时候，小明总结：这一天我了解了宪法的地位、作用，与其他法律的关系，对退休老人的保障，还知道了要严肃对待国旗国歌。

五一假期第二天，"法治基地之行"。小明一家来到了位于北京市大兴区的全国青少年法治教育实践基地。小明参加了法治闯关竞赛、听讲解、观看法治展览、在法治承诺书上按手印等活动，从小明的感受中表达对宪法的认同，引领学生自觉践行宪法，做宪法的坚定拥护者和自觉捍卫者。

小明与宪法的故事，就发生在你我身边，像孩子出生后的姓名权、继承权，六周岁开始的受教育权，成年后享有的劳动者的权利、结婚的权利等，所有的疑惑都变成小明的问题，师生在答疑解惑中，潜移默化地完成学习宪法内容、认同宪法精神、感受宪法作用、做知法守法公民的教学目的，法治意识的培养悄然内化在生活情境中。

单元教学有利于教师更好地确定本单元最有育人价值的教学目标，以教学议题、教学内容、教学活动、教学情境为载体，整体落实学科核心素养，提升学生思维水平，推进深度学习，使学生有更强的学业获得感，教师有更强的职业成就感。

基于课例反思的高中英语阅读课堂提问探究

叶亚玲

课堂提问的设计和实施的好坏可以说关系着一节课的成功与否。恰当的课堂提问的设置和实施能够引导学生更好地把握教材，帮助其由浅入深地理解文章，激发其从不同维度进行思考，产生思维的碰撞，最后有所感悟、有所得。在本文中，笔者结合自身的课例研究课总结了自身在高中阅读课堂教学提问方面的感悟和反思。通过教学实践，笔者发现课堂提问需要把握好以下几个原则：1. 导入设问要找对切入点；2. 要围绕文章主线层层设问，基于学情设计问题的梯度；3. 教师要在课堂互动中适时追问，细化问题。笔者结合自身的课例研究课谈谈自身在高中阅读课堂教学提问方面的感悟和反思。

一、阅读课的导入设问要找对切入点

高中英语阅读涉及不同文体，常见的有记叙文、应用文、说明文和议论文。不同的文体具有不同的特点。阅读记叙文，读者需要了解的是人物与事件。因此，导入应从讨论相关的人物或事件入手。描写文通过阅读，读者需要了解人或事物的特征。导入时可通过图片引导学生对人或物的特征进行观察和讨论，所提问题要引导学生向语篇提供的信息靠拢。应用文阅读时要尽快找到所需信息，因此导入时要引导学生关注语篇结构和小标题，以确定在哪里可以找到所需信息。议论文需要了解作者的观点或态度，导入可从标题入手引出话题，然后通过头脑风暴整理相应的观点（袁昌寰，2016）。

笔者所上的研究课是北师大版模块五 Unit13 Lesson4 First Impressions。该文章是一篇典型的讲述故事的记叙文。在第一次课的导入部分，笔者向学生展示他们认识的教师图片，让学生谈谈他们对这位教师的印象。虽然学生比较感兴趣，课堂氛围也好，然而课后发现，运用这样的手段导入话题并不能很好地把握住记叙文的特点，为接下来的阅读做好铺垫。因此，在第二次上课时，笔者将导入部分进行了修改，改为直接展示课文中的图片，让学生围绕"Where? Who? What happened?"来做预测。课堂效果不错。相比第一次的导入，第二次课的导入紧紧围绕记叙文的行文特点进行设问，有意识地引导学生关注记叙文的几个要素：who，where，what。帮助学生预先感知即将学习的文本内容和语言结构，为接下来的阅读做了很好的铺垫。

二、要围绕文章主线层层设问，基于学情设计问题的梯度

阅读教学应该是学生、教师、教科书编者、文本之间进行对话的过程（郑春，2013）。如果不重视这四者之间的对话，一味地套用阅读教学模式，那么学生的阅读能力很难得到真正的提高。一篇优秀的文章往往都有一条牵一发而动全身的主线，如果教师能引导学生抓准这条主线，拓展到全篇，就能顺畅地实现整体感知和整体把握，从而使课堂条理清晰，提高阅读教学的效率（戚燕飞，2015）。那么，阅读教学的问题设计也要围绕文章的主线进行。笔者所授课的文章的主线是故事的发生、发展和结束。根据这一主线，笔者设计的课堂提问都是围绕这一主线而进行的。然而，在实际课堂实施过程中，却发现存在一些问题，主要是问题与问题之间的衔接不好。

在第一次授课时，笔者在导入后，让学生快速阅读文章回答下列问题：1.Where did the story take place? 2.Who are two characters? 3. What is the story mainly about? 在授课过程中，发现学生在回答第3个问题时，所用的时间较长，而且超过一半的学生无法很好地概括文章大意。课后反思发现，本文较长，虽然教师引导快速浏览第一段、最后一段和每段的前几句来提取文章故事的大意，学生对这种文章的概括能力还达不到要求，需要教师适度降低难度。因此，在第二次授课时，将第3个问题改为：What happened? （Focus on the First Paragraph）。让学生快速浏览文章第一段，直接检验导入的预测是否正确，这样就很好地衔接了导入与快速阅读部分，使教学环节更加紧凑，更加流畅。从实际课堂效果看，大部分学生都能做到从第一段提取相关信息回答这一问题。同时，也为接下来的预测故事发展埋下了很好的伏笔。

从这个环节问题的调整，笔者认识到教师设计的问题不仅仅要围绕文章的主线进行，同时也要基于学生的学情，把握好问题的梯度。如果学生的基础普遍较弱，这就需要教师设置难度合适的问题，由浅入深、由易到难、层层深入，为学生的学习搭好台阶，迈好小步子。让不同层次的学生在课后都要有所收获，有所得。

三、要在课堂互动中适时追问，细化问题

语言教学是一个动态过程，有时需要教师在与学生的互动过程中进行适当的追问，以达到将预先设置的问题细化和具体化的目的，让整个课堂教学的环节过渡更加顺畅，让学生能够更快更好地把握回答问题的落脚点。

相比第一课，第二次课在读中和读后环节，笔者都进行了适时的追问。例如，在第二次课的读中环节，学生完成故事第一部分的信息提取后，笔者追问了一个问题：What may happen next? 目的是让学生先预测一下接下来故事会怎样发展，激发其继续阅读的兴趣。这样，学生在接下来提取信息完成表格环节就不是被动地寻找表格所需信息，而是主动地阅读验证信息，因为学生想知道故事究竟会如何发展。在第一次课的读后环节中，教师向学生抛出了这样一个问题：What does the text want to tell us? 从课堂反馈看，学生较疑惑，究其原因是教师的问题过于宽泛，学生在回答问题时无法在短时间内找到落脚点。因此，在第二次课，笔者在这一环节将问题细化：What does the text want to tell us? Is the first impression very important? Why? 这样，学生就能够围绕 First Impression 来展开讨论，表达他们的观点和看法。

四、小结

通过本次课例研究，笔者有了不少的收获，特别是在课堂提问方面，有了更好的认识。通过实践和反思，笔者发现高中英语阅读课的课堂提问要把握好以下几个原则：1. 导入设问要找对切入点。不同的问题有不同的特点，需要根据文体特征设计导入问题，以便学生能够在教师的引导下更好地把握文章的文体特征。2. 要围绕文章主线层层设问，基于学情设计问题的梯度。文章的主线是一篇文章的主要脉络，围绕文章主线层层设问，使整个教学环节环环相扣，

层层深入，符合学生的认知规律。学生的层次不一样，这就需要教师根据学生的实际情况设计问题的梯度，主要目的是让不同层次的学生都能有所收获。

3. 教师要在课堂互动中适时追问，细化问题。课堂教学是一个动态的过程。在这个过程中，根据实际课堂教学，教师可以适当进行追问，与学生实现更好的互动。只有这样，学生在教师设计的问题的精心引导下能够启发思维，逐步深入理解文本，进而有所感悟和收获。

大概念引领下的小学数学结构化教学设计

——以"数的运算"为例

朱宝莲

布鲁诺曾指出，不管我们教什么学科，务必使学生理解该学科的基本结构。结构是指各个部分的搭配和排列，在学科中指基本概念、原理、法则之间的内在联系，学习结构就是学习事物是怎样关联的。我们的教学要在大概念的引领下教结构，让学生学结构、用结构，抓住了结构，也就抓住了本质。

大概念作为学科中处于最高层次、居于中心地位、藏有更核心的概念，为人们认识事物和建构知识提供了一个认知框架或结构，它揭示了事实性知识之间的核心联系和背后的实质规律，从而使碎片化知识整合成体系。

在核心素养导向的课程改革背景下，国家针对学科核心素养的落实提出了明确的要求："重视以学科大概念为核心，使课程内容结构化，以主题为引领，使课程内容情境化。"由此可见，以学科大概念为核心，以各级主题为引领的课程内容重建是深化课程改革的关键。借助大概念及各级主题把一些具有逻辑联系的知识点整合在一起进行整体设计，就可以在关注知识和技能的同时，思考知识技能所蕴含的数学本质及其所体现的数学思想，最终实现学生形成数学学科核心素养的目的。基于此，我以北师版小学数学"数与代数"中"数的运算"这一板块为例，探究大概念引领下的小学数学教学设计策略。

一、寻找知识共性，提炼数学大概念

准确把握数学大概念是合理建立知识结构和合理进行教学设计的先决条件。在实际教学中，课标、教参、教材均没有明确提出相应的数学大概念，需要教师在进行教材解读的过程中研究提炼。究竟如何提炼呢？这就得根据大概念具有统摄性、聚合性、高度概括性的特点，将众多知识点的共同属性加以分析得到。对内容进行教学设计时，不能就事论事，仅考虑这一课的知识，否则就会造成"只见树木不见森林"，对教材进行分析时要树立整体观，要从教学系统的宏观视野的显现状况和课堂运行的微型框架两方面进行结构化设计。

新知识点与其他节点的联系越多，该节点的入口就越多，经由这些通道进入该节点的机会也就增多；本质性的联系越多，准确性越强，这些联系就越紧密越牢固。这样经由其他节点激活该节点的可能性越大，回忆必然越方便、越迅速。理清概念本质，明晰概念体系成为首要任务。

小学数学"数的运算"这一板块，主要涉及了整数的运算、小数的运算和分数的运算。其中，整数的运算分七次来学习：一年级上册认识加法和减法，10以内数的加减法、20以内的加法、20以内的不退位减法，在认识加法、减法意义的基础上，通过数数活动以"一"为单位逐一计数拓展到以"十"为单位按群计数，初步感受十进位值概念，并直观体会到20以内数的加减就是一个个计数单位的累加与叠减；一年级下册认识20以内的退位减法，100以内的加减法，继续认识了计数单位"百"，进一步体会位值制，通过不同方法探究算法，进一步体会转化思想在解决新知中的重要作用，并通过竖式打通了各种算法之间的同一性：相同数位上的数相加减（计数单位的累加叠减）；二年级上册认识100以内数的连加、连减、加减混合运算，乘法的认识和乘法口诀，除法的认识和用口诀求商，认识到乘法的实质为多个相同加数的加法，除法的实质为连续递减，其运算仍为计数单位的累加叠减；二年级下册认识有余数除法，万以内数的加减法，认识了新的计数单位"千""万"，继续用竖式打通各种算法之间的同一性：大数的加减仍为相同数位上的数相加减（计数单位的累加与叠减）；三年级上册认识万以内数的连加、连减、加减混合运算，乘、除、加减的两步混合运算，一位数乘两、三位数，利用点子图、表格的形式与竖式相通，更明晰了乘法的算理即不同数位上计数单位之和；三年级下册认识一位数除两、三位数，两位数乘两位数，明晰了除法即计数单位的连续递减，通过竖式记录递减过程及结果，更加明晰了算理，乘法进一步打通了点子图、表格与竖式之间的相通性，在此，乘法即加法的思路，深入学生脑海；四年级上册认识三位数乘两位数，三位数除以两位数，运算律及混合运算，此时整数乘法、除法的算理已经在学生的知识构架中结构化、整体化、系统化、概念化。

综合上述分析，我们可以看到，整数的运算就是在对计数单位的累加叠减的逐渐构建过程中实现的。那么，小数的运算呢？三年级上册在元、角、分的背景下，认识了一位小数的加减运算，在元、角、分这样直观具体的模型下，巧妙打通了小数与整数之间的联系，初步建立小数加减运算整数计数单位运算。四年级下册在对小数再认识的基础上，在将整数计数单位进行细分的过程，认识更小的计数单位"十分之一""百分之一""千分之一"……进而明晰了小数加减法即为小数计数单位的累加叠减。五年级上册认识小数的除法，小数的混合运算，利用除法的基本性质用竖式把小数除法转化成除数为整数的除法，进一步体会计数单位的细分。分数的运算呢？第一次在三年级下册，在分数初步认识的基础上，同分母（分母小于10）分数的加减运算，利用分数的意义进行简单分数的运算，即几个相同分数单位的加减。第二次主要集中在五年级下册在进一步认识分数的加减法基础上，异分母分数加减通过通分转变成同分母分数加减，分数的乘法即为不同分数单位的累加，分数的除法利用除法的意义，即减法与除法的关系，将分数除法转化为被除数里包含有多少个除数，进而进行通分，转化为同分母分数相除，实质为整数相除。最后在六年级上册分数的混合运算，百分数的应用，即为分数运算综合应用。综观整数、小数、分数的运算，它们究竟有何共通之处呢？整数和小数的运算，我们都用竖式直观、简洁表示出其中蕴含的算理：相同数位计数单位的运算。分数的运算更加扩大了小数的范畴，因为在平均分的过程中产生的，因而分数单位与整数、小数的计数单位不同，与平均分的总份数有关，平均分成了几份，其单位就是几分之一。但是在其运算过程中通过通分，通过转化最后都可以转变成整数运算。比较三者，我们发现，"数的运算"这个大单元均围绕"计数单位的加减运算"而展开，在进行计数单位的加减运算中实现了对数的加减乘除运算的意义的建构，这便揭示了数学大概念中"数的运算"的本质属性：数的运算就是计数单位的累加与叠减。

二、创设问题情境，感知整体连续性

教师可以统观整个知识体系，通过类比分析来提炼数学大概念，可学生仅凭已有知识经验怎样才能建构数学大概念？直接告知？显然不妥，应引导学生经历数学大概念的形成过程。教师可以在把握数学知识本质与学生认知起点的基础上，创设真实的教学情境，提出合适的数学问题，让学生走进事实与现象中去，通过独立探究、合作交流、反思总结等学习活动，掌握数学知识，提升数学技能，理解数学本质，感悟数学思想，发展数学素养。下面聚焦"数的运算"这一板块一年级下册第五单元"加与减（二）"（100 以内数的不进位加法和不退位减法）。

明晰了数的运算的意义，就可以理解"数学运算"作为数学学科核心素养之一的重要性，在数学学习中，不论是数学概念的建构、数学结果的获得，还是数学问题的分析和解决，都需要学生有良好的计算能力做支撑。明晰了算理，也就清楚地认识到运算的意义与价值。于是，再次走进"100 以内数的不进位加法与不退位减法"这个单元，深入剖析每一个计算活动："小兔请客"从现实情境出发，探究整十数加减整十数，通过学生已有知识 20 以内数的加减计算，将新知转化为一位数加减一位数，由几个一加减几个一推理得出几个十加减几个十；"采松果"两位数加减一位数，通过小棒、计数器、数线、口算等多种方法转化为一位数加减一位数和整十数加减一位数；"青蛙吃虫子"两位数加减整十数，与上节课同样通过直观操作、口算等方法，转化为整十数加减整十数，整十数加减一位数；"拔萝卜"两位数加两位数，与前面两节同构，通过直观操作、口算等多种方法转化为整十数加整十数，一位数加一位数，整十数加一位数，此时在用算式记录计算过程时，首次出现用竖式记录表示算理：几个十加几个十，几个一加几个一，此时也第一次用竖式打通了小棒、计数器计算的相通之处，并把计算过程程序化表示出；"收玉米"两位数减两位数，继续用竖式再现各种算法，表现算理：几个十减几个十，几个一减几个一。我们知道，在数学中根据一定的数学概念、定义、法则、运算律等，由给出的已知条件通过"算"出确定结果的过程，即为运算。它既包括口算、笔算和估算等最基本的技能，也包括运用运算解决各种问题时的抽象思维、分析、建模等运用数学的思维方式进行思考的能力，还包括新型的运算能力。

三、多角度思考与应用，拓宽学生的概念体系

为了完整地反映整个事物，反映事物的本质和内在规律性，更为了思维成果在付诸实践的过程中能够顺利实施，必须多视角、多侧面、多因素进行思考和论证，必须对可能出现的情况、可能起作用的因素、可能发生的后果逐一

进行考察和预测，然后经过分析、综合，依据对主要矛盾和主要矛盾方面的基本判断作出科学的决策或抉择。这就需要学生具备良好的思维结构，能够在思考和解决一个问题时，融合各种思维方法进行系统结构思维，共同指向问题解决。

（一）着眼整体布全局，培养学生的结构意识

数学学习的内容本身有一定的整体性和系统性。虽然教材的分册编写和分课时推行会让整体性变得"断裂而隐蔽"，但我们应该关注教材的整体性结构。教学设计应将隐性变为显性，让学生的认知更加清晰。这一单元教学内容体系化、难度呈螺旋上升梯度，教学方法结构化，在直观操作的基础上形成表象知识，与逻辑推理相辅相成，完全符合学生的认知过程。

（二）多元表示析内涵，培养学生的概念建构意识

教学中一方面借助直观操作——小棒、计数器、数线，再结合口算、竖式等多种方法，引导学生通过多元化个性化的表示和解读，建构不同表示背后共同的内涵：数的运算即为计数单位的累加与叠减。

四、打通内部联系，运用数学大概念

美国学者威金斯和迈克泰格把大概念比作车辆的"车辖"，而车辖的主要功能是将车轮等零部件有机组装在一起，这便揭示了大概念有吸附知识的能力。由此可见，帮助学生建构数学大概念的目的，更在于学生能够依靠数学大概念进行自主迁移与应用，在不断加深对大概念理解的同时，也能逐步提升数学学科核心素养。

例如，在学习"分数除法"时，在学生理解了"整数除以分数"的意义和基本算理后，即除以一个不为零的数，等于乘这个数的倒数，在随后的内容□，即分数除以分数的教学中，我们嗅到了更浓更纯的数学味儿。

【教学片段】

师：你能计算 $\frac{3}{4} \div \frac{1}{4}$ 吗？

生1：可以用手中的纸片折一折、涂一涂，通过折叠，我把这张正方形纸平均分成了4份，我涂了3份，表示这张纸的 $\frac{3}{4}$，因为里面有3个 $\frac{1}{4}$，

所以结果为 3。$\frac{3}{4} \div \frac{1}{4} = \frac{3}{4} \times 4 = 3$。

生 2：我同意你的观点，这样直观就能得出结果，但我觉得如果不是同分母分数，又怎么能解释你的观点呢？比如 $\frac{3}{4} \div \frac{5}{8}$ 怎么计算？

师：是呀，怎么用面积模型解释呢？

学生尝试画图，但因为技能有限，而宣告失败。最终有个学生紧锁眉头，轻声问道："老师能统一单位吗？"就像我们做加减运算时通分那样……"部分学生随声附和："咦，如果能统一单位，问题不就解决了吗？"

师：不错，如果能转化为同分母分数，问题就变得简单了，不过怎么统一呢？大家带着这个问题下课好好琢磨，后面我们再来探讨！

下课了，孩子们还在意犹未尽地不断尝试，这股学习的内驱力源自他们已经逐步构建起的数学大概念下的结构化认知。

数学大概念的统领改变了按课时设计，凸显了学生对所学知识的整体理解，促进了学生的知识建构和方法迁移。依靠数学大概念展开教学活动，数学的深度学习在悄然发生，我们可以预见，学生的高阶思维在逐步养成，核心素养得以彰显。

参考文献：

[1] 刘徽 . 深度学习——围绕大概念的教学 [J]. 上海教育，2018.

[2] 吕世虎，吴振英，杨婷 . 单元教学设计及其对促进数学教师专业发展的作用 [J]. 数学教育学报，2016.

[3] 李昌官 . 基于核心素养的数学单元教学 [J]. 中国数学教育，2018.

利用任务单促进小学英语绘本整本书
读写能力的提升

包　晗

一、研究背景

英语阅读不仅可以帮助学生扩充词汇量、积累语言知识，而且还能够开阔视野、提升英语素养、培养学习兴趣，促进学生其他技能的发展。如培养学生获取信息能力，阅读是获取信息的重要途径（唐洁娥，2005）。英语写作是通过文字来传达信息，表达作者情感、态度和观点的途径（钱小芳，2021）。我们常说"读写互通"，阅读与写作的关系是紧密相连的、相互促进的、相辅相成的。通过大量的阅读，掌握丰富的词汇、语言知识，在写作时便可以灵活支配运用所掌握的知识。

《义务教育英语课程标准》（2022 年版）中明确指出，小学阶段语言能力目标要求学生在小学高段能够在阅读方面获取有关人物、时间、地点、事件等基本信息，能够识别常见语篇类型及结构。在写作方面能够围绕相关主题，运用所学语言描述事物、事件表达情感、态度和观点（教育部，2022）。然而，对于小学生来说，自行阅读的时间有限，知识储备比较薄弱，没有足够的时间将自己所读内容进行内化并且表达自己的观点，因此需要教师借助任务单来辅助学生快速理解文本内容，厘清写作思路。

任务单是基于学习材料设计的学习任务，以文本的形式呈现出来，需要在课堂中完成，最终达成教学目标的一种教学手段（张洁，2017）。教师在设计任务单时要基于学生学情分析，符合学生的认知水平，利用导图、图片等形式呈现出来。小学生在阅读英文绘本时的认知水平较低，分析文本、解读文本的能力较弱，所以需要教师设计任务单来引导学生梳理文本内容，为阅读扫除障碍。本文将从任务单的设计策略和任务单的设计原则两方面来阐述如何巧妙使用任务单来提高学生的读写能力。

二、"以读促写"任务单设计策略

"以读促写"是阅读教学中教师常用的一种教学方式，写作占据主要位置，阅读用以辅助写作任务。教师以培养学生写作能力为教学目标，注重最后的教学成果。"以读促写"促使教师在教授过程中，注重挖掘文本的内涵，寻找合适的"读写结合"点，需要学生在阅读过程中感受文本、理解文本，最后创造文本。这些环节息息相关、层层递进，在学习的过程中达到"以读促写"的效果（许育新，2019）。

（一）积累型任务单

语言的学习是一个循序渐进的过程，只有足够多的积累，才能为后面的输出奠定语言基础。所以教师在设计积累型任务单时，要从实际出发，以辅助学生梳理知识为目的，厘清文本思路。由点到面将本文内容进行梳理，从单词学习、词组运用、句式结构、文章脉络，培养学生梳理、整合、运用的能力。小学生的思维逻辑性较差，利用积累型任务单可以引导学生自主学习、内化语言。教师通常设计可视化思维导图来帮助学生积累与梳理。积累型任务单不能只拘泥于单词、词组的积累，语法、文本结构、写作思路也需要学生进行全方位的积累，这样才能实现知识间的互通，才能为顺利地解析文本扫除障碍（邓海英，2019）。以"大猫分级阅读"五级 2 中的 A Day at the Eden Project 为例，我们可以引导学生完成积累任务（见图 1）。

Find out the key information

1. Jungle is _____, _____ and _____.

2. Jungle house is made from _____, _____ and _____.

3. Chocolate is made from _____ _____ which grow inside big _____ _____.

Make a mind map

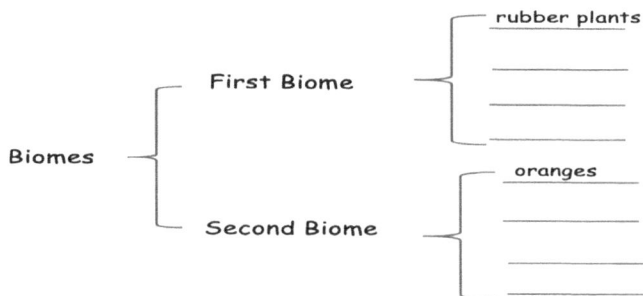

Biomes
— First Biome — rubber plants / _____ / _____
— Second Biome — oranges / _____ / _____

图 1　A Day at the Eden Project 任务单

学生通过任务单的梳理，对文本中所讲的内容按照第一部分、第二部分进行梳理，形成自己准确的逻辑，梳理之后，将两部分进行对比，总结出文本的核心知识点。A Day at the Eden Project 文中讲了两个不同的生物群系，教师通过设计思维导图，让学生梳理两个生物群系的不同，引出不同生物需要的环境气候不同。

（二）应用型任务单

学生学习英语是为在实践中应用，虚构类读物的故事人物情感鲜明、内容有趣，富有启发性。针对这类读物，教师可以设计仿写、续写和读后创编等任务单。教师可以为学生构造人物、场景和情节，引导学生形成一定的故事。培养学生的想象和表达能力。应用型任务单是为了让学生更好地理解与应用，所以在设计此类任务单时要符合实际、真实的情境。教师要培养学生的文化意识，引导学生形成争取的价值观、人生观。以"大猫英语分级阅读"二级 2 中的 Let's go shopping 为例，教师将基本的购物场景构建出来，引导学生模拟真实情境完成写作任务（见图 2）。

图 2 Let's go shopping 任务单

应用型任务单属于迁移创新型任务单，没有统一、固定、模式化的答案，学生可以根据自己的思考尽情发挥，激发想象力，提高创造力。Let's go shopping 这个文本涉及购物场景中的语言，如何在适当的语境中灵活运用所学的语言。教师将任务单设计成了不同店铺的购物场景，在不同的场景中，让学生体会用合理的语言解决生活中的实际问题。

三、"以写促读"任务单设计策略

"以写促读"的教学方式主要侧重帮助学生顺利解析文本内容。"写"不是单纯地运用词汇、句型等形成文段，而是广义上的以任何书面形式体现出的成果。"写"也不再是一种目的，而是帮助顺利"读"的一种途径。"读前写"是在特定的主题、语境中发散性思考，是为后面解析文本、理解文本内涵奠定的基础。学生以自主的思维方式及逻辑呈现自己对主题、语境的理解，教师也可以这样的方式进行阅读前的导入，激发学生的学习兴趣（宋雯姬，2022）。

（一）解读型任务单

解读是挖掘文本内涵与核心的途径。对文本深度解读，需要教师提前引导学生明确阅读目的及任务，有针对性地、有效地、系统地开展学习任务（邓海英，2019）。教师在设计任务时应考虑学生的思维认知特点和差异，设计的任务有梯度，适合不同水平的学生完成。解读型的任务单可以对不同的内容进行解读，包括对词句的解读、文体结构的解读、本文内涵的解读、文本封面的解读等。下面以丽声英语百科分级读物第六级中的 Who Eats Who？为例解读封面信息，在读前激发学生储备知识，为后面的知识内化奠定基础（见图3）。

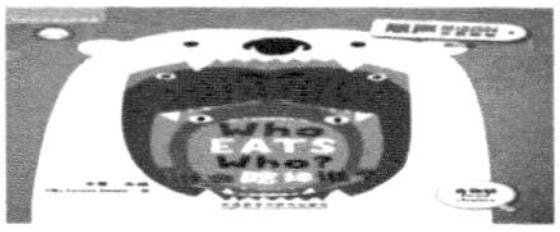

图3　Who Eats Who？任务单

小学生基础知识储备存在差异，认知能力程度不同，对文本的解读也会不同，会出现解读偏差的情况（邓海英，2019）。所以教师在读前设计任务单的目的是修正偏差，引导学生正确认知，延伸学习，鼓励学生深度学习、内化知识点。Who Eats Who？这个绘本属于科普类的绘本，为学生科普了关于食物链的相关知识点，所以在阅读前，教师设计了解读封面的任务单，想让学生对文本类型、文本结构有所了解，因为从封面图片看，部分学生认为仅是有关动物的绘本。在解读完封面后，学生可以激发自己已有的关于食物链的知识。

（二）双任务型任务单

双任务型任务单包括两个部分，即 Task 1 和 Task 2，两个任务的作用不同。Task 1 的目的是帮助学生梳理文本内容、文本结构、文本内涵等。可采用的方式有思维导图、题目问答等，学生可通过任务单提取关键信息，形成准确的逻辑关系，在梳理的过程中形成自己的见解。每个学生完成的任务一样，但是对于文本解读的见解却不一样。在梳理过程中，教师尽量设置开放性的问题，让学生独立思考并形成自己的逻辑。这样为后面表达自己见解的 Task 2 奠定有效的基础。Task 2 的目的是让学生更好输出，更好理解和诠释所读的文本内容，更多表达自己的想法，将所读文本与自己的经验、生活经历等联系起来，用英语来解决生活实际问题，引导学生形成正确的价值观。所以 Task 2 的任务单可以设计成读书报告、观后感、书评等。以下以丽声经典故事屋第六级中的 The Frog Prince 为例来展示双任务型任务单（见图 4）。

Two Tasks Handout

📖 **Task 1 The Facts**
 ★ **The setting**
Where does the story take place? ＿＿＿＿＿＿＿＿＿＿＿＿．
 ★ **The characters**
What are they like?

| The character's name |
| Trait 1 | Trait 2 | Trait 3 |
| Evidence Page＿ Line＿ | Evidence Page＿ Line＿ | Evidence Page＿ Line＿ |

 ★ **The ending**
The ending: ＿＿＿＿＿＿＿＿＿＿＿＿＿＿．

📖 **Task 2   Personal response**
 ★ **Your impressions**
1. Why does the princess change her mind?
＿＿＿＿＿＿＿＿＿＿＿＿＿＿＿＿＿＿＿＿＿

2. Which character do you like best? Why?
＿＿＿＿＿＿＿＿＿＿＿＿＿＿＿＿＿＿＿＿＿

 ★ **Your feelings and experienced**
1. Have you ever experienced something similar to what happened
 in the story? ＿＿＿＿＿＿＿＿＿＿＿＿＿＿．
2. What can you learn from this story?
＿＿＿＿＿＿＿＿＿＿＿＿＿＿＿＿＿＿＿＿＿

图 4   The Frog Prince 任务单

双任务型任务单的出发点是促进学生更好地理解文本内容，而不是促进写作能力（钱小芳，2021）。The Frog Prince 这个故事是格林童话中的经典，虽然部分学生读过，但对本文的深刻内涵或许并不明白。所以教师设计了双任务单，在 Task 1 中，通过对地点、人物、结局等要素的梳理，帮助学生理解故事内容，在深度解读后，挖掘文本的深刻内涵、形成自己的观点，文本中的角色有三个，并且人物性格形成鲜明的对比。

四、小学英语绘本任务单设计原则

（一）基于学生学情

任务单的设计要基于学生的学情分析，设计任务单前教师要充分了解学生已有的知识储备以及认知水平，了解学生不同的学习需求，设计多种形式的任务单激发学生的学习兴趣。因材施教，让学生都能体会到英语学习的乐趣与意义，获得成就感和自信心。

（二）立足学科特点

《义务教育英语课程标准》（2022 年版）中明确指出英语课程要围绕核心素养，体现课程性质，反映课程理念。核心素养是通过课程的学习培养学生正确的价值观和必备品格（教育部，2022）。这使得英语课程不仅要培养学生基本英语素养，还要提高学生综合的人文素养。在设计任务单时要结合英语学科知识体系，还要确保语言学习的过程是学生语言能力发展、思维品质提升、文化意识建构的过程。

（三）体现任务层次

任务单的设计是为了帮助学生更好、更充分理解文本内容。所以教师在设计任务单时要符合学生的认知水平，由于学生的认知水平不同、学习风格不同，通过任务单的完成，学生从学习理解过渡到应用实践，最后到迁移创新。任务单的内容要涵盖英语学习活动观的三个层次，不能将任务单都设计成学习理解层面，更不能都是迁移创新层面，在这个学习的过程中应该是层层递进循序渐进，符合学生的认知水平和认知规律。

（四）贴近生活实际

为了提高学生的参与度，增加学生对学习的兴趣，任务单设计要与学生的实际生活相联系。不能忽视学生的真实现状，学生在不真实的情境中不能产生共鸣，只是借助想象来发表观点，无法引导学生将"学"与"用"相连接。贴近生活的任务单使学生能够学以致用，进而更积极地投入到学习中去。在设计任务单时，要保证所设内容能够满足学生的现实需求，能够符合学生各方面的发展情况。

五、结语

利用任务单能促进小学英语绘本整本书读写能力的提升，可在学生完成后的作品中体现出，任务单的教学能有效激发学生学习动机，从而让学生愿意自主思考，将被动学习转变为主动学习。通过不同类型任务单的合理运用，一方面能够重点解决绘本内容较长、阅读时间不足的问题。另一方面通过任务单，学生能够快速厘清文本思路掌握文本结构，引导学生正确思考，形成正确的逻辑，为后续开展教学活动奠定基础。所以任务单的有效利用，能够帮助学生"以读促写""以写促读"，真正达到读写结合的效果，提升学生的读写能力。

参考文献：

[1] 邓海英 . 小学英语任务单的多维设计 [J]. 教育艺术，2019(12)：78.

[2] 教育部 . 义务教育英语课程标准（2022 年版）[M]. 北京：北京师范大学出版社，2022 版 .

[3] 钱小芳 . 小学英语分级阅读教学：读写结合的英语教学 [M]. 北京：外语教学与研究出版社，2021 版 .

[4] 宋雯姬 . 基于绘本的"以写促读"英语教学实践 [J]. 小学教学研究，2022（31）：69-71.

[5] 唐洁娥 . 英语阅读与写作能力 [J]. 广西梧州师范高等专科学校学报，2005（1）：68-70.

[6] 许育新 . 小学高年段英语绘本阅读教学中"以读促写"的实践研究 . [J]. 生活教育，2019(4):98-101.

[7] 张洁 . 以学习任务单培养小学生英语自主学习能力的行动研究 . [D]. 宁波：宁波大学，2017.

创设情境发展学生创新思维

丁红明

科学教学中，培养学生科学素养是教学的焦点。教师在教学中，应教给学生学习的方法，注重培养学生思维能力和创新能力。苏霍姆林斯基说："教会学生善于思考是学校的首要任务。"教学生借助已有的知识去获取新知识，这是最高的教学技巧之所在。公民具备基本科学素质一般指了解必要的科学技术知识，掌握基本的科学方法，树立科学思想，崇尚科学精神，并具有一定的应用它们处理实际问题、参与公共事务的能力。在科学教学中，教师更要注重学生思维能力的培养，教给学生学习的方法。注重学生发散性思维能力和创新思维能力的培养已成为目前教学的焦点。

一、探索思维启迪方法

思维启迪，即采用何种方法激活学生的思维，消除思维障碍，思维逾于思维的全过程。启迪思维的方法是否科学，直接影响学生思维方向的正确性和独创性，思维过程的敏捷性和变通性。教学设计中我们不但要注重设计思维的推理过程，还要关注设计思维的启迪方法。

（一）学生思维的问题

思维空白现象是指思维的静止状态，即我们常说的"无从着手"；思维的盲目现象是指思维的错误性，即我们常说的"牛头对马嘴"；思维的散乱现象是指思维的无序性，即我们常说的"东拉西扯"；思维的单一现象是指思维的僵化性，即只会套用原有的思维模式，缺少发散性思维能力。对于不同的思维问题，教师应当查清思维的"病因"，对症下药，创设情境，启发学生思维。

从科学课的学科性质来看，教师应当从学生和自身两个角度分析原因。

探究式教学中强调给学生提供"有结构的材料"。"有结构的材料"就是指经过教师精心设计实验中的典型材料，这些实验材料的组合，既能体现典型的科学概念，又能符合孩子的年龄特征和认知规律，并且贴近日常生活，这些材料还应该具有一定的趣味性，并能够通过对实验材料的探索来发现问题、解决问题。教师要走在学生前面，把实验中可能出现的问题事先有所估计，尽量为孩子创设贴近生活的环境，启发他们的思维。

（二）从学生角度分析

反思课堂是否明确问题情景的要求；知识准备是否充足；能否读取背景材料或情景中的有效信息。

教学《水的性状》一课时，我在材料的选取上，力求贴近生活。选取学生生活中常见的物质，如石块和水、牛奶、酒精及盐水等。

后来，我改变了原来的实验方案，主要是源于课前我对学生调查时，学生反馈说"水是透明的""我闻过水，没有味""尝也没有味道"。这说明学生知道水不仅没有味道，而且没有气味，对水有过闻和尝的体验，但对颜色的概念还不是很清楚，把水的颜色说成是透明的，所以我用高锰酸钾代替了一部分牛奶。教学中，为孩子创设贴近生活的环境，更便于他们从中提取有效的信息。

（三）从教师角度分析

反思提问设置是否科学，语言表述是否准确，课堂气氛是否活跃……

根据不同原因，教师应创设相应的情境：或回顾旧知识，或引导学生读取信息，或指导学生形成思维过程，等等。子曰："知之者不如好之者，好之者不如乐之者。"孔子在这里强调了乐学的重要性。教师要使学生以学为乐，必须在教学中千方百计地创设乐学思维情境，以乐导思，乐中获知。因此，教师只有全面分析学生的思维切入点、思维展开过程和思维的终端结果，对每一个思维环节都进行深刻剖析，才能切实有效地创设情境、启迪思维。

二、围绕科学提出问题

《义务教育小学科学课程标准》中指出，学生是科学学习的主体。让他们自己提出问题、解决问题，比单纯的讲授训练更有效。教师是科学学习活动的组织者、引领者和亲密的伙伴，对学生在科学学习活动中的表现应给予充分的尊重，并以自己的教学行为对学生产生积极的影响。

探究学习是一个提出问题的过程。

探究问题的生成与确定。教师通过引导、启发，利用多种教学包括设置特定的问题情境激发学生发现并提出探究的问题。

探究方案的策划与设计。教师指导学生进行人员分工，说明探究过程和规则，并提供必要的探究工具，学生可以根据已有的知识、经验做出合理的猜想，假设并设计探究思路和方案。

探究方案的实施和开展。学生根据所设计的探究方案，进行分析、调查、实验、访问、考察等各种探究活动，获取、整理、分析数据和资料，解释探究得到的结果，验证假设。

探究结论的交流与评价。将得到的探究结果进行分析，综合得出自己的探究结论。探究结论可以通过实验报告、访谈报告、调查报告、电子作品等各种形式展示，学生对自己的探究结论进行小结、陈述和评价反思，其他学生提出建设性的意见和建议，老师进行适当的补充、总结和评价。

在教学"热是可以传递的"一课时，为了引导学生"看到"水是怎样通过对流的方式传热的，我抓住时机引导学生认识热不借助任何物体也能传递，这种传递热的方式叫作辐射。开放的活动让学生经历观察—想象—操作—推理—验证的过程，小组实验讨论的探讨给了学生极大的发散性思维空间，学生在活动中真实地感受到科学探究和合作学习的无穷乐趣。

三、生生互动师生互动

作家萧伯纳曾说过："如果你有一个思想，我有一个思想，彼此交换，我们每个人都有两个思想，甚至多于两个思想。"课堂教学也应提倡师生之间、学生之间进行思想交流，可以引入辩论赛、课堂集体讨论等形式。就科学课而言，科学探究可为学生提供思维的脚手架。脚手架是教师精心设计、选择的，有着丰富的内在联系、蕴含着某些联系或者规律的材料、实验记录单、板书等。学生通过操作、观察，发现问题，产生迫切需要学习的愿望，启动学生思维的发展。通过对问题展开讨论和辩论，以辩促思，以辩明理，从而引发学生创造性思维的产生。事实证明，让学生自己动脑发现问题、讨论争辩、互相启发、集思广益，其效果远胜于教师讲解。

在教学《地球的公转引起的变化》一课时，我在学生第一次模拟地球公转的时候，特意没有提要求，结果学生放地球仪进地轴的朝向五花八门。于是我提出要求：在地球绕太阳公转时，地轴应该永远指向北极星附近，那我们就假设一个方向（统一方向），公转时地球仪不要离开桌面，这就好似地球的轨道。

再次模拟时，学生经过讨论—实践—再讨论—再实践的过程，也是合作思辨的过程，情况有了明显的好转，学生们发现地球在公转轨道的不同位置接收太阳光照的情况果然在发生着变化，对于北半球来说，有时接收的太阳光照多，有时接收的少，并且太阳高度也在随之变化，这也必然导致地表热量在不断地发生着变化，也就出现了四季的更替。

四、独立思考巩固练习

独立思考是求异思维的前提。人云亦云，不利创新；邯郸学步，终无所为。巩固练习既可以帮助学生理解、消化、巩固所学的基础知识，又可以帮助学生实现知识的横向扩展和纵向深化，从而进一步构建起全面、系统的知识结构，是提高学生智力水平、培养学生思维能力的一条重要途径。如，在构建"昆虫"这个概念时，教师设计一系列教学活动，使学生获得丰富的事实信息，增强操作体验，指导归纳辨析，帮助学生找到事物之间的联系，从而辨析昆虫，建立起昆虫身体结构特征的概念。在这一过程中，教师要关注学生思维的变化，使他们自己探究摸索到真相，让学生"慢"一些，给予学生更多的思考空间，抽象出科学概念。在师生共同回顾整个概念建构过程的小结环节，学生关注自己思维的变化路径，自行通过探究活动、讨论、思辨抽象，才能真正建构并掌握概念。

五、知行合一学以致用

学习的真正目的应该是运用所学知识指导生活，并解决在日常学习、生活中碰到的实际问题，学生在实践过程中，不断锤炼自己的思维品质，在运用中提高自己的思维能力。培养思维的最好办法莫过于激发和保持学生的探究欲望，换句话说，就是让学生带着问题进入教室，带着新的问题走出教室。课堂上，要尽可能为学生创设自由、宽松的思考氛围，积极思考的机会。如学生在学习电磁铁的基本结构和性质后，录制了一段录像，请学生利用电磁铁的性质，解释电磁门的原理，学生从中体会到科学就在我们身边。课堂之外，也要让学生的思维活跃起来，学生的探究活动不只是一节课，若学生能总带着迫切的愿望去探究，不让上下课的铃声作为思维的起点和终点，时刻带着发展学生思维的理念指导学生开展活动，通过深度思维的参与让学生感受到科学学习的乐趣。

运用多种教学策略　体味古典诗词美韵

赵春利

　　著名诗人、学者闻一多先生的诗歌理论中有这样的论述：诗要讲究三美，即，音乐美、绘画美、建筑美。音乐美，主要指音节和韵脚的和谐，追求诗歌的韵律感；绘画美，主要指辞藻的华丽，讲究诗的视觉形象和直观性；建筑美，主要指从诗的整体外形上，讲究节与节的匀称和行与行的整齐。这三美中，"音乐美"被列于首位。可见，音乐美在诗词创作里所处的地位极高。

　　这一理论核心虽然是针对新格律诗创作而言，但对于古典诗词教学同样具有指点意义。中国古典诗词意境之深邃、思想之丰富、情感之深切、操守之坚贞、品格之高雅、普及之广泛、流传之久远、影响之巨大，具有极高的审美价值，是世界许多拼音文字为载体的诗歌所难以比拟的。尤其是其韵律之美，更是独树一帜。

　　以往的古典诗词教学，教学的重点更多的是集中在诗词的大意梳理、诗句品析、主题探究、方法总结上，而诗词的韵律往往被忽略，或者被一语带过。其实，读诗不读韵、讲词不讲韵，无疑是古典诗词教学的一大缺憾。

　　那么，在古典诗词教学中，教师应当如何巧妙创设思维空间、精心设计教学环节，运用多种有效的教学策略，激发学生学习兴趣，培养学生思维，提升学生的审美鉴赏与创造能力，让学生真正体味到古典诗词的"韵味"？

一、读诗识韵，体会诗词的音韵美

　　古典诗词中，无论是律诗还是绝句，抑或各种词曲之体，总给人以诗句的均齐或节阕的匀称之美。诵读起来，更是朗朗上口，如歌如舞，韵味十足。殊不知，这与其节奏和韵脚有着密切的关系。

为此，在古典诗词教学中，初读阶段，教师不妨设计识韵环节，让学生在诵读过程中，真正感受到中国古典诗词的音韵之美。

例如，学习崔颢《黄鹤楼》这首律诗时，初读阶段，我让学生标注这首律诗的韵字、节奏。学生标注完"楼""悠""洲""愁"韵字后，我立刻追问：律诗押韵的特点是什么？学生稍加分析后，得出结论：律诗二四六八句押韵，一三五句不限。

又如，学习杜牧《赤壁》这首绝句时，初读阶段，我让学生标注韵字。学生很快标注了"销""朝""乔"三个韵字。随后，我追问：绝句押韵的特点是什么？学生笃定地得出结论：绝句一二四句押韵。我并未马上否定，而是播放了名家朗读录音——杜甫的《绝句》：两个黄鹂鸣翠柳，一行白鹭上青天。窗含西岭千秋雪，门泊东吴万里船。学生听后，立刻明了，绝句二四句必押韵，一句可押可不押。

由此，古典诗词教学，切不可忽视诗词音韵的识别与学习，在初读阶段，让学生在诵读中发现各类诗词的节奏特点和押韵特点，体味中国古典诗词的音韵之美，这样才能真正提升审美鉴赏能力，并全面地传承古典诗词这一优秀的传统文化。

二、译诗以韵，体会诗词的音韵美

中国古典诗词之美，内在是意境和神韵，外在是辞采、声律和结构。但是，任何内在的美感都必须通过外在的形式来表现。意境的和谐和混成，必须靠文字的声律、辞采来体现；神韵虽在文字之外，也必须依附于文字。美的主题，必须凭借美的组织形式，才能激发出审美感受。

例如，学习杜甫《望岳》时，在听完名家朗读后，我布置学习任务依据课下注释和工具书，小组交流，试着以"ang"韵或其他韵脚，工整译诗。示例：岱宗夫如何，齐鲁青未了——① 东岳泰山到底怎样？连绵齐鲁青翠苍茫。② 东岳泰山几多连绵，齐鲁大地青翠无边。

学生在小组合作探究之后，一首首翻译工整的《望岳》纷纷呈现。如："东岳泰山到底怎样？连绵齐鲁青翠苍茫。自然汇聚神奇秀丽，巍峨高耸南北阴阳。层云升起心胸涤荡，定睛凝视飞鸟归房。来日必登泰山峰顶，俯瞰群山小如丘冈。"

又如："东岳泰山几多连绵？齐鲁大地青翠无边。自然汇聚神奇美景，阴阳南北明暗两天。层云升起心胸涤荡，张目凝望飞鸟归还。定当登上泰山峰顶，俯瞰一切皆是小山。"

再如："东岳泰山怎样壮丽？青翠横跨齐鲁大地。自然汇聚神奇秀丽，阴阳南北割如晨夕。层云升起心胸荡涤，张目凝望飞鸟栖息。定当登上泰山峰顶，四围小山尽收眼底。"

各小组欣赏其他小组的有韵译诗，相互对照，相互借鉴，极大地开阔了学生的视野，学生在学习中国传统文化——古典诗词时，既理解了诗意，发展了思维，又从原诗之外译诗的角度再次感受到了其音韵之美。

三、为诗换韵，体会诗词的音韵美

古典诗词的韵律"如乐之和，无所不谐"，这是由于古人作诗十分讲究用韵。"声韵协和，曲应金石"，即作诗要用韵，韵的作用不仅在于能使曲调和谐，且能够配上乐器演奏，给人以美的享受。

例如，王勃的诗歌《送杜少府之任蜀川》，以送别为题，以 in 韵入诗，通过写诗人送别友人杜少府到千里之外的蜀川，在歧路分别的劝勉，表达了作者与知己的惜别之情，体现了作者高远的志趣和旷达的胸怀。

如何运用新颖独特的教学策略，让学生真正理解古典诗词的音韵之美呢？

为此，学生合作梳理完诗意后，我给学生布置任务："城阙辅三秦"正常语序为"三秦辅城阙"，"城阙'此指长安。故可改诗句为：三秦辅长安。据此，你能为本诗换成"an"韵吗？这既可促进学生对诗意深入体会，同时又对诗韵格律的特点有了理解。几分钟过后，各小组跃跃欲试展示了自己的换韵诗。虽说学生的换韵诗还不够完美，但通过交流、合作、探究，学生的思维在相互碰撞中产生了火花，得到了训练。

又如，在教学杜甫的《望岳》时，梳理诗意后，我向学生布置了任务："这首五言诗的韵脚为 ao，你能给这首诗换成 an 韵或其他韵脚吗？示例：岱宗夫如何，齐鲁青未了——岱宗夫如何，齐鲁青无边。"学生在小组讨论之后，展示了所创作的换韵诗。如，"岱宗夫如何？齐鲁青无边。造化钟神秀，阴阳两重天。荡胸生曾云，决眦看鸟还。会当凌绝顶，一览众小山"。

这一策略的运用，拓宽了学生思维，活跃了课堂气氛，极大地调动了学生积极性、能动性。学生既熟悉巩固了诗意，又训练了语言建构能力，同时，也深切地感受到诗歌的韵律之美。

四、给诗补韵，体会诗词的音韵美

由于不同时期、文化、地域、阶层的人用不同的文字来表示相同的意思，从而形成了同义词或近义词。在古代汉语中，存有大量的文言同义词或近义词，比如，"假"和"借"、"零"和"落"、"阡"和"陌"、"疲"和"弊"、"督"和"促"、"违"和"悖"……这些词除去意义相同或相近之外，有时或声或韵也相同。这就为古典诗词的韵字选择提供了广阔的空间。

韵是诗词格律的基本要素之一，在古典诗词中，凡是同韵母的字，都可以用来押韵。为此，在古典诗词教学中，利用古汉语这一特点，针对古典诗词中韵脚字古今有变音的现象，调动学生积累，在所学中选择语义相同的且押韵的字，给古典诗词进行修韵、补韵，不失为一个两全其美的教学手段。

例如，在讲解范仲淹的《渔家傲·秋思》时，我布置任务，观察晏殊《渔家傲·画鼓声中昏又晓》："画鼓声中昏又晓。时光只解催人老。求得浅欢风日好。齐揭调。神仙一曲渔家傲。绿水悠悠天杳杳。浮生岂得长年少。莫惜醉来开口笑。须信道。人间万事何时了。"这首词的韵脚是什么？学生们一读便知，晏殊的《渔家傲》押 ao 韵，并且韵字皆为仄声韵。然后，我又展示范仲淹的《渔家傲·秋思》："塞下秋来风景异，衡阳雁去无留意。四面边声连角起，千嶂里，长烟落日孤城闭。浊酒一杯家万里，燕然未勒归无计。羌管悠悠霜满地，人不寐，将军白发征夫泪。"两首词并列排在一起，学生进行比较后，发现了端倪：范仲淹的《渔家傲·秋思》总体押 i 韵，但是下阕最后两句中句尾字"寐"和"泪"，却为现代汉语的 ei 韵字。此时，我立即提出问题：能否在保证意思不变的前提下，变 ei 韵为 i 韵字？

学生讨论后，依据"寐"的意思——睡觉、休息，从积累中找到了意思相近的"憩"字。学生汇报完，我立刻追问：既然是休息的意思，为什么不用"息"字，息字也是 i 韵字呀？学生道出了原委：从语义上完全可以，但是原词押韵字都是仄声字，所以选择了"憩"字。学生的回答不可谓不完美，既考虑到了词意，又考虑到了平仄声的问题。对于"泪"这个词语，学生从《登幽州台歌》中的"独怆然而涕下"和《出师表》中的"临表涕零"里，找到了"涕"字。学生汇报完毕后，我又立刻追问：哭泣的"泣"字是否可以替换"泪"字？学生经过讨论：从词意上看，"泣"有流泪的意思，完全可以替换，但是，从词性上分析，"泣"应该属于动词，原词里的"泪"是名词，所以选择名词"涕"更为合适。

这一策略的运用，既调动了学生的文言词语积累，又熟悉了古典诗词的平仄，真正理解了古典诗词的音韵之美的内理。

五、学诗唱韵，体会诗词的音韵美

诗歌是语言的艺术，字音高低升降的变化使得语言具有了声调，调形的变化形成了歌唱一般韵律，与诗句的文义、词采、思想意境、情绪都有一定的内在联系。白居易在《与元久书》中道："音有韵，义有类。韵协则言顺，言顺则声易入；类举则情见，情见则感易交。"诗歌吟诵在我国由来已久，在周代，诗歌吟诵已是官办学校的必修课程。我国最早的诗总集《诗经》中的每首诗都可入乐，《墨子·公孟》曰："颂诗三百，弦诗三百，歌诗三百，舞诗三百。"意谓《诗》三百余篇，均可诵咏，用乐器演奏、歌唱、伴舞。

吟唱古典诗词最重要的是唱出其中内涵、唱出韵味。吟唱者要寻找诗歌中的意象，发掘诗歌的情源。每首诗都有其表达之意，但是诗人的风格、诗的背景、表现内容皆有不同，要掌握诗中最重要的情源，才能准确地将诗意表现出来。

为此，在古典诗词教学中，教师可大胆运用学唱古典诗词的策略，或播放古调，或播放今曲进行推送，让学生在学唱中再次寻找意象，发掘情源，学生自会兴趣盎然，在学中唱，在唱中感，在感中悟，既加深了对诗词的理解，又体会到了古典诗词的音韵美，可谓一石二鸟。

例如，学习苏轼《水调歌头·明月几时有》时，我便设计学唱环节。学生在学唱中、在起伏的旋律中，再次感受到了大词人苏轼乐观豁达的积极人生态度。

教师是学习活动的引导者和组织者。教师应转变观念，更新知识，不断提高自身的综合素养。应创造性地理解和使用教材，灵活运用多种教学策略，引导学生在实践中学会学习。

因而，在教学古典诗词时，作为教师应认真钻研教材，创造性地使用教材，精心设计和组织教学活动，利用现代教学技术，给学生创设识韵、译韵、挨韵、补韵、唱韵等的思维空间，运用多种教学策略，让古典诗词教学在知诗意、知诗情、知诗法的基础上，让学生真正地体味到古典诗的韵味，提高学生的审美情趣！

笙的吐音演奏技巧研究

程丽娟

吐音技术是笙演奏的最重要的技法，演奏者要演奏好笙这件乐器、吹奏出好的作品，必须熟练掌握这一演奏技法。长期以来，笙演奏者在提高吐音演奏技术方面不断地努力探索。本文围绕吐音的三种类别：单吐、双吐、三吐进行研究论述，从概念、练习技法要领、常见问题三个方面对笙的吐音演奏技法做了阐释，对笙演奏学习者具有一定的指导意义。最后，希望本文能够对作曲家的笙曲创作及演奏员的演奏提供一定的参考价值。

一、吐音概述

笙的演奏技术种类繁多，各具特色。在众多的演奏技法中，吐音演奏是基本的演奏方法之一。

当气从口内发出的同时，用舌将气流切断成为短促的顿音，即为吐音。吐音是吹管乐器常用的技巧，在笙上吹与吸同样可以。吐音主要靠舌，关于吐音演奏的舌位的问题，在教科书和教师的教学当中，大部分是通过对汉字的发音来体会吐音形成时舌在口腔内的动作感觉。如"达嘎达嘎""吐库吐库"或"TKTK"等，"其目的是通过对这些汉字和字母的发音来体会演奏时舌在口腔内的运动的感觉，并使人通过这些感觉，尽快找到舌的基本位置和演奏基本吐音的方法来"。这种简单而易行的方法，为很多的初学者提供了一条简便而易懂的学习方法。

气息控制是吐音的先决条件，气息的正确运用和有力支持，对口内演奏技巧的正常发挥起着至关重要的作用。演奏者要运用丹田气，气、舌必须密切配合。气流要根据乐曲感情，乐句的长短、强弱的要求以及速度的快慢来控制。然后，以舌为阀，开关气流，或长或短，或急或缓，或响或轻，或快或慢，使气流有节奏地连续产生出慢吐、快吐、轻吐、重吐，吐长、吐短、吐弱、吐强的效果。而一个高质量吐音的形成，则是以正确的舌位运动的气息作依托，否则吐音质量是难以保证的。

吐音分可为单吐、双吐和三吐。它们的吹法和效果各不相同，其运用也不一样。随着笙发展为独奏乐器后，这些不同的吐音和其他演奏技法，极大丰富了笙的表现力。

二、单吐

单吐是一切吐音技法的基础。单吐的发音干脆，有力而富有弹性，在笙演奏中适应多种用法。如注有重音、顿音、保持音等记号和标有欢快地、跳跃地、强有力地等音乐术语的旋律都适用于单吐技法。但是，每种单吐，舌的振动部位是不同的。单吐时，舌尖抵在鼻腔下方的位置，集中气流撞击舌中部，发出汉语拼音的 tu 音，又像发英语的爆破音。另外，在演奏标有连音线记号的旋律时，连音线开始的头一个音要用单吐，以示该乐句开始，或上一乐句的结束。当然，单吐技法在应用中又具有灵活性，应随乐曲的变化而选择适度的软、硬、强、弱等吹奏效果。

单吐分为两种：一种是舌头在气流中作前后伸缩运动，使舌尖有力地打在上下牙齿之间，并吹击嘴唇之间，然后再急速收回来，使口腔内发出"吐吐"的音，如此反复便称为"硬单吐"或"单外吐"。演奏这种吐音时，必须气流充沛，才吐得结实；舌尖放松，才富有弹性；舌与手指配合准确，才能使之干净利索。硬单吐使用在强而有力的乐句中。另一种单吐是在气流冲击的同时，用舌松弛地点在上腭上，使口腔内发出"TT"的音，称之为"软单吐"或"单内吐"。软单吐的演奏则要求保持原音符的时值，做到音断意延，舌头的动作点到为止，不可用太大的力。效果较硬的单吐柔和、洒脱，也富有弹性。它多用在轻快、跳荡的乐句中。因此，掌握单吐技巧并在乐曲演奏中根据音乐情绪需要合理运用是至关重要的。

（一）技法要领

1.吹奏时，在保持平吹口型的前提下，舌尖顶在上牙龈处，向外送气的同时发"特"或"吐"的音。然后，舌尖迅速回到上牙龈处，同时停止送气。

2. 吸奏时，与吹奏的口型、舌尖的位置以及所发出的音响效果完全一样，不同的是气息由外向内吸入。

3. 舌头的动作不要太大，尽可能使舌尖灵巧，及时关闭气息。

4. 单吐发出的音响要求短促有力、颗粒性强、富有弹性，吹、吸气的效果一样。

5. 要求吹奏与吸奏的时值相等。

（二）常见问题

1. 因紧张而吹奏过于用力顶在嘴上，致使舌尖运动不灵活。

2. 吹奏时鼓腮，吸奏凹腮，嘴角漏气。

3. 舌尖的动作过大，导致发音僵硬、迟钝。

4. 舌尖吐音的位置太靠前或太靠后，致使单吐音响缺乏力度和弹性。

5. 气息关闭不及时，致使发音不干脆。

6. 下颚随舌头的动作开合，致使舌头不能保持正确的位置而影响发音。

7. 舌尖动作不均匀，导致吐音的节奏不稳。

8. 练习时，吹奏及吸奏的长短不一。

三、双吐

双吐是在单吐的基础上发展而成的。它是在单吐吹出的第一个音时，舌尖迅速有力地后缩，而使得舌根部发出"库"音的动作，并借助此力将气又一次吐出，也就是要求内舌肌和外舌肌的复杂相反作用，互相牵动，使舌尖与舌根反复用力、连续做出"吐库吐库"比单吐快一倍的动作，谓之"双吐"。双吐也分为硬双吐和软双吐两种。硬双吐口腔内发"吐库吐库"的音，适于演奏快速的、铿锵有力的顿音以及华彩跳跃的乐段等；软双吐口腔内发"TKTK"的音，适于演奏轻快喜悦和刚中又柔的乐段等。

"双吐"技巧在乐曲中使用非常频繁，在乐曲中基本用于十六分音符的节奏型，其吐音效果欢快、热烈，是表现笙乐曲中快速乐句的主要吐奏技法，常用此技法把乐曲推向高潮。

"双吐"的训练有一定的难度，需要一段时间的练习才能到位。开始可单独练习舌头，把 T 和 K 的发音连起来练习。在乐器上练习时先慢练，舌头和手指配合好，循序渐进的练习。

双吐的演奏效果极为精湛。双吐由于速度较快，而只靠舌头的单向运动（突或库）是无法达到的。因此在双吐吹奏中，要采用舌尖和舌根的交替吐奏（双向运动）来完成，即"吐库吐库"的方式。演奏要领是把掌握的两个单吐音节突和库连续地快速吐奏构成的。实践证明，在乐曲演奏中，双吐善于表现欢快活泼、热情奔放、紧张激烈的音乐情绪。如张之良的《山寨之夜》中快板乐段的大量双吐音运用，表现山寨欢快的场景，见图1。

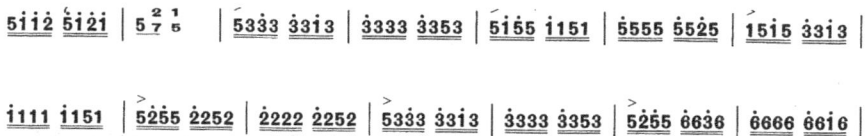

5 1 1 2 5 1 2 1 | 5 7 5 | 5 3 3 3 3 3 1 3 | 3 3 3 3 3 3 5 3 | 5 1 5 5 1 1 5 1 | 5 5 5 5 5 5 2 5 | 1 5 1 5 3 3 1 3 |

1 1 1 1 1 1 5 1 | 5 2 5 5 2 2 5 2 | 2 2 2 2 2 2 5 2 | 5 3 3 3 3 3 1 3 | 3 3 3 3 3 3 5 3 | 5 2 5 5 6 6 3 6 | 6 6 6 6 6 6 1 6 |

图1　张之良《山寨之夜》谱例

（一）技法要领

1. 舌的双吐动作必须和手指按音密切配合，否则会出现节奏脱拍或吐音拖泥带水而不清晰的现象。

2. 舌头在口腔内来回运动要平衡，力度要相等，不然则会出现头重脚轻或强弱不均的情况。

3. 在双吐中，吸气时不如呼气时那样灵活自如，这就需要吹奏者有意识地加强吸气时吐音练习，速度可由慢至快、由单吐和双吐、由吹气到吸气，循序渐进地适应它。

（二）常见问题

1. 发音时，音没收紧，从而导致其音响效果松软、弹性差。

2. 吹奏时鼓腮，吸奏时凹腮，嘴角漏气。

3. 舌尖的动作过大，导致双吐发音僵硬、迟钝。

4. 舌尖吐音的位置太靠前或太靠后，致使双吐音响干涩，缺乏力度和弹性。

5. 下颚随舌头的动作开合，致使舌尖不能保持正常的位置而影响发音。

6. 舌尖动作不均匀，导致节奏不稳。

7. 手指的动作与舌尖的动作不同步，导致双吐音响混浊不清。

四、三吐

一般来说三吐主要表现欢快、跳跃、有激情的段落，是笙的主要吐音技法之一。具体要求是：三吐的第一个音和后两个音的气流一定要断开，以增强三吐的颗粒性和节奏稳固性。三吐能连续不断地进行快速吹奏，其音响效果在笙的吐音中最具欢快、跳跃性。在乐曲中"三吐"适用于"前八后十六"或"前十六后八"的节奏型，善于用来演奏激情、跳跃等情绪的乐段。如《骑竹马》这首乐曲，充分运用了大量的三吐音，表现欢快、热烈的舞蹈和骏马奔腾的场面，见图2。

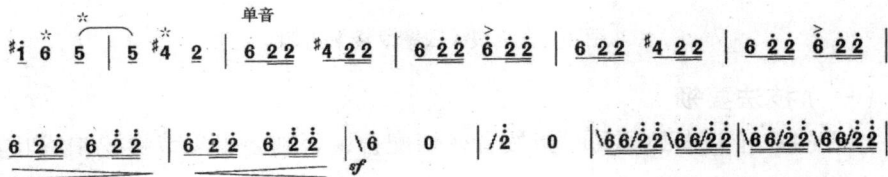

图2 《骑竹马》谱例

（一）技法要领

1. 吹奏"TTK"模式时要求两腮收紧，保持口型。舌尖顶在上牙龈处。向外送气的同时，舌尖按前八后十六的节奏发出"特特可"或"吐吐库"的音。然后，舌尖迅速回收，依次交替循环。吸奏不同的是气息由外向内。

2. 舌头的动作不要太大，尽可能使舌头弹起来。

3. "三吐"发出的音响要颗粒性强、富有弹性，吹、吸气的效果一样。

4. 初练"三吐"时要用慢速练习，熟练后逐渐把速度加快。

5. 练习时，一定要注意力度均匀，单位节奏平稳，吹奏与吸奏的时值相等。

（二）常见问题

1. 演奏"三吐"时音没收紧，从而导致其音响效果松软，弹性差。

2. 吹奏时鼓腮，吸奏时凹腮，嘴角漏气。

3. 舌尖动作过大，导致"三吐"发音僵硬、迟钝。

4. 舌尖吐音的位置太靠前或太靠后，致使"三吐"音响干涩，缺乏力度和弹性。

5.下颚随舌头的动作开合，致使舌尖不能保持正常的位置而影响发音。

6.舌头的动作不均匀，导致节奏不稳定。

7.练习时，吹奏与吸奏的长短不一。

综上所述，通过笙的吐音种类、演奏方法、技法要领和常见错误几个方面对笙的吐音演奏技巧进行了研究。随着笙发展为独奏乐器后，这些不同的吐音演奏技法，极大丰富了笙的表现力。只有熟练掌握笙的吐音技术才能在以后的演奏中得心应手。概括来讲，想要具有优秀的吐音演奏技术：一要具备科学、规范的方法；二要拥有熟练、扎实的基本功。只有这样，才能用精湛的技术诠释音乐。

"双减"遇上"疫情" 勤奋的鸟儿飞得快又远

姚 娟

2021 学年伊始，我们迎来了"双减"工作。"双减"减的是繁重重复的机械操作式的学业负担和以大量学习时间投入为主的课外培训负担，不能减课堂的教学效率，不能降低学生的课堂学习效果。为了响应号召，我们广大教师很快行动起来，想办法、搞创新，每时每刻都在用智慧和汗水在平凡的岗位中践行着"减负增效"：实施更高要求的备课和授课，在现有的课堂中提升教学效率，加入更多培养学生学习能力的教学。

疫情期间，中小学生不得不居家进入线上学习，这给我们的工作带来了新的挑战。好在因为有了"双减"的实践基础，学生已养成了良好的学习习惯，在教师的引领与鞭策下，能够踏实完成各项学习任务，在潜移默化中提升素养、增强能力。学生虽居家学习，却因为有明确的学习目标和踏实的学习习惯，靠着自身的勤奋与努力，必能像鸟儿一样，在英语学习的路上飞得快又远。

以培育英语学科核心素养为导向的教学目标，为教师的授课及课程设计指明了方向，也对培养全面发展型人才提出了更高的要求。核心素养包含单元统整、内容整合、语境带动、语用体验，这为绘本阅读教学融入单元教学主题的实践指明了方向，也带来了新的契机。在将近一年的课堂实践中，我们取得以下成果：打破了传统的教学形式，改革课程实施方式，融入绘本教学，深化单元主题，通过教学创新来达成新时代的育人目标。我对居家线上教学，有了以下几点心得与收获。

一、教学目标与主题明确，为阶段性的学习定下基调

在实践中我们发现，选择绘本的题材与单元主题目标所反映的价值观越是一致，越是能够深度挖掘单元主题，带给学生更加深入的思考与启发，实现"智育、德育、美育"的完美融合。以教材单元主题教授知识为基础，绘本阅读课堂实践为辅助，增加学生由输入到输出的操作和思考性过程。

而居家学习期间，学生的自主支配时间增多。对这些充足的时间教师要因材制宜、科学搭配、合理利用，针对学习目标和主题定制丰富的分层学习任务，使每位同学都能够参与其中，获得充足的价值感，帮助他们"每天多做一点点，每月进步一大段"。

二、单元整体目标和任务设置要精简干练，既是课内习得的延伸，也是实践融合与成果检验的平台

在校学习期间，课后服务时间多数是学生的自主支配时间，教师会指导学生科学利用时间并加强对学生学习效果的跟踪检查与督促，提升学习效果。而居家形势下的自主学习时间更多，孩子们已经意识到自主时间并不是自由时间，教师对学生的要求是要做到三明确：明确学习任务，明确完成时间，明确检查时间和方式。

绘本阅读任务能够让学生从语言知识和情感体验两个维度升华课内知识的学习，让学生通过这种新颖的方式畅所欲言，创设完整的"输入—输出"链条，利用好自主学习的宝贵时光，最后做到学有所练、学有所得、学有所用。

三、分层任务的布置要与个体学情相匹配，力求让每一位同学都能最大程度摄取知识、获得发展

英语学科的核心素养包括语言能力、思维品质、文化意识和学习能力四个维度。绘本的选择要围绕实现英语学科核心素养中的"培养语言能力"这个目标来进行。在阅读任务难度分配与选择方面，我们要注意以下两个方面：

（一）分层任务的语言难度设置要和学生已有的语言知识积累相匹配

绘本作为单元学习的辅助性教材，只有合适的绘本课程化、教学化处理后，才能为课堂教学带来价值。

在课后服务社团的阅读教学过程中我意识到，对绘本语言知识分析与解读要充分站在学生的角度，对文本所用到的人称、时态与叙述方式进行合理的解读与整合，是学生学好绘本的兴趣和信心所在。在用到已有语言运用经验来验证新题材的内容时，学生会觉得学习的发生非常自然、流畅，对文本的解读水到渠成。

在居家学习期间，我又对绘本内容中想要实现的知识目标做出适合各个层次学生的细化，让学生在课下先完成，再利用课上的时间进行总结性的讨论，抛弃"以教师讲授为主体"的传统课堂教学模式，同学们畅所欲言，互相补充又互相印证，收获良多。

（二）分层任务所能体现的精神内涵要符合学生的年龄心智成长特点

分级阅读绘本一般是根据文本的语言难度进行的分级，教师不能仅根据语言教授的经验来选择某一级别的绘本书籍作为教学辅助材料。有的绘本虽然文本的语言难度较高，但内容却过于低幼化，会使学生失去阅读兴趣。

进入课堂的绘本书籍是有利于学生的精神成长和语言素养提升的，内容难度既符合学生英语阅读水平，又符合学生认知水平和阅读兴趣。入选绘本阅读教学实践的读物，一定能够让学生在与经典读物的对话中构建意义、习得语言、树立信念、培育价值观。

例如，绘本 *Something So Big* 文本采用记叙文的递进式结构和一般过去时态，按照故事的发展来推动情节的进展和学生的思考。绘本的语言生动而富有感染力，体现了在解决问题途中主人公为了实现目标，坚持不懈、克服重重困难的决心。在进行 *Something So Big* 的绘本阅读教学时，学生已经完成了教材中单元内容的学习。在课本学习过程中，学生们已经积累了很多关于名人的事迹，也感知到了他们在生活中积极努力的态度，并且明白了想要实现人生理想，就要勇于付出、勤于思考、重于实践的道理。这与绘本中的精神内涵是相一致的，在绘本的学习过程中，学生会自发地产生情感迁移，更利于学生借助习得的语言积累展开各项学习活动，理解并内化学习内容。

四、居家期间合理完成阅读任务的过程既能深化文化意识，又能引领学生感受多元文化的特点

我们的学生成长在一个现代化、信息化、多元文化碰撞的时代，每天都能从互联网接触到大量的知识和信息，会对事物都有自己独特的想法和理解，思维活跃、视野开阔且情感丰富。在跨文化的交流活动中，他们的共情和接受能力更强，更能表现出新时代少年心向朝阳、蓬勃成长的特点。正因为这样，我们要好好利用这一时间，带领孩子们在学习中思考和比较不同文化背景下用不同的表达方式来传递相同的精神内涵，在不同文化背景下不同的人物会有不同角度的思索态度和处理方式，我们"择其善者而从之"，汲取他人之长，从而获得更长足的成长。

在文本阅读任务的布置过程中，我们可以设置合适的思考与启发，于潜移默化中分析引导孩子解读文本的语言是更偏向于美国式的轻松风趣幽默，或是英国式的严谨端正冷静。让学生体会中外文化的差异，既能够让学生尊重和理解文化的多样性，又能坚定自身的文化自信，积极弘扬优良传统文化，更好地促进文化交流，提高跨文化交际能力。

例如，在 *Something So Big* 这一绘本阅读的任务完成过程中，就有学生意识到，故事中在危机来临之时，只有小蚂蚁一人挺身而出、克服困难、解决问题，这符合西方价值观中的"个人英雄主义"的特点。而如果在我们的文化背景下，对故事进行新的创编，学生会更愿意赋予更多的故事人物以"主角光环"，会勾画出英雄"群像"而非"独像"。我们愿意尊重并理解西方的文化意识，但我们更赞同并拥有每个人都能出一份力、贡献一点价值的"众人拾柴火焰高"的中国文化自信。

五、每天实践一点点，贵在根植益终生

在传统阅读教学模式下，教师过于重视对文本的深度解读及教育价值的传递，育人目标虚化，忽略了对学生表达能力的关注。并且教师过于关注对学生阅读技能的控制性培养，忽略了语言学习的实践性特征，未能激发学生的阅读活力。

而"双减"后我们在单元主题教学过程中融入绘本教学，就是要摒弃在传统的教学模式下以教师为中心而倡导以学生为主体的阅读教学方式，强化学生的语用实践。要用模块化、多样化、实践化的学生语用活动串联教学过程，教师在其中只是起到组织、示范、引领的作用，利用有明确活动目的和流程的小组合作活动，发挥学习的社会性特点，让阅读学习变得有趣味、有意义。

在教学过程中，教师以可视化工具和多样化的结构图给阅读任务构建阅读支架，边阅读边完成相应的阅读结构视图任务单，倡导在读中归纳与总结，在动手的过程中评估学习收获与效果。将运用可视化工具和结构视图来完成阅读任务的方法根植于学生思维中，使学生获得全新的视角来归纳总结习得的知识，获得新的学习方法与策略，让学生终身受益。

居家学习对我们广大师生来说既是机遇也是挑战。因为不能在校学习，就是要将"授人以渔"的价值发挥到最大，培养学生长远科学的学习方法和策略，树立远大的学习目标，摒弃以知识识记为主的机械式操练的学习过程。为孩子在每一个特定历史时期设置正确有效的学习实践，是我们每一位教师的必修课，是我们作为教师需要终身研修的课题。自主学习为我们提供了一条新的思路，也为选材和备课的过程带来了新的挑战，希望在探讨深度自主学习的路上找到更多的可能性。

"授人以渔"就是引领与传承，课本单元学习的语言知识是基础，是根基，长远的学习信心是动力与目标，而中间要走过的学习道路即是教师引领下根植于学生思维的方向与武器。如何找准方向用好武器，每天引导学生多做一点，培养良好的学习习惯，获得成功的学习体验，就是在孩子的潜意识中根植了使其受益终身的动力与方向。

浅谈课本剧在语文教学课堂中的意义

王　旭

　　小学语文是一门学习语言文字运用的综合性、实践性课程。课程改革的启动与新课标的实施说明，语文教学的最终目的在于全面提高学生的语文素养。然而在语文教学的实践过程中，我们发现，一堂课下来，学生对文本的中心思想和知识看似掌握，可一到实践当中，便不能灵活运用、融会贯通，即使完成了教学任务，孩子也被过多的课堂讲授极大地限制住了思维和创造能力。

　　在实践探索中，我逐渐尝试让课本剧走进课堂，让学生对于文本不再是表面理解，从长远上激发学生学习语文的兴趣，促进学生深入研读文本，培养学生个人综合能力。

一、激发学生学习语文的兴趣

　　在授课的过程中，我发现部分学生对语文学习提不起兴趣，我总结原因有：学生在识字写字、阅读理解、口语表达、写作方面水平不同；教学方法单一，让学生丧失兴趣。考虑到以"兴趣先导"，我设想：表演课本剧，或许能激发学生学习语文的兴趣。课本剧就是将叙事性较强的课文改编成具有表演性的故事。剧作家曹禺说："课本剧可以启发学生潜在的智力，使他们对听课、读书发生兴趣。"课本剧表演符合小学生的年龄特点和身心发展的规律。

　　教材中有常有故事性强和丰富情节的课文，小学段的学生正处于想象力和表现欲强的阶段。如学习《包公审驴》一课时，我在教学设计中有意安排学生分角色朗读人物对话，并在课前进行辅导，学生表现出了前所未有的热情，有的学生声情并茂，读到高潮部分，甚至还会加上肢体动作，其他的学生也燃起兴趣、投入其中。课堂上，我一改以往日教师讲授、学生理解的惯性教学模式，尝试让学生分角色表演课文内容。

新颖的教法、动态的课堂、出乎意料的教学效果，我开启了课本剧教学的大门。

二、促进学生深入研读文本

经过一段时间的尝试，我发现以课本为剧本的方式，虽然让多数学生理解文章的基本内容，但他们会照着课本原封不动地念"台词"，给人的感觉就是生硬地背课文，很难呈现出令人满意的作品。就剧而言，缺乏形象的动作、生动的语言、到位的神态，更不要说独特的创造了；就课本而言，缺乏深入的研磨和独特的理解，仿佛失去了编演课本剧的真正意义。

于是，我进一步反思设计。我开始提前安排任务，给学生充足的时间，让他们查阅资料，自主组织人员，根据文中不同人物进入角色，并允许学生依据文本自由发挥想象，自主设计改编剧本，尽情创作表演。

要改编剧本，就需要引导学生多读，只有对课文有深入理解和思考，才能更好地体会揣摩人物富有个性的语言，才能更好地塑造人物形象。《义务教育语文课程标准》指出："应让学生在主动积极的思维和情感活动中，加深理解和体验，有所感触和思考. 要重视学生独特的感受和理解。"课本剧表演是在学生阅读课文、初步理解课文的基础上，用语言、人物形象、情节把故事在表演中理解升华。通过表演，学生们可以身临其境感受课本情节，从作者角度进行感受，同时还可以创造性地进行表演，在快乐的学习氛围中学到知识、得到锻炼。

如果学生在语文课程学习中，能够身临其境感受角色的思想和语言，便可以更加深入理解文章的语言特点，以及提高语言描述的准确性，对文章措辞有进一步理解与把握。这相比语文老师单独对用词的巧妙性进行讲述，学生更加容易产生共鸣，达到的更好的学习效果，学生会积极主动地对课文进行重复性阅读，背诵课文语言，并且同一小组的同学间会讨论具体的表演形式和表演细节等问题。因此，学生在表演中，对课文有了更加清楚的认识，并且有利于学生对文章语言的学习与知识的提高。

北师大版五年级下册中《西门豹治邺》一课给我留下深刻的印象，前期学生的表演有些死板，但通过不断发问：为什么这样说？他怎样想？这是怎样的语气？他会做出怎样的表情？一堂课下来，他们出乎意料地对课文的了解深刻了很多。学生在课堂上表演可谓是精彩绝伦。学生在表演中再现了课文的情景，语言生动、动作传神、表情丰富、形象真切，学生沉浸在轻松愉快的学习氛围中。每一位同学表演时是那样的投入、专注，即使是平时厌恶上语文课的同学也毫不例外，无论是上台表演的，还是台下欣赏的，每一个人都是那么的认真，每一个人脸上都洋溢着幸福的笑容……

虽然这只是一次由学生自编自演的课本剧表演，但我觉得这堂课非常有成效。课后，我欣喜地发现，孩子们那种意犹未尽、沾沾自喜的感觉溢于言表，他们相互道贺、相互鼓励，更有个别同学因自己某一动作、台词、表情不到位而自我批评、自我纠正。这些都远远超出了课堂上的说教，至于课文内容、文章结构、写作技巧，他们还有什么不明白的呢？

三、培养学生个人能力

（一）剧本的改编利于培养学生的创造性思维和想象能力

课本剧作为一种表演形式，通过人物的对话和舞台动作来进行情节的展开和故事的讲述，而且课本剧必须在舞台上演出，必须让人有"戏"可看，这就决定了它在逻辑上合理和在情节上丰富。因此，学生在面对文本时，要将课文的情感类型故事化、人物化、对话化，进行情感表达的转换和润色。

课本剧的表演是以剧本为依据，但还是留下了很多空白的地方，让学生利用丰富的想象与联想对之进行"润色"。这些空白必须调动学生的想象和联想能力，对课本内容进行创造性理解，让剧本的内容增值。这一点，在剧本的改编过程中学生们有着深刻的认识。文言文是先人留给我们珍宝，在语文教育中的价值不容忽视。但是纵观当今的文言课堂，教师几乎都是沉闷的斟词酌句、咬文嚼字。课本剧的编演不失为一个好的教学手段且行之有效。小学阶段多数课本剧都是根据文言文进行编演，因为文言文言简意赅，留白较多，给学生充足的空间进行发挥。

比如《楚王好细腰》这样的文言文，短小精炼，但可以引导学生了解楚灵王对应的时代背景，以及人物之间的故事。让人的思想舞台化，从而具有可表演性。通过课本剧的改编，学生突破了文体之间的转换，更是充分发挥创造和形象能力，在合理的基础上改编剧本。楚灵王昏庸，就如何设计在舞台上表现他的人物特点，查阅历史资料后，有的学生认为，可以从他沉迷享乐、建造华宫来演绎；有些学生认为，应该结合《晏子使楚》，从朝堂上演绎；还有些认为可以设计大段人物内心独白。每一个学生的生活经历不一样、知识构成不一样、想法不一样，艺术天分也不一样，这样他们就必须调动自己的生活经验，利用想象与联想对“空白”进行创造性的理解。因此，课本剧的表演有利于培养学生的创造性思维，使学生的想象和联想能力得到训练，为学生将来独立学习、研究、探索提供了可能性。

（二）课本剧的排练与角色分工利于培养学生的团结合作能力，增强学生对团体的认同感和归宿感

在表演中，细节越生动，人物形象越鲜明。课本剧要演出好，就不能打无准备之仗，就必须进行反复仔细地排练。整部课本剧就像一个机体，需要各个部分的紧密配合才能高效有序地运转。在排练的过程中，要根据学生的个性和特长，进行角色分工。导演是整部剧的主导力量，以导演为核心，还要配备道具、舞美、服装、场务等。其中最重要的步骤是选定演员。谁适合什么样的角色，要实现人尽其才，充分发挥每个人的个性优势，为整体加分，而不是在这个排练与角色分配过程中相互抵触，为了个人表现而产生争执。

当表演到“楚王好细腰”时，学生瞪大双眼、大义凛然，高声呵斥“左右侍臣”，“侍从们”马上低下头，纷纷退出。他们将相如不畏强暴之勇，不怕牺牲之勇表演得生动传神，同学们也情不自禁大声叫好。有的小组选择用喜剧形式表演，由于没有了时代限制，又不必循规蹈矩、妙趣横生。当表演到“胁息然后带，扶墙然后起”时，学生演员假装有气无力而倒地，加入内心独白：我实在是太饿了，我快饿死了！楚王真是昏庸啊！还对观众们噘嘴卖可怜，赶紧躲在门后。同学们捧腹大笑。在笑声中，同学们感受到楚灵王之昏庸、百官之愚。挑战文言文的方式表演课本剧，尽管难度大，但学生们热情十足。在课本剧的表演过程中，学生自主选择适合自己的任务，有的同学个性大胆，表演夸张而富有感染力；有的同学，性格内敛，主动担任群众演员；有的同学奇思妙想，就地取材提供道具。虽然分工不同，但都为表演课本剧出谋划策、各尽所能。活动兼顾到学生间的差异，充分发展了学生的个性，培养了学生团结合作的精神。

通过课本剧编排的过程和教师的引导，让学生们感受到，一个集体中大家

的团结合作精神是多么重要，若是个人利益至上，结果可能与大家的努力背道而驰，老师则是这个集体的核心引导者。课本剧的排练让学生懂得了合作、尊重以及个人与集体利益的衡量。

综上所述，课本剧表演改变了传统的教学模式，为我们的课堂教学带来了新的启发，让他们真正的学会了自主、合作、探究式的学习方式。老师也在教学反思中不断地调整更新自己教学方式，提高课堂教学的有效性，也是课本剧在语文课堂教学中的重要意义所在。

"双减"背景下如何运用信息技术激发
学生主观能动性

李金环

在新时代背景下，各学科教师在开展日常教学活动的过程中，有必要对教育政策进行细致研读，立足最新的教育要求，合理调整教学策略、教学模式。为落实"双减"政策要求，可运用信息技术实现现代化科技与课程教学有效融合，推进教育现代化进程，打造现代化数学课堂。

一、发掘兴趣 活用教材

（一）把握教材主线 给学生无限空间

教材是教学活动中不可缺少的基本课程资料，是教与学的纽带，是学生学习和教师教学的起点和立足点。

以五年级下册教材为例，本册书共四单元，包括"我来当导演""介绍自己""自己动手做游戏""欧洲之旅"，以学生感兴趣的游戏作为主线，学生对这个课时充满了好奇心，有探索和研究的愿望，我将基本知识点融进了游戏中。调整教学内容后，学生对课堂有了很大的兴趣，下课铃声响起学生都像没听见一样，利用课余的时间完成作业。活动中不少学生为了能够让游戏更有特色希望触动某个按钮后弹出障碍，问我该如何解决。我抓住这个培养学生探究和查阅资料的能力的机会，引导学生通过查看工具书以及自己动手实践来解决这个问题。实践证明，深钻教材，把教材的知识点联系起来，既可以使教学前后相顾又有利于学生系统地掌握知识，达到前为后预设、后为前延伸的效果。

（二）以生为本 重组教材内容

学生是学习的主体，了解教材之后还要从实际出发，从学生的生活环境出发，从学生的认知水平和知识储备出发，根据学生的实际需要进行调整和取舍。

以五年级下册教材为例，第一章共 5 课时，分为：设计母版、查找素材、自定义动画、插入声音、幻灯片打包，根据学生对幻灯片掌握的基础，我将知识点综合为一课时进行分析，用两课时制作和研究，最后一课时进行拓展知识的介绍。学生一起分析了各种动画片为什么吸引他们？每个角色有什么特点？他们发现要想吸引人，故事情节要曲折，有悬念、有趣味性，要有环境和背景音乐的衬托，还要考虑每个角色的出场顺序。接下来就是技术处理了，我引导学生通过看书、上网查资料互相合作进行解决。书中给出"动物王国历险记"，我并没有固定他们一定要制作这个内容，给他们充分自由选择的空间。最后学生有的制作了"福尔摩斯""沙弥龙"等很多自己喜欢的故事场景。

（三）以乐激趣 延伸教学内容

信息技术是很多专业的基础，如设计、绘画、编程、影音等。学生通过制作一个作品会涉及不同领域的知识。

比如在学习"自我介绍"一课时，我进行了拓展教学，用 flash 相册制作工具和 qq 影音截取视频，课余时间他们还利用这些小软件做了班级相册和家庭旅游影集。

二、激发思维 延伸课堂

信息技术课是培养学生动手动脑的实践性课程，不仅要求学生学习书本上的知识，更要求学生学会学习知识的方法，以及如何综合运用知识为生活和学习带来便利。

（一）启迪思维 完成作品而不是作业

在学习制作"自我介绍"演示文稿时，我提出一些问题：什么时候需要自我介绍？自我介绍有什么作用？怎样突出自己的特色？通过思考，学生对自我介绍的制作效果在脑子中有了思路，学生产生了制作的欲望，技术成为他们完成自我创作的一个工具和手段。

（二）主动思考　寻找适合自己的学习方法

老师难，难就难在要想让别人明白，自己就要理解到更深的层次。平时学生是被动思维，如果让学生自己试着当老师，就能主动思考。我把每个单元的内容看成一个项目，学生在完成项目时可以不按每个课时的顺序进行学习，根据自己的需要进行学习。这时就会出现学习途径的问题，以前上课都是我讲一个知识点学生练习一个。现在，我们首先探讨的是，想实现这个想法，你觉得哪里有困难？你想怎样解决这个困难呢？学生总结：看书、上网查资料、同伴互助、向老师求助。他们根据自己的需要选择合适的方法进行学习，最终完成自己的计划。

三、善于评价　传递正能量

教学中的评价是一门科学，同时也是一门艺术。一味单纯地积极评价对学生的应用能力以及创新能力的培养都降低了要求，没有激发学生积极探索的欲望。我通过学习和课堂实践，认为评价从这几方面进行更能激发学生积极思考，传递正能量。

① 通过自己的努力学到了什么？

② 对于这个知识的应用你是怎样理解的？

③ 我用哪种方法学到了新知识？

④ 我（同伴）的作品有哪些独特的地方？

⑤ 和以前的作品比有哪些进步？

学生在开始进行评价时，回答通过哪种方法学到新知识时，大部分都说是教师的讲解，但是通过一段时间的训练，学生已经能够通过看书、上网、小组学习等多种方式解决问题，提高了学生自学的能力。课上举手问老师"怎么办"的孩子越来越少了。很多学生懂得了反思，有了提高的意识，比如在游戏制作上，学生在课堂上会说："老师，我又发现如果这样会更好，我得修改。"总是在和自己甚至是身边的伙伴进行交流和比较，不断提高和完善。

四、展示个性　开发潜能

作品展示其实是不容忽视的环节，既锻炼学生的能力，同时一份优秀的作品对其他学生也有着很深的影响。在每次学生作品展示时，我都会要求学生说出自己作品最独特的部分，同时由其他同学提出问题，激发了学生更多的思考。

充分发挥信息技术课学生动手操作多、学习内容更新快、教学方法多样、资源丰富的特点，有意识地对学生进行思维训练，对相关智能因子进行有效的刺激，提高学生思维能力是我们继续努力的方向。站在学生的角度深入挖掘教材才能够更有效地提高学生学习能力，让学生在学知识的过程中提高能力。

魅
力
课
堂

大数据助力课堂，提升核心素养

刘艳秋

高中生物学课程的设计宗旨是从生命观念、科学思维、科学探究和社会责任等方面发展学生的学科核心素养。既是为了培养学生的关键能力，更是为了帮助学生形成正确的价值观念和必备品格。

如何发展学生的学科核心素养是高中生物学课程设计的准绳，也是教师教学实践的方向和要求。要求教师在课堂教学中提供更多的机会让学生主动参与学习，在亲历提出问题、获取信息、寻找证据、检验假设、发现规律过程中习得生物学知识，养成科学思维的习惯，形成积极的科学态度，发展终身学习及创新实践能力；另一方面教师也要给学生相对充裕的时间与他人合作交流，相互评价。通过评价，每一个学生都能够体验到在原有水平上的发展，并从中得到启示，使评价能更好地服务于教育教学实践。

随着信息化快速发展，现代教育技术在教学中的应用越来越广泛。大数据作为服务教学的工具被引入生物课堂。经过实践研究，我们不仅发现运用大数据进行教学可以为学生提供更多的学习机会和实践，还发现了大数据教学与传统教学相比较有很多的突出特点。在教师教的方面，大数据的应用能够基于全体学生大数据的信息反馈，诊断学生的问题，实现精准的教学；资源的呈现方式由传统的逐一呈现转变成组合的形式"打包"推送，充分发挥学生学习的主动性；通过分组推送、分层推送，实现差异化教学，提高课堂的实效性；随时提问区的设置，给学生质疑提供机会，捕捉学生灵感生成新的教学资源。在学生学的方面，提交任务后可浏览其他同学的答案并进行评价，通过任务的二次或多次提交，展现思维轨迹，增加交流的频率和深度；习题解析形式丰富多样，可以是文字、图片、视频、微课等，通过多元化设计，利于学生自主学习和个性化学习。通过任务提交情况，生生、师生的互评模式，增强学习的紧迫感，认真对待每一项任务。司时我们还总结了大数据在不同类型生物课堂中的价值，对发展学生学科核心素养起到了一定的助推作用。

一、大数据与生物课程深度融合的实践价值

高中生物课程关注学生学习过程中的实践经历，从而加深对生物学概念的理解，提升应用知识的能力，培养创新精神，用科学的观点、方法探索或解决现实生活中的问题。实验探究和模型建构是达成目标的有效途径。

（一）大数据与实验探究课的深度融合

1. 实验观察，即时记录

实验教学是生物学课程的特点，也是生物学教学的基本形式之一，是促成学生达成生物学核心素养的重要支撑。传统实验室教学模式通常是由教师口头上讲述，或在讲台前演示，而后由学生按照实验步骤自行操作，教师巡视指导。在这种模式中，教师很难关注到全部学生的实验结果，导致评价的针对性较差。长此以往，部分学生会游离于课堂之外，失去实验教学的价值。而大数据通过网络同步学生与教师的操作，信息技术互动平台可以及时获得检测的数据，还可以与生物实验室教学仪器显微镜联合起来进行拍照、视频录制等，根据学生上传作品的正确率和速度，可以间接对学生的实验操作能力、分析推理等科学思维实施多维度的综合性评价，使评价更加客观、全面、有针对性。

2. 组合任务，思维进阶

教师可以将不同资源整合在一起形成小型学习单元，以资料包的形式推送给学生。资料包中有与实验柜关的阅读资料、实验探究的任务以及为完成任务提供的支架素材，素材可以是视频、图片、网络资源、问题串等，满足学生的个性化需求。组合任务的整体推送，加大学生自主学习的力度，在亲历获取信息、寻找证据、发现规律等过程中习得生物学知识，养成科学思维、科学探究的习惯。对于没有实验思路的同学，也可以在教师搭建的支架中自主学习，实现思维的进阶，高效完成探究任务。

（二）大数据与模型建构课的深度融合

1. 模型建构，突破难点

科学思维是生物学核心素养之一，对学生的具体要求是能够基于生物学事

实和证据运用归纳与概括、演绎与推理、模型与建模、批判性思维等方法，探讨、阐释生命现象及规律，审视或论证生物学社会议题。显然，模型建构是培养科学思维的重要方式，而其中的物理模型建构能使微观世界直观化，帮助学生理解知识，突破难点。传统的物理模型教学中教师会制作比较形象的教具或者准备合适的材料让学生自己构建相应模型，从而促进教学目标的达成。而借助大数据构建模型，首先避免了教师对实物模型的制作，减少了物力和精力的浪费；还可以设计多种形式，比如拖动、复制、拼图等，调动学生内驱力，促进学生主动学习；另外学生可以随时删除重复构建，缩短制作模型的时间，提高了课堂效率。

2. 多次提交，展现思维

传统的模型展示评价环节，只能进行结果性评价，而大数据教学关注学生的思维训练，让学生的学不再是隐性学习。学生提交作品后通过互评可以继续修正自己的作品并多次提交，实现思维过程的可视化，从而指导教师对学生的学做出反馈。学生获得学习评价和反馈的速度加快，学习就会变得更深入、更专注，在课堂的收获就更大。

3. 借助平台，深度交流

模型建构往往需要小组合作完成。传统的教学即使是小组合作，也很难实现所有组间充分且深入的交流，只能通过教师提问才能了解部分小组的思想；从教师的角度也很难在有限的时间指导所有小组进行精准教学。而大数据教学显著提高了学生的参与度和互动性，教师能准确观察、记录学生的构建情况，即时反馈给学生，进行有针对性的督促和辅导，实现师生互动；学生通过组内和组间互评，及时完善作品并提交，实现生生互动。

二、大数据与生物课程深度融合的实践案例

高中生物必修一中的《细胞增殖》这节课，基于学生借助显微镜观察洋葱根尖细胞有丝分裂的静态图像，进而通过染色体的变化推断有丝分裂动态的过程。本节课在大数据和显微镜的辅助下较好地达成了教学目标。

（一）教学目标

基于生物学学科的核心素养，制定了本节课的教学目标：通过对有丝分裂过程识图、排序，对有丝分裂过程简单描述，形成重要概念；通过观察洋葱

教育文库 北京卷

根尖有丝分裂实验活动，对分裂过程进行演绎与推理、模型与建模，运用科学的思维方法认识事物，发展理性思维；通过对有丝分裂遗传物质变化规律的认识，理解生命的延续和发展，通过有丝分裂各时期比较分析，形成结构与功能相适应的生命观念。

（二）教学流程图

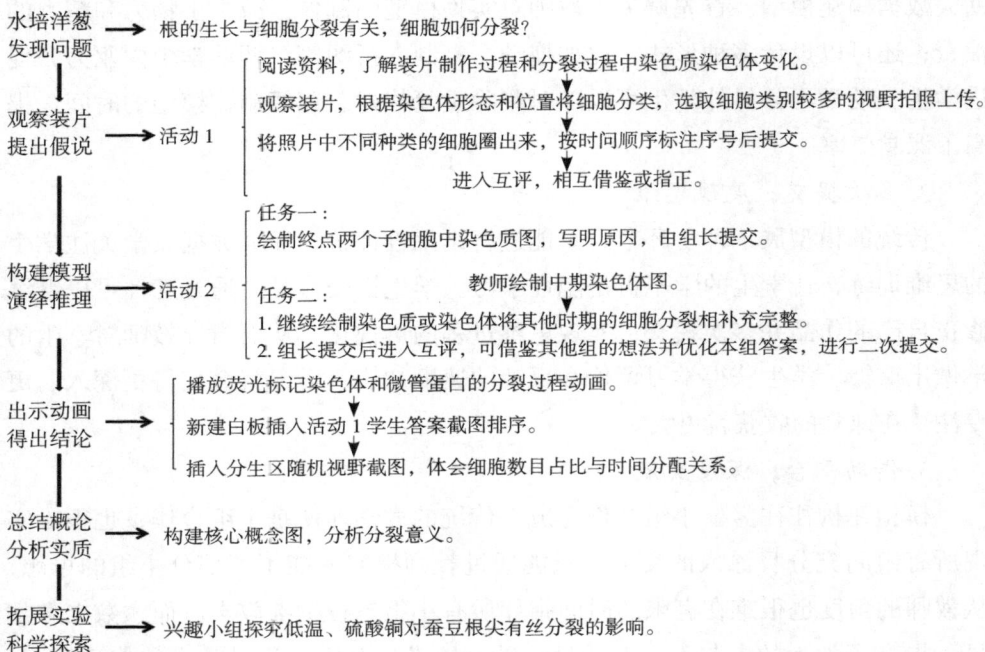

水培洋葱 发现问题 → 根的生长与细胞分裂有关，细胞如何分裂？

观察装片 提出假说 → 活动 1

- 阅读资料，了解装片制作过程和分裂过程中染色质染色体变化。
- 观察装片，根据染色体形态和位置将细胞分类，选取细胞类别较多的视野拍照上传。
- 将照片中不同种类的细胞圈出来，按时间顺序标注序号后提交。
- 进入互评，相互借鉴或指正。

构建模型 演绎推理 → 活动 2

任务一：
绘制终点两个子细胞中染色质图，写明原因，由组长提交。

教师绘制中期染色体图。

任务二：
1. 继续绘制染色质或染色体将其他时期的细胞分裂相补充完整。
2. 组长提交后进入互评，可借鉴其他组的想法并优化本组答案，进行二次提交。

出示动画 得出结论 →
- 播放荧光标记染色体和微管蛋白的分裂过程动画。
- 新建白板插入活动 1 学生答案截图排序。
- 插入分生区随机视野截图，体会细胞数目占比与时间分配关系。

总结概论 分析实质 → 构建核心概念图，分析分裂意义。

拓展实验 科学探索 → 兴趣小组探究低温、硫酸铜对蚕豆根尖有丝分裂的影响。

图 1 教学流程图

（三）教学环节

环节一 水培洋葱，发现问题

教师出示水培洋葱盆景并提出问题，洋葱根尖的生长与分裂有关，细胞如何进行分裂？通过情境创设，提出本节课的核心问题，激发学习兴趣，驱动学生学习。

环节二 观察装片，提出假说

学生用光学显微镜观察洋葱根尖有丝分裂永久装片，根据染色体的形态位置将细胞分类，并选择类型多的视野拍照，按时间先后排序标注后提交。教师从学生答案中利用截图工具将部分细胞分裂相进行截图，使学生的课堂生成转化为教学资源为后面讲解做铺垫。借助显微镜和大数据拍照功能利于学生克服对微观结构认识的困难，使学生建立从个体水平发现问题，到细胞水平探究原因的思想。本环节中，大数据的即时展播，使学生第一时间与同学分享了自己的实验成果，通过组内和组间互评，及时完善作品并提交，提高了学生的参与度和互动性，同时也为教师提供了丰富的评价素材，实现了良好的有针对性的师生、生生互动。

环节三　构建模型，演绎推理

学生小组合作依据有丝分裂的意义演绎推理构建有丝分裂各时期的细胞分裂模型，组长提交后，评价其他组的作品，在对比中发现问题并修正，可进行二次提交。为了提高学生构建的准确度，教师出示分裂中期染色体电镜图，并在模型中绘制中期染色体，为学生提供思维的支架。本环节借助大数据互动平台的统计功能发现最多的小组提交了 4 次，使学习状态透明化，让学生的思维可视化，体现了相互交流的成果。在教师提供支架的帮助下，突破了本节课的难点，为学生从结构与功能出发解释生命现象进行了铺垫。

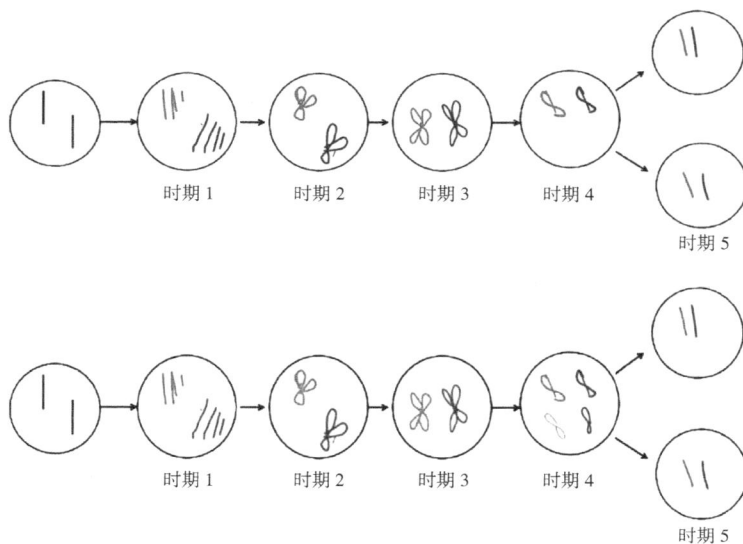

图 2　细胞分裂图

环节四　出示动画，得出结论

教师出示荧光标记染色体和微管蛋白动态分裂图。学生观察后将活动 1 的教师截图重新排序并提交作品。本环节的设置思路是从物理模型的演绎推理到动态过程的揭示真相，最后回扣实验观察的合理性，使学生领悟科学研究的基本方法和思路，从个体水平发现问题，在细胞水平提出假说（借助光学显微镜）演绎推理（借助电子显微镜），到分子水平得出结论。教师借助大数据在活动一对学生作品的截图功能，使学生的课堂生成转化为教学资源而得到充分利用。

环节五　总结概念，分析实质

教师总结有丝分裂过程，相关概念和分裂实质。师生共同构建概念图。使学生认识到生物学概念是基于科学事实，经过归纳与概括、演绎与推理等方法形成的。

综上可见，大数据教学，改变了传统课堂的结构，为生物课堂提供了丰富的教学资源和教学手段，调动了学生的内驱力，促进学生的主动学习和深度学习，实现了师生、生生充分的交流和评价，对学生生物学学科核心素养的形成发挥了较大的助推作用。

在教师信息技术应用能力提升工程 2.0 的学习实践过程中，我们认识到了信息技术与教学可以实现更深层次的融合，生物组会继续坚持以校为本，教研落实，应用驱动，精准定位，相信在追寻理想课堂的过程中，定能欣赏到更加美丽的教育风景，享受更有意义的教育幸福。

听说教学中落实英语学科核心素养培养的可能性探析

张玲英

  《普通高中英语课程标准》提出了发展英语学科核心素养，落实立德树人的根本任务。而学科核心素养是学科育人价值的集中体现，是学生通过学科学习而逐步形成的正确价值观念、必备品格和关键能力。以学科大概念为核心，使课程内容结构化，以主题为引领，使课程内容情境化。基于核心素养培养的课堂教学不仅是传授知识、培养技能，而且要帮助学生培养良好的学习习惯，启发学生独立思考；帮助学生积累思维和实践的经验。基于核心素养的教学，要求教师要抓住知识的本质，创设合适的教学情境，启发学生思考，让学生在掌握所学知识技能的同时感悟知识的本质，积累思维和实践经验，形成和发展核心素养。英语学习的过程是一个依托语篇开展主题意义探究的过程，需要建立教材与学生生活之间的联系，创设以解决问题为目的的单元学习主题；围绕主题任务，基于学科素养发展和课程标准要求重构单元学习目标；基于单元目标，整合教学内容，优化活动设计，开展持续性学习评价，从而使单元教学成为基于主题意义探究的教、学、评一体化教学，实现学生语言能力、学习能力、文化品格、思维品质的同步发展，也就是实现核心素养四要素的培养。

  本文以北师大版九年级教材第 3 单元第 8 课 *Good or Bad* 第一课时为例，进行教材分析和学情分析，确定教学目标和重难点，通过问题链的设计和教学过程的落实，培养学生的学科核心素养。

一、教材分析

（一）主要内容（What）

本课是北京师范大学出版社《初中英语》九年级教材第 3 单元的第 8 课 *Good or Bad* 第一课时。本课听力是针对新发明产生的利与弊的一段课堂辩论。该辩论主要是在老师的主持下，由对新发明持不同观点的两个同学 Andrew 和 Jenny 进行辩论。Andrew 为正方，Jenny 为反方。双方依次表达自己的论点后进入攻辩阶段。双方根据自己的论点，利用 Nuclear Power 和 Cars 的利弊，反驳对方论据。向学习者传达了用思辨的方式去看待科技对于生活的改变这一主题意义。

（二）说话者意图（Why）

本课辩论内容引导学生思考科技发展和当代发明的优点和不足，从而认识到任何新生事物都不完美，而恰恰是这些不完美促使人类不断改进、不断革新。

（三）文体结构和修辞语言（How）

本课听力材料 Andrew 和 Jenny 的三轮半对话，是双方在辩论中的观点阐述和攻辩环节。因为是课堂辩论片段，听力材料结束时没有总结陈述环节，但是在这两个环节中，正反双方的观点阐述简洁清晰、论据充分；在就对方提供论据的过程中，根据各自的观点进行攻辩，语言和思维逻辑严谨，体现了批判性思维和思辨过程。

在听力材料中，Andrew 和 Jenny 在陈述观点和进行攻辩的过程中大量地使用了功能句，使得自己的观点突出明确，论据清晰可信，攻辩语言有力，从而使得自己的观点更加具有说服力。

功能句梳理如下：

Stating Opinion：I support the position that ...

I believe we'll benefit more from ...

In my opinion ...

I don't agree. / I disagree. / I don't think so.

Giving Examples：Think about ...

For example ...

What about...

Just look at ...

Giving Refutation：... but having more ... may not be a good thing.

Should we not use ... just because... ?

And this is why we need...

本单元教学设计围绕 Creativity 这一话题展开，通过分析单元中的四个主语篇，关注各文本之间的联系，提炼大小观念。本节课通过听说活动掌握对各种发明进行评价的听说技能，掌握对发明进行评价的相关词汇、句型、语法、语篇结构等语言知识，学会辩证地看待创新发明。

二、学情分析

（一）已有基础

学生经过 L7，L9，CW 的学习，对于创新、发明和发明家有了一定的了解，掌握了一些话题相关的词汇和表达，尤其是发明所带来的便利与变革相关内容，为本课的学习提供了一定的词汇和思维基础。学生具有一定的听取细节信息并记录的能力。

（二）问题与措施

学生存在的问题 1：缺乏对于发明所产生的利弊进行思考，尤其是缺乏发明带来的弊端的思考。

相应解决措施：

听前：在导入环节通过引导学生思考发明的利弊来引导学生进行辩证思考，降低学生对听力材料中关于发明产生的弊端的信息获取难度。

听中：在记录正反两方的辩论过程中，不断梳理双方在论据中提到的发明产生的利弊信息，帮助学生不断地理解，增加思辨意识。

听后：利用阐述自己支持正方或者反方的陈述，提升自己对于创新发明的思考。

学生存在的问题 2：对于辩论类型的听力材料不熟悉。

相应解决措施：采取分步听的方式熟悉辩论的流程结构——听取正反双方的论点，听取正反双方所阐述观点的理由及所举的例子，听取正反双方对所举例子的利弊所进行的辩驳。

学生存在的问题 3：学生英语水平差异很大。

相应解决措施：设计分层学案，B 层学生听后记录关键单词，A 层学生听后梳理原因和例子，记录更多信息。小组讨论互助。

三、教学目标

学生在学习完本课后能够：

① 通过精听辩论会内容，获取正反双方同学的论点和论据。

② 通过精听、阅读辩论会内容，归纳、分析辩论的语言、结构特点。

③ 表达自己对科技和发玥的利与弊的看法和观点。

四、教学重点和难点

教学重点：通过运用多种学习策略，获取辩论双方的观点、论据，总结辩论的流程和使用的语言、结构特点。

教学难点：表达自己对科技和发明的利与弊的看法和观点。

五、教学过程

步骤	教学活动	设计意图	互动模式 & 时间
Pre-listening			
Step 1 Lead-in	1. T ask Ss to review what they have learnt in Unit 3 and guess what they will talk abcut in this lesson. Q1：What did you learn in Unit 3? (Famous Inventors and Kids' Inventions) Q2: What's the topic of this lesson? Can you guess what we will talk about in Lesson 8? (Good or bad inventions.) Q3: What inventions do you know? For example, ...	导入本课话题，激发学生对于新发明的利弊进行思考，为后续听力任务做好词汇和思想准备。	T-S IW 2'
Step 2 Pre-listening	T shows the pictures about five new inventions and asks the Ss to talk about whether they are good or bad and why. (Each Group chooses one color of paper about one invention and talks about it.) Ss talk abcut Wechat and nuclear power in class.		T-S GW 4'
While-listening			
Step 3 Positions	1St listening：listen to the first part Ss listen and figure ou: what Andrew's and Jenny's positions are. Predict before the listening. Qs：Who do you agree with? What are your reasons? Can you give examples?	学生通过 gist-listening 获取听力的正反方论点。	IW PW 4'

步骤	教学活动	设计意图	互动模式 & 时间
Step 4 Reasons, examples	2nd listening: listen to Part 1 and note down the reasons and examples (Level A) or fill in the blanks about reasons and examples (Level B). Qs: If you agree with Andrew's position, how can you argue with Jenny? If you agree with Jenny's position, how can you argue with Andrew?	通过记录正反双方为证明自己的论点提到的例子、证明各方论点的论据和论证过程，实现教学目标 1。	IW PW GW 6'
Step 5 Arguments	Listen to Part 2 and note down their arguments.	通过记录正反双方反驳对方的观点，了解辩论会的结构。	IW PW 5'
Step 6 Language & Structure	1.Read and summarize the language they use to debate. (Group Work) 2.Read the material aloud with the recording. 3.T asks Ss to summarize the structure they use to debate.	通过听读听力材料，归纳辩论会的语言和结构，实现教学目标 2。	PW GW 8'
Post-listening			
Step 7 Voice Your Opinion	Pair-work: Try to use the structure and language to talk about your opinions on new inventions. T shows the evaluation criteria, the possible beginning of the dialogue and the word bank. T asks two pairs to show and others evaluate.	使用辩论中的语言和基本结构适当表达自己的看法和观点，实现教学目标 3。	IW PW 10'
Homework	1.Read the tapescript on P185 aloud and write down your opinions on new inventions, using the structure and language you have learnt today. 2.Group Work: Write about the most influential (有影响力的) Chinese inventor. The writing has FOUR parts. Every member writes ONE part. 1) The basic information 2) His/ Her invention 3) His/ her personality 4) Summary		
板书设计（第七课时）			
Unit 3 Creativity Lesson 8 Good or Bad? A debate about inventions Position/ Opinion: I support the position that... I believe... In my opinion... I don't agree. / I disagree./ I don't think so... Reasons: because... Examples: Think about...like... For example, ... What about...? Just look at...			

六、落实学科核心素养的培养

（一）思维品质的发展

思维品质是指人的思维个性特征，反映在其思维的逻辑性、批判性、创新性等方面所表达的水平和特点。本课问题链的设计促进学生思维的发展。例如教学过程的第一步中的问题：

Q1：What did you learn in Unit 3？（Famous Inventors and Kids' Inventions.）

Q2：What's the topic of this lesson？ Can you guess what we will talk about in Lesson 8？（Good or bad inventions.）

Q3：What inventions do you know？ For example，...

第三环节中的问题：

Qs：Who do you agree with？ What are your reasons？ Can you give examples？

第四环节中的问题：

Qs：If you agree with Andrew's position，how can you argue with Jenny？ If you agree with Jenny's position，how can you argue with Andrew？

设计问题结合文本，设计能与文本互动的问题，贴近学生的生活，促进学生表达的欲望。要想使每一个教学环节衔接自然，也需要设计合适的问题。由问题链带动的课堂，使学生由被动思维变成主动思维，促进了学生思维的发展。本节课初听大概内容，再听细节，分部分听，每一步做好衔接，合理的设计，更好地促进了学生思维品质的发展。

（二）语言能力的提升

语言能力是指在社会情境中，学生以听、说、读、看、写等方式理解和表达意义、意图和情感态度的能力。本节课利用学生身边的新应用，例如微信、"小爱同学"、共享单车、翻译笔等，促进学生说的欲望。在第二个环节，学生谈对发明的看法，在第七个环节，学生能表达自己对科技和发明的利与弊的看法和观点。通过对比发现，学生在语言能力上有了很大的进步。板书的设计，为第七环节的输出做好了铺垫。设计分层学案，有利于不同层次的学生获得相应的语言能力的提高。

（三）学习能力的提升

学习能力是指学生积极运用和主动调适英语学习策略，拓宽英语学习渠道，提升英语学习效率的意识和能力。本节课使用小组合作互助，解决学生水平差异大的问题，学生参与度高。经访谈、小组合作讨论也是学生比较喜欢的课堂形式。输出环节的活动，制定评价标准，让学生互评，这样可以让学生在练习中为了达到标准而努力，让评价的学生能够做到认真倾听。

（四）文化品格的发展

文化品格是指中外文化的理解和优秀文化的认同，是学生在全球化背景下表现出的知识素质、人文修养和行为取向。学生在学完本课后能表达自己对科技和发明的利与弊的看法和观点。教师要引导学生接触并了解符合他们认知能力的生活方式和价值观念。这样学生才能进行有效听说，才能比较和归纳语篇反映的社会文化现象，形成自己的文化立场和态度。教师可以根据自己对文本的透彻理解帮助学生提出更有价值的问题，加深他们对文本的理解和感悟。在此基础上他们会自然地与文本和作者展开交流，通过精听、阅读辩论会内容，归纳、分析辩论的语言、结构特点，同时也会受到听力材料潜移默化的影响，人文素养得到提高。

七、结语

教育的真正意义在于促进人的全面发展，核心素养概念的提出，为教育改革确立了发展方向。听说教学活动中合理的问题链的设计、分层学案、小组讨论、交流展示为每一位同学的全面发展搭建了平台，语言能力和学习能力得到提升，思维品质和文化品质得到发展。

教材——教学设计的根基

王娟娟

我们可以从不同的角度对教材进行理解。教材是指根据一定学科的教学任务而编造的具有一定范围和深度的知识和技能的体系，即教科书；教材又是指教师用来指导学生学习的一切可利用的教学材料。教师作为学生学习的指导者，只有深挖教材、巧设教学环节，才能够达到"从教教材到用教材教的转变"。结合《什么是周长》一课，我对教材有了很多新的认识，主要包含三方面：创造性地使用教材，激发创新意识；巧设教学环节，激发学生兴趣；实现自我建构，激发认知冲突。

一、创造性使用教材，激发创新意识

（一）读懂教材，超越教材

教材是教学活动的基本素材。只有深刻领会教材的编写意图，深入钻研教材，才能多角度分析教材，挖掘教材的隐性内容，从而使教材变为学材，使教师教有新意，学生学有创意。

对于《什么是周长》一课，开始我只是简单地把教材看了一遍，教材中呈现的内容很简单：几幅图片和两句简单的描述性定义。"我爬过一周的长度就是树叶的周长""图形一周的长度就是图形的周长"。我简单地看了一下这几句话，凭借自己对周长的理解，以为先认识一周，再引入周长，学生就会很自然地接受，但通过几次研磨，与我之前的预设大相径庭。这促使我再回过头来认真仔细地研读教材上的每个字、每幅画，并理解教材呈现这些内容的意图。

（二）对教材"再加工、再创造"

教材总是以静态的形式呈现出来，而学生接受知识的过程却是动态的。针对学生接受知识的特点，我们努力使数学教学成为活动的教学，将抽象的数学知识转化为丰富有趣的数学活动，让学生感到数学学习实际上是一种愉快的探究实践活动。学生在活动中不仅获得数学知识，同时也经历、体验获取知识的过程。

一次次的研读教材，我发现了"周线"的概念引入，可以通过让学生观看小蚂蚁沿着树叶的边线爬行了一圈即"周线"，以此容易吸引学生的注意力，激发他们的学习热情。为此我设计了三个小动物进行爬行比赛，让学生更加明确什么是"周线"，紧接着通过描树叶的轮廓来增强对周线的感知。

学生通过摸一摸、描一描、量一量等活动，把周长这个抽象的概念与生活中具体的事例联系起来，加深学生对周长的认识，这样才能达到"一周"概念的形成，我也明白了概念在学生头脑中真正的建立过程是一个思维过程，而不是一个简单的记忆过程。

在这一过程中，学生要进行着观察、分析、比较、抽象、概括等一系列的数学思维活动过程。数学概念或者知识点的呈现必须与生活相联系，而这也正是数学课程标准所提出的过程性目标中学生"体验"的价值所在。我也明白了在教学中需要根据学生的认知规律和现有水平，在领会教材编写意图的同时对教材进行再加工，进而使教学内容变得更加现实、有趣和富有挑战性，使课堂真正成为让学生思维的课堂。

二、巧设教学环节，激发学习兴趣

（一）注重数学知识与生活的联系，关注学生的个人体验

义务教育阶段的数学课程，强调数学教学要密切联系学生实际，从学生已有的生活经验出发，让学生在真实的生活情境和数学活动中学习数学，学生才能感受到数学来源于生活，生活中处处有数学，培养学生的数学应用意识。

通过研读教材，我还发现"描一描"活动中直接呈现的是让学生描出图形的边线，但并没有单独提到"边线"这一概念。对于学生而言"边线"和"周线"之间的距离很远，他们并不能很快地领会图形的边线就是图形的周长。于是，我就将最开始的设计让学生描出图形的周线，修改为描出图形的边线，让学生理解边线是图形外面的线，而不是简单地告诉学生什么是边线。为此，我还专门设计了一笔画成的五角星形，让学生描出它的边线。

我发现学生用属于自己的方法去建构知识体系，才能更好体会到概念是怎样形成的，体会到探索的过程并感受到乐趣。也才能真正体现出课标中所倡导的"数学学习活动应当是一个生动活泼的、主动的、富有个性的过程"。

（二）深挖教材中所蕴含的思想方法，提高学生的思维品质

小学数学教材中蕴含了丰富的数学思想方法，如化归思想、转化思想、集合思想、类比思想、极限思想、数形结合思想……但这些并没有明确地写在教材上。教师只有领悟并掌握数学思想方法，才能从整体上、本质上理解教材，只有深入挖掘教材中的数学思想，才能科学地、灵活地设计教学方法，才能使学生的思维品质得以提高。

在看到《什么是周长》一课的练习题时，我发现大部分练习是测量多边形的周长，而课本引入的是树叶的周长。针对教材中的这一项内容，我设计了测圆形的周长，学生以小组合作的形式选用合适的工具去测量图形的周长等，让我特别意外的是孩子主动想到了用绳测法测量圆的周长，顺畅地引入"化曲为直"的数学思想。这不仅拓宽了学生对周长意义的理解，同时也激发了学生的学习热情，还注重了数学知识与日常生活的密切联系，让学生亲历"做数学"的过程。而这一过程的经历，学生收获的不仅仅是"周长"这一知识，在能力、情感、思维等各方面都能得到提高与发展。

每一项教学内容中都隐含着数学思想方法，教师只有不断让学生体会数学思想方法，从而真正认识数学的本质，发展学生的思维。

三、实现自我建构，激发认知冲突

新课程的新理念还体现在：教学中教师要善于采用不同的表达方式呈现教学内容，以满足多样化的学习需求。因此，教师在呈现数学知识时，应力求改变抽象、静态、无味的呈现方式，在抓住教材精神实质的基础上，拉近教材与生活的距离、教材与学生的距离，对教材进行适当的创造。

数学具有自身的逻辑体系和抽象性。学习数学的过程的核心是一个思考过程。但小学生的思维特点，决定了他们的学习与思考应建立在直观、具体、形象的基础上，往往呈现出形象思维和抽象思维相结合的形态，其抽象思维大多需要以具体表象做支撑。

本节课我依据教学内容的特点，遵循学生的认知知识的心理过程与规律，更加注重深入分析学生在建立"周长"这一概念过程中的每一步，原有的认知经验和新知之间会产生怎样的认知冲突，围绕着这一过程中产生的一系列认知冲突，在设计中创设相应的一系列矛盾情境。

面对这些矛盾，学生需要进行大量的观察、操作、比较、分析等数学活动来一一解决。在解决这些冲突中，概念的本质渐渐显露，最终将"周长"这一概念纳入认知结构中，真正实现学生对知识的自我建构。

"深入教材"是基础，"跳出教材"是深化。课堂上需要教师拥有变静为动的能力。教材上呈现的是静态的文字和图片，课堂应尽可能将知识动态呈现给学生，为他们提供更多实践、探索的空间。

教材是知识的载体，是师生教与学的中介。但它只提供了学生学习活动的基本材料，在教学中需要根据学生的认知规律和现有水平，在领会教材编写意图的同时对教材进行再加工，进而使教学内容变得更加现实、有趣和富有挑战性。而教师也只有认真研磨教材内容呈现的每个环节，才能不断改进教学设计，完善教学环节，以教材为载体，灵活有效地组织教学，积极拓展教学空间。大胆开发和利用课程资源，才能真正地发挥学生学习的主体作用，切实提高学生的数学素养。

小学英语故事教学中运用思维地图培养学生思维品质

杨佳霖

　　《义务教育英语课程标准（2022 年版）》明确指出："英语课程承担着培养学生基本英语素养和发展学生思维能力的任务。"《普通高中英语课程标准（2017 年版）》指出："思维品质指思维在逻辑性、批判性、创新性等方面所表现的能力和水平。"思维品质体现英语学科核心素养的心智特征。从小学英语故事教学现状看，部分教师习惯于传统教学的阅读理解和技能训练，提出 5 个 W 和 1 个 H，即 Who，Where，What，When，Why 和 How 的基本问题后，就认为已完成教学内容，缺乏对学生思维品质发展的教学活动。本文结合人教版《新起点英语》六年级上册第 5 单元 Famous People 的故事课案例，探究如何合理运用思维地图，培养学生思维逻辑性、深刻性和创新性方面的品质。

　　思维地图是可视化工具的一种，赵国庆教授在《八大思维图示法》一书中讲述了 8 种具有特定形式和用途的思维可视化工具。这 8 种图示最早是美国著名思维教育专家 David Hyerle 博士 1988 年提出的 Thinking Maps。8 种图示包括用于"联想、描述与对比"的圆圈图、气泡图和双气泡图，表示"分类与拆分"的树形图和括号图，表示"顺序与因果"的流程图与复流程图以及表示类比的桥形图四大类。这些工具能有效地帮助学生将隐性思维显性化，增加思考的深度与广度，让思考更有条理。

　　人教版《新起点英语》六年级上第五单元 Famous People 的故事板块讲述了四位外国名人，即 J.K. 罗琳，迈克尔·乔丹，爱迪生和贝多芬成功的故事。本校六年级学生整体英语水平较高，部分学生对于文本中的 author，inventor，composer 不熟悉，但是对词汇 basketball player 非常熟悉。小故事采用直叙的方法，主要用一般过去时来记录人物的成长经历。文本配有插图和四位名人的励志名言。教师解读文本后发现，故事没有直接阐述主题意义。基于此文本分析，教师决定采用思维地图中的 3 种，帮助学生深入理解文本，提升思维品质。

一、利用桥形图，提升思维逻辑性

逻辑性是思维的一个重要特点，主要是指思维对客观事物规律性关系的反映，关系到形成概念、构成判断、进行推理。逻辑思维能力与思维品质的水平密切相关，尤其关系思维深刻性的差异。学生通读全文后，教师出示第一个桥图，学生观察分析词语之间的内在关系后，填写后面的内容。桥图设计见图 1。

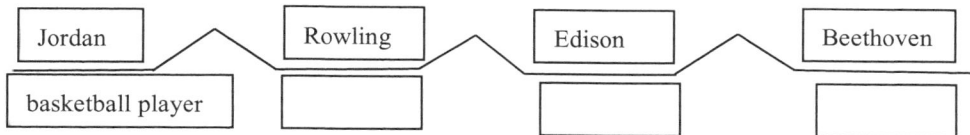

图 1　桥图示例

通过这个桥图，学生分析出横线上面是人物，下面是人物的职业即 Jordan is a basketball player。因此根据文本内容能够推测出新词 author，inventor 和 composer 分别代表作家，发明家和作曲家。在这个推理的过程中，学生的逻辑推理能力得到了提升。

二、巧用气泡图，提升思维深刻性

思维的深刻性反映思维的抽象程度和逻辑水平，以及思维活动的广度、深度和难度。在故事教学中，学生挖掘故事主题意义的程度反映学生思维深刻的水平。通过课前调研发现，现今的小学生对于故事中的第二位体育巨星迈克尔·乔丹并不熟悉，因此平铺直叙的讲解很难引起学生的共鸣。由于教师所处的年代乔丹非常有名，因此可以利用信息差创设真实情境，教师出示乔丹的图片后问学生："What do you know about him?　What do you want to know about him?"启发学生思考和自主提问。学生的问题主要有：1.Where is he from? 2.What team did he play for? 3.Why is he famous? 针对学生的提问，教师播放了乔丹运动的精彩视频，之后提问："Is he suitable for being a basketball player?"

学生一致点头。这时教师引导学生再读书中的文字，学生发现乔丹小时候的身高并不适合打篮球，教练也劝退过他好几次。这一次阅读学生形成了认知冲突以及新的认知结构。教师因势利导，鼓励学生探究文本的主题意义，教师提问："Why could he become successful?"学生分析并提炼出乔丹的性格特点，构建气泡图，在中间的圆内写出中心词，在中心词周围的圆圈内写出了乔丹的特征。教材文本和学生作品如图 2 所示。

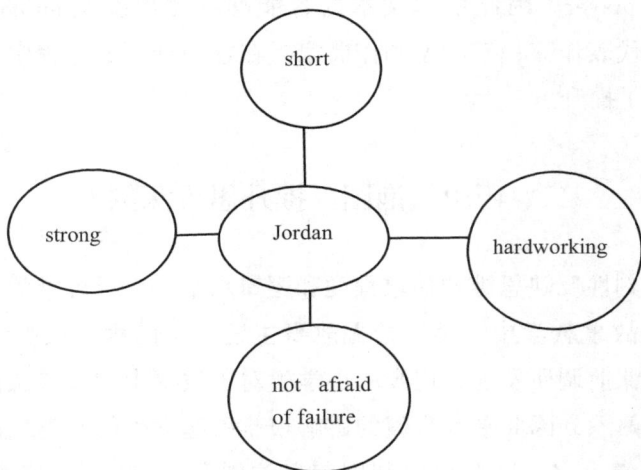

Michael Jordan

Michael Jordan is one of the most famous basketball players in the world. When he first went to his high school, he couldn't play on the school team. They said he was too short! Later, he said that not getting on the team was good. It made him work harder and become a better player.

I have missed more than 9,000 shots in my career. I have lost almost 300 games. ... I have failed over and over and over again in my life. And that is why I succeed.

——Michael Jordan

图 2　教材文本与学生作品示例

这个气泡图较好挖掘了文章传递的主题意义，丰富了学生对于主人公性格特征的表达，学生能够透过现象看到本质，抓住人物获得成功的本质规律，从而提升思维的深刻性。

三、采用双气泡图，提升思维的创新性

托尔斯泰说："如果学生在学校里学习的结果是使自己什么也不会创造，那他的一生将永远是模仿和抄袭。"学生的创造性思维有以下几个特征：（1）想象力丰富，能独立选材。（2）能举一反三，触类旁通。（3）思维活跃流畅，解决问题快捷，方法独到。（4）有广泛的兴趣爱好和有强烈的探究心。在这篇故事中，共有四位名人。针对前两位名人的故事，学生学会了用桥图和气泡图，后面的名人分别是美国发明家爱迪生及德国音乐家贝多芬。教师和同学们一起构建双气泡图，比较两位名人的异同。首先，气泡图中有两个中心词，中间的气泡中书写的是相同点。在两个中心词两侧的气泡中，书写的是不同点。教师提示学生，两侧比较的内容要对应。书中文本和学生作品如图 3。

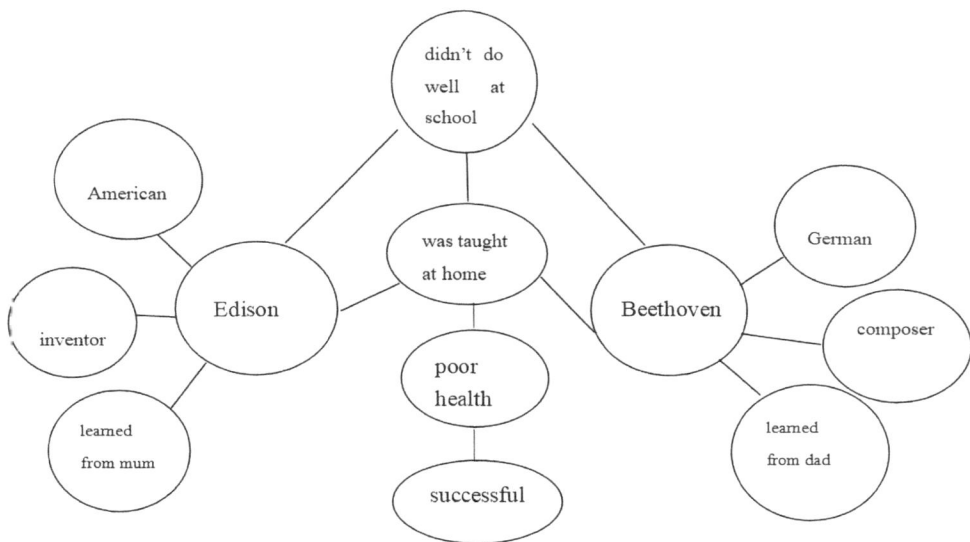

图 3 文本与学生气泡图展示

分析学生作品发现，多数学生能够从四个维度分析这两位名人的共同点，主要包括学业表现、受教育情况、健康状况和最终成就。不同点的三个维度包括国籍、职业、父母陪同学习的情况。但是故事中的这两段文本并没有具体写出两位名人为何能在健康状况极其糟糕的状态下获得成功。教师要善于利用故事的留白，激发学生思考，挖掘故事眼。上面的思维地图中学生梳理的共同点主要是名人的重要信息，较少涉及指向故事主题意义的点睛词语。于是，教师设计了探究性的问题，目的在于激发学生思维的想象点。问题为 What did Edison do if he want to invent light bulb? What did Beethoven do if he want to write great music? Remember, they all had poor hearing. 学生展开想象，再读书中的名人名言，学生一回答：Edison was optimistic. He thinks failure is the mother of success. 学生二回答：Beethoven loves music deeply.He put his whole heart into music. 教师顺势又问：Do you think they have something in common（共同点）？目的在于激发学生提炼人物品质，找到和主题意义相关的内容。学生认真思考后回答：They all had great passion. They had poor hearing, but they believed they could succeed. They had courage to overcome the difficulties. 这一次学生的回答找到了故事眼。接下来教师引寻学生从本文中任选两位名人，利用双气泡图进行比较。

学完四位名人的故事后，教师让学生说出自己最喜爱的名人：Who is your favourite famous person? How did they work? 一位学生回答道：I like J.K Rowling, because her books were fantastic.If she gave up writing when others said her books were bad, I would never read Harry Potter. 另一位学生答道：I like Jordan. I think he is the greatest player in the world.He had failed many times before he succeeded. He believed in himself, so he can be a super star.

如果本课就此结束，学生的思维品质也就停留在了文本之中。如何设计超越文本，又指向主题意义的教学活动？考虑到学生所处的社会环境和书本中的知名人物相距较远，教师布置了迁移创新类的课后作业。学生需要搜集喜爱的名人的成长小故事，利用思维地图比较自己和名人遇到困难的态度。

通过观察学生作品发现，学生能够举一反三，灵活运用气泡图比较自己和偶像对待困难的态度，能够反思出成功的秘诀，提升思维的创造性。

综上所述，借助思维地图培养学生思维品质的故事教学要求教师深入解读文本，特别要联系学生生活的真实情境，探究故事主题意义。教师要在启发学生阅读文本的基础上，把分析、推理和评价的结果利用思维地图可视化，在梳理故事内容信息的基础上，创造性地表达自己的观点，最终让学生借助故事认识自我、获得成长。

再论历史教学中的大概念

——以《"事为之防，曲为之制"——两宋的政治和军事》为例

沈　旺

2017 年版《普通高中历史课程标准》指出："重视以学科大概念为核心，使课程内容结构化，以主题为引领，使课程内容情境化，促进学科核心素养的落实。"在统编新教材《中外历史纲要》的教学实践中，海量的历史信息迫使老师们另辟蹊径，探寻完成教学任务的新策略、新方法。突出大概念从而抓大放小，就成了比较行之有效的教学途径。我们认为，大概念是重大历史现象本身，或是提供某个历史问题的解决方案，或是实现学生价值观转换的途径；我们应该叩问"某历史现象是什么"，也应该思索"在某特定的历史情境下人们如何解决问题""这样的历史现象给我们带来怎样的启迪"等解释性的宏观问题，从而展开大概念。它包含若干重要的知识，而这些知识拥有一条明确的主线并包含价值观，不是杂乱无章的知识大杂烩。基于此，我们借助《"事为之防，曲为之制"——两宋的政治和军事》一课来作进一步说明。

一、教学分析

课标要求："通过了解两宋的政治和军事，认识这一时期在政治、经济、文化与社会等方面的新变化。"本课立足于两宋政治与军事，但思路不应拘泥于政治军事事件，而是以之为载体分析宋代历史。教材通过宋初专制集权的加强、边疆压力与财政危机、王安石变法、南宋的偏安四个子目讲述两宋时期政治、军事和民族关系等概况，跨度很大，内容繁多。

要处理大量的历史信息，还要涵育素养，这给教师提出了很高的要求。围

绕着"宋代统治者如何进行制度设计的"这一问题，老师进行一定的取舍。宋初的集权政策，以及王安石变法，属于叙述宋代历史不得不说清的重大历史现象，故设计为重点；这两个内容体现的宋代制度设计思路，属于本课的难点。依据宋初的集权政策、王安石变法及其反映的制度设计思路，以历史解释为核心设置相关探究问题，从而才有可能把史料实证、时空观念、家国情怀等学科核心素养落到实处。

二、教学过程

（一）导入部分

北宋统治者结束了五代十国的分裂局面。鉴于唐后期以来军阀割据、政局动荡的历史教训，宋太宗及其臣僚对于宋太祖的政治实践，概括为"事为之防，曲为之制"八个字。请看材料：

> 先皇帝创业垂二十年，事为之防，曲为之制，纪律已定，物有其常，谨当遵承，不敢逾越。[①]

这是宋太宗继位之初的诏书。"事为之防，曲为之制"，这不仅概括了太祖一朝的政治原则，也反映出新统治者所着意努力的方向。它是什么意思呢？邓小南先生指出：

> 所谓"事为之防，曲为之制，"亦可称作"事为之制，曲为之防"（《汉书·礼乐志》），长期以来被认为是周代"礼仪三百，威仪三千"所体现的治国之法。颜师古对于这八个字的解释是："言每事立制，委曲防闲也。"这种凡事委曲防闲的精神，在宋代可以说得到了充分的发扬光大。[②]

"事为之防，曲为之制"意味着什么事情都要以防为主，所有的方面都要有严格的管制，这种防微杜渐的精神是宋代"祖宗之法"的重要内容。宋代政治演进与这样的思路有着怎样的联系呢？

（二）宋初专制集权的加强

众所周知，宋初皇帝是不折不扣的军人（赵匡胤和赵匡义），与此前的汉、晋、隋、唐的开国之君相比，赵家兄弟的武夫色彩更加纯正。但是正因为他们

---

① ［宋］李焘：续资治通鉴长编 [M].北京：中华书局，1995.
② 邓小南.祖宗之法——北宋前期政治述略 [M].北京：生活·读书·新知三联书店，2006.

是武人，对武人之弊体会就更深。由不断的兵变产生出来的王室，终于觉悟军人操政之危险，于是就有了"杯酒释兵权"的故事。这件事发生在太祖即皇帝位之第二年，进而文官得到了重用，于是形成了重文轻武的传统。有历史常识的同学不禁会问，北宋统治者为什么会忽视严重的边患问题？北宋不正是亡于金人南侵吗？事实上宋代统治者有着自己的逻辑。宋太宗说：

> 国家若无外患，必有内忧；若无外忧，必有内患。外忧不过边事，皆可预防，惟奸邪无状，若为内患，深可惧也。①

内忧是致命的，前几代王朝都亡于内忧；外患往往是不致命的，可以预防。"人民，本也；疆土，末也。五帝三王未有不先根本者也。"②宋初统治者充分吸收唐、五代弊政的历史教训，在"事为之防，曲为之制"的原则下，为了严密防范文臣、武将、女后、外戚、宗室、宦官等各种势力，制定出一整套集中政权、兵权、财权、立法与司法权等的"祖宗之法"。请同学们阅读教材，宋初这一套措施有哪些表现？这些措施是否奏效？请看材料：

> 三代以下称治者三：文景之治，再传而止；贞观之治，及子而乱；宋自建隆（宋太祖年号，960—963）息五季之凶危，登民于衽席（泛指卧席），迨熙宁（宋神宗年号，1068—1077）而后，法以斁（败坏），民以不廉。由此言之，宋其裕（宽裕）矣。③

明末大儒王夫之认为，宋初的治世从太祖到神宗，持续的时间远远超过了文景之治与贞观之治。他继而提出了宋代"称治"的原因：祖宗家法的约束矫正，以及祖宗政教的熏陶。甚至王夫之感叹，自汉光武以后，帝王中只有宋太祖具有突出的声望。王夫之具备历史的眼光，从他的赞许中我们可以看出，宋初的政策很大程度上实现了"事为之防，曲为之制"的目的。宋王朝将从前所有的毛病几乎都消弭了，女主、权臣、外戚、宦官似乎都没有造成太多的麻烦；一系列巩固统治的措施有效地预防了内部动乱因素，巩固了宋王朝版图内的统一和安定，强化了专制集权。但我们也应当看到另外一面：一个格外强调文治的王朝，完成"强干弱枝""守内虚外"制度建设，势必付出高昂的代价，从而出现其他一系列问题。有学者指出："权力之间的相互牵制和制衡在宋朝

---

① ［宋］李焘.续资治通鉴长编[M].北京：中华书局，1995.

② ［元］脱脱.宋史[M].北京：中华书局，1977.

③ ［清］王夫之.宋论[M].北京：中华书局，1964.

达到了极为精微的程度，灵活运用权力的空间被降到了极低的限度。以对外的战争为例。北宋在外带兵的将帅是没有便宜行事权的，就是说不能根据战场情况的变化做战略甚至战术上的调整。北宋的将帅出去打仗一般都带着钦定的阵图，有变化要及时上报朝廷，不能自己做主。而那时候通讯效率又低，所以北宋对外战争方面的弱，是制度选择的结果。这样想也不能说全无道理，但历史常常充满了戏剧性，北宋最终却亡在了外患上。"①

从杨立华先生的总结中，我们能发现宋代"事为之防，曲为之制"带来了哪些问题？无疑，制度束缚过死，权力分割过细，影响了行政效率，助长了保守疲沓的政治风气；也正是由于这种防微杜渐、守内虚外的态度，使得两宋在与北方少数民族的交战中少了主动性，边疆压力与财政危机越发严峻。

（三）边疆压力与财政危机

请同学们阅读教材内容，指出北宋与周边少数民族政权的关系如何？北宋王朝又是如何处理民族关系的？承认辽和西夏政权的合法性，以巨额的"岁币""岁赐"换得边防的稳定，既是古代王朝处理民族关系的常用手段，也是宋初政治"事为之防，曲为之制"的抉择：一方面用安抚的手段维护边防，才可能腾出手来防范内乱，不至于腹背受敌；一方面诚如宋人王旦所说："国家纳契丹和好已来，河朔生灵，方获安堵，虽每岁赠遗，较于用兵之费，不及百分之一。"②而维系对外安抚辽夏、对内"强干弱枝"的状态，造成了财政危机。请同学们阅读教材内容，指出北宋的财政危机是如何形成的？对辽夏的开支，加上三冗的不断严重，宋政权处于风雨飘摇之中。这些现象是宋初政治顶层设计两弊相权取其轻的结果，但积弊日久，有识之士意识到，宋王朝不改革不行了。

（四）王安石变法

钱穆在《国史大纲》一书中曾写道："宋朝的时代，在太平景况下，一天一天的严重，而一种自觉的精神，亦终于在士大夫社会中渐渐萌苗。"③所谓"自觉精神"，正是读书人发自内心的力挽狂澜的使命感；它同样体现在对"事为之防，曲为之制"的祖宗之法的理解上。范仲淹等人实施的庆历新政过于凌

---

① 杨立华. 宋明理学十五讲 [M]. 北京：北京大学出版社，2015.

② ［宋］李焘. 续资治通鉴长编 [M]. 北京：中华书局，1995.

③ 钱穆. 国史大纲 [M]. 北京：商务印书馆，1994.

厉，触及了诸多大地主的利益，最终以失败告终。但范仲淹等人深谙"祖宗之法"，他上书仁宗皇帝："仲淹深练世事，必知凡事难遽更张，故其所陈，志在远大而多若迂缓，但欲渐而行之以久，冀皆有效。""（富）弼性虽锐然亦不敢自出意见，但举祖宗故事，请陛下择而行之"。[①] 范仲淹等执政者对"祖宗之法"持怎样的态度呢？他们深知改革时政之艰，不得不如履薄冰，"志在远大而多若迂缓，但欲渐而行之以久，冀皆有效"。在涉及根本性问题，涉及君臣关系的方面，范、富等人相当慎重。而这种时候，针对时政需要"举祖宗故事"，成为改革的可行的手段。[②]

庆历新政后问题依然没有解决，变法势在必行，过了不到三十年，王安石继而起之。他的变法得到宋神宗的支持，但还是遭到不少重臣的反对，其中不乏韩琦、司马光等大人物。他们各自都以"祖宗之法"作为盾牌。从这里可以看出"祖宗之法"在宋代的深刻影响。但在神宗的坚持和王安石"三不足"的精神支持下，变法还是推行了。我们不禁要问，王安石为什么有勇气挑战"祖宗之法"，甚至站到"祖宗之法"的对立面上？

事实没有那么简单。王安石变法颁行之后，众多士大夫要求恪守祖宗法度的声浪不绝于耳。而对于"祖宗法度"的理解却见仁见智，改革派与保守派都会拿防微杜渐的"祖宗之法"当作盾牌。因为"祖宗之法"并非确切的词条，而是内容庞杂的大杂烩；其主旨通过防范弊端保住祖宗基业，但具体做法模糊，诠释空间很大，谁都可以在"祖宗之法"的丰富资源中取我所需。王安石的态度是，通过有为的、发展的角度对待"祖宗之法"，这比"祖宗之法不可变""祖宗法制具在，不须更张以失人心"的见识高出一筹。请看材料：

熙宁三年二月，时判大名府的韩琦针对青苗法进奏，反对兴利扰民。他举述"祖宗百年仁政"，建议仍"依常平旧法施行"。王安石以"周公遗法"竭力解释，却终于难使神宗完全信服。五年后，韩琦建议倚阁（按指搁置、暂缓）预买绸绢，王安石则不仅强调用度所需，而且对以"自祖宗以来未尝倚阁"，堵塞了商量的余地。[③]

王安石是如何为自己辩护的？他一方面借助宋初的"祖宗之法"；另一方

① [宋]赵汝愚.北京大学中国中古史研究中心校点整理：宋朝诸臣奏议[M].上海：上海古籍出版社，1999.

② 邓小南.祖宗之法——北宋前期政治述略[M].北京：生活·读书·新知三联书店，2006.

③ 邓小南.祖宗之法——北宋前期政治述略[M].北京：生活·读书·新知三联书店，2006.

面他还以周公孔子与儒家学说作为改革的理论依据，使其精神与"祖宗之法"不相矛盾。请同学们阅读教材，学习王安石变法的措施，思考哪些内容和儒家思想与"祖宗之法"相关？

总体而言，王安石变法目的在于富国强兵，缓解"三冗"和积贫积弱的局面。改革的内容也非全是王安石原创，其精神能在古代典籍找到痕迹。首先，儒家思想不仅是伦理道德之学，也是政治学；"内圣""外王"两者是统一的，"经世致用"一直是儒家思想的落足点。其次，"使民以时"、"薄税敛"、"百亩之田，勿夺其时"、限制土地兼并等内容属于儒家仁政的范畴，王安石青苗、募役、方田均税等做法与之有密切的联系；均输、市易、保甲、兵农合一等内容能在周秦汉唐历史中找到依据；而王安石把《三经新义》当作考试的范本也能折射出其改革的经典依据。更重要的是，王安石变法同样是为了防微杜渐，与"事为之防，曲为之制"的"祖宗之法"并不矛盾，这就是王安石敢言"三不足"的重要原因。

围绕变法问题，统治集团内部的分裂日益严重，党争加剧。我们从王安石与司马光往来交锋的信件中可以看出两派政治势力的巨大分歧，但也能看到其共性：正如司马光在《与王介甫书》中所说，王安石主张"方欲得位以行其道，泽天下之民"，司马光主张"方欲辞位以行其志，救天下之民""光与介甫（王安石）趣向虽殊，大归则同"。这里"救天下之民"的"大归"，也和"事为之防，曲为之制"的考虑并非二物。变法初衷是好的，但执行过程中激化了社会矛盾，加剧了党争，北宋逐渐走向衰亡。金人铁蹄之下，宋统治者不得不偏安于南方。

（五）南宋的偏安

请同学们阅读教材内容，指出两宋是如何更迭的？宋金关系是如何演变的？

想必"祖宗之法"已经在大家头脑中留下印象，宋代君臣受其深刻影响，才在历史上呈现出宋代独有的历史面貌。有学者指出，北宋的很多问题都在于其过度成熟的政治文化。北宋以前上千年的郡县制国家的文明积淀，使得这种政治所有危险的可能性都已经尝试过了。各种各样危险的可能性像一面镜子，处处透出暗示和提醒，从而"事为之防，曲为之制"；对这些危险的警醒，导致了北宋政治文化根柢里的疑忌精神。[①] 我们如何看待宋代"事为之防，曲为之制"的"祖宗之法"呢？是好事，还是坏事？如何才能化害为利，维护长久的稳定呢？

从以上的讨论中，我们不难发现，国家制度的顶层设计不是一件简单的事。人不是神，制度设计初衷是好的，可现实世界中有太多不可控的因素，一旦付诸实践，总会碰到这样或者那样的问题。人的力量是有限的，只能两害相权取其轻，抓一方面而淡化其他方面。就此而言，宋初杜绝唐五代以来一系列问题的"祖宗之法"，就具有很大的合理性。但随着边疆压力、财政危机的凸显，"祖宗之法"的弊端暴露无遗；此时则需要因时论事，找到长久之法，但这一步宋王朝彻底失败。所以"穷则变，变则通，通则久"是永恒的辩证法。

三、解读

历史教学面临的两个重要任务，一是架构学生的历史知识框架，对人类社会的更迭轨迹有基本的认识；二是通过历史现象激发学生思考，涵育素养，教化心灵。但这两个任务在海量的历史知识面前，都面临着很大的挑战。拿本课来说，两宋三百余年的历史需要在一节课完成，如果每一句都用相当数量的史实进行阐释以求讲透的话，那么完成以上两个任务都是不可想象的。我们势必要提纲挈领、抓大放小，便于学生建构框架，更要为教师开展探究性活动提供起码的空间。这样，本课的教学就突出了大概念，有了明确的针对性。

第一是提纲挈领。我们说，大概念除了重大历史现象本身之外，还可以是某个历史问题的解决方案。后者对于教学来说更有实践意义，因为它不仅能有效地实现学生的认识转换，而且把凌乱的历史现象串联起来。历史现象错综复杂，规律性差，它们不同于理论科学中内涵外延清晰明确的概念，不容易轻松地寻求到上位理论。但既然是政治制度，就有其背后的指导思想；固然人们对这样的思想会存在千差万别的理解，并产生一系列违背这一思想的社会现象，然而这一思想毕竟贯穿于历史发展过程中。古人尤其重视制度背后的指导思想，一方面基于儒家经典文献的精神，重德保民，敬天法祖；另一方面针对当时的具体社会需要将古代政治理论进行遴选，并使之自洽与系统化。"事为之

---

① 杨立华. 宋明理学十五讲 [M]. 北京：北京大学出版社，2015.

防，曲为之制"的"祖宗之法"就有这样的作用，它利用了古代"礼仪三百，威仪三千"礼乐文明中防微杜渐的因素，针对唐五代以来的权臣干将乱政的局面进行纠正。"每事立制，委曲防闲"（《汉书·礼乐志》颜师古注），把内政中的各个层面的漏洞琢磨得很透彻。这样的思想成为宋代制度建设的根本性原则。人不仅生活在一个各种"事实"的世界里，也同时生活在一个各种"思想"的世界里，历史学家寻求的是思想过程。① 我们可以对具体的历史现象赋予一定的情境，更可以把历史现象背后的脉络放置在历史背景中考量。这样整节课就有了丰满的教学立意。

第二是删繁就简。既然提纲挈领，就势必要抓若干重点，对本课的非重点内容一带而过；否则就是流水账，不大可能提纲挈领。② 针对历史教学的需要，我们强调叙述某一阶段历史不可无的大概念，也意味着要淡化数量相当的历史信息，大小概念辩证相生，深度与浅度相辅相成。本课抓住了宋初专制集权的加强以及王安石变法为重点，是因为它们为叙述宋史不可无，更是因为它们是渗透"祖宗之法"这一主线的要件。而对于边疆压力与财政危机，以及南宋的偏安，本课淡化处理，是因为内容烦琐、信息量大、展不开，当作两个重点内容的结果呈现。而诸如宋初集权与王安石变法的具体措施，某些层面可以让学生自学，老师简要补充简要的历史信息，不陷入烦琐的概念中。我们认为，高中三年的教学内容不可能一步到位，应丢掉"毕其功于一役"的思想，许多内容可以留到课下和以后完成。③

三是重视细节。有学者指出，历史最重要的是有大纲领（The Great Outline）兼具有意义的细节（the Significant Detail），必须避免的是无谓的叙事（Irrelevant Narrative）。不作无谓的叙事，只有在叙事与解释冶于一炉时，才大致能做到；历史不流于年鉴（Chronological Anna）或断烂朝报，胥系于此。④ 无疑生动具体有过程的内容在历史教学中会发挥巨大优势，但诸如制度、思想等内容很多环节找不到理想的过程性的细节，这就需要退而求其次，尽可能寻求当事人的所思所想，知人论世来处理问题。本课运用了大量宋代文献，尤其宋太宗诏书中"国家若无外患，必有内忧；若无外忧，必有内患。外忧不过边事，皆可

---

① ［英］柯林伍德. 历史的观念 [M]. 何兆武，张文杰译. 北京：商务印书馆，1997.

② ［英］柯林伍德. 历史的观念 [M]. 何兆武，张文杰译. 北京：商务印书馆，1997.

③ 李凯. 新高中历史教学应重视大概念 [J]. 历史教学（上半月版），2020（02）.

④ 杜维运. 历史方法论 [M]. 北京：北京大学出版社，2006.

预防，惟奸邪无状，若为内患，深可惧也"这样能反映当事人权衡利弊、去取予夺的思想性文字，最能反映逼真的历史场景。而材料中王安石用"周公遗法""祖宗之法"反驳韩琦的意见，反映了当事人借助有利条件逢源应对的灵活态度。正如柯林伍德所说，"历史的过程不是单纯事件的过程而是行动的过程，它有个由思想的过程所构成的内在方面"。[①] 这样的细节不仅是历史叙述的吸引人心之处，也是设置问题涵育素养的重要空间。

四是涵育素养。我们认为，历史学科素养需要渗透到教学过程中，而不是贴标签或者大卸八块。素养好比人体需要的维生素、矿物质和碳水化合物，只有在人的成长过程中才能发挥作用；单拿出任何一种营养元素，脱离人的成长，都是无意义的；历史学科素养只有在历史叙述和历史解释的过程中才能行之有效地涵育。郑林等指出，学生的历史学科核心素养主要体现在解决新情境下的历史问题的能力。能力不能靠知识的灌输形成，只能在综合运用历史知识、探究历史的方法、解决历史问题的过程中得以综合地发展。[②] 本课并没有机械地把某个素养和某个知识点进行贴标签，而是通过运用知识解决情境下的问题来形成素养。比如基于宋太宗的诏书设问，"北宋统治者为什么会忽视严重的边患问题？"这需要学生把唐五代以后的政治乱局、北宋的边患、古代对少数民族的怀柔政策以及诏书中的信息综合考察，言之有据、合情合理地形成历史解释。"王安石为什么有勇气挑战祖宗之法？"需要学生把王安石在改革中的处境、他的知识结构和宋初的制度建设一系列问题综合考察，才能形成较为客观的历史解释。

五是呈现历史复杂性。"历史是这样创造的：最终的结果总是从许多单个的意志的冲突中产生出来的，而其中每一个意志，又是由许多特殊的生活条件，才成为它所成为的那样。这样就有无数相互交错的力量，有无数个合力的平行四边形，由此就产生一个合力，即历史结果。"[③] 宋代的历史发展脉络能说

---

① [英]柯林伍德.历史的观念[M].何兆武，张文杰译.北京：商务印书馆，1997.

② 高水平的历史学科核心素养往往是综合的，不能简单将其拆分为唯物史观、时空观念、史料实证、历史解释和家国情怀。每个单一的素养，只有在和其他素养配合、共同解决陌生、复杂、开放的问题时，才能达到高层次的水平。历史问题的解决，最终是对历史作出合理的解释；因此五个素养的综合运用是以历史解释的形式来实现，即以唯物史观为指导，以史料为依据，在特定的历史时空背景下完成对历史的解释，在解释中渗透家国情怀，表现出国家认同、民族认同、国际理解等。见郑林、赵璐、孙瑞.基于学科能力的高考历史命题研究[J].中国考试，2019（08）.

③ 马克思恩格斯选集（第四卷）[M].北京：人民出版社，2012.

明这一点：固然宋代的制度建设有着宋代君臣的顶层设计思路，这是针对宋初政局进行防微杜渐的结果；随着积弊的加深，人们对"祖宗之法"产生了分歧与斗争，在内忧外患的各种因素下产生了北宋灭亡、南宋偏安这一结局。宋初的集权和王安石的改革态度，无不体现了历史"合力"的复杂性。在具有复杂性的历史情境中，我们能够看到各种力量的斗争博弈，从而更好地呈现出历史感。尤其是在一节课的结尾，教师通过如何化害为利的问题引领学生思考，认识到制度建设的话题渗透着穷则思变的辩证法的精神（社会科学中真理不可能一蹴而就，人们对各种信息进行归纳，在获得了这一范围内的规律之后，能够暂时地改造世界，此即"正题"，宋初的集权措施即可如是观；一旦社会发展，先前小范围内成立的规律就未必合理，即出现"反题"，北宋中叶的社会危机即此；人们不得不改弦更张，在更大范围内探索规律从而应对挑战，即产生"合题"，王安石变法即此。这正是人类认识的辩证法）。这样的道理至今都没有过时。这样综合征的素养自然在思考的过程中形成。

本课的信息量很大，并且有学术深度，需要学生有一定的历史基础，否则理解历史现象、探究问题都有障碍；教师的历史叙述还可以用更简单、更通俗的语言表达，文言文与专家学者的论述可以适当地缩减；很多信息通过教师口述而不是课件文字呈现，学生应该更能接受。这仅是一种尝试，为我们完成教学任务的同时涵育学科素养提供了一些思考方向。

"形"换心不变　"境"变质不减

——以大数据助力线上教学的实践与思考

李雪莹

居家线上学习是迫于重大公共突发事件的一个应急措施，课堂教学转变为居家学习新模式，如何利用信息技术提升课堂教学质量成为各校积极探索和实践的热点。在已有经验的基础上，学校坚守立德树人的初心，充分利用大数据支持教、学、研、评、思，以科技赋能精准教学，实现提质增效。

学校统一使用了一个平台进行线上教学，实现了集直播授课、作业批阅、巡课督导、资源推送、反馈评价、学科教研于一体，形成了以统筹管理、数据记录、统计分析为模式的教学管理体系。

一、实现管理数据化

（一）实时数据监测

学校利用实时课堂监测功能，全面了解在线师生、课堂情况。通过后台数据统计，形成大数据分析报告。数据可以时时采集，随时总结，如 2020 年 5 月 14 日至 5 月 20 日为期一周，全校共上线教师 330 位、学生 3811 人。哪些学生没有按时签到上课，教导处、年级组、班主任可以第一时间进行跟踪解决，查找不足，并提出整改措施，做好跟踪指导，从上至下做到线上学习无死角。

（二）全面在线督导

干部及年级组长、教研组长具有巡课权限，进入我校大数据监控中心，进行在线督导，达到无界限巡课标准，横向年级组，纵向学科组交叉巡课无死角。校干部、教研组长、年级组长在大数据分析平台，直观了解教师授课情况、学生学习状态。干部每日完成巡课记录，进行会议分析，发现亮点和问题，当天一对一反馈给教师，帮助教师改进教学。完整的巡课督导系统为线上教学的顺利开展保驾护航。

二、推进教学精准化

（一）精准选用线上教学方法

教师在线上教学第一周多是以讲授为主，忽视了学生学习的过程，线上课程变得枯燥简单。教导处、教研组发现问题后第一时间进行网上教研，挖掘线上教学的优势，不断尝试用更多的方法来调动学生参与的积极性。如语文、道德与法治等学科选择进行主题讨论，以词云的形式聚焦学生课堂生成，即时有效，教学重点更突出。数学、地理等学科用几何画板、PDF做解题示范，圈点标画，注重知识体系，总结思想方法。

教师利用课前问卷、课后教学日志、课堂活动报告，了解每个学生的学习情况和任务点的完成情况，更精确地掌握班级学生的学习动态，为课堂教学优化提供数据支持。例如在教学轨迹中发现学生随堂练习的参与度可以达到95%以上，课堂上客观选择题立刻生成数据统计，教师根据数据选择不同的处理方式，达到精讲精练、讲练结合，提高课堂质量。

在线上课程中老师不断探索实践更有效的方法，例如数学老师建立随堂练习，及时看到学生的完成进度和完成情况，并结合每个孩子的作答情况进行当堂的一对一点评。还根据孩子完成随堂练习的速度，分层设置多个随堂练习，使得每一个孩子在课上都有事干，并且都有所收获。课后导出课上发布的随堂练习数据，对于仍旧未提交的学生，课下私信指导。

（二）精准推送自主学习内容

教师通过大数据分析结果，确定学生知识技能的短板，开发精准化学习材料，优化和改进教学过程，为不同资质基础、不同认知水平、不同学习风格的学生提供更精准化的教学内容和学习方式，实现因材施教。例如初二生物学科通过每天的随堂练习数据，发现学生的问题，针对学生易错题录制讲解视频，在资源中进行推送，学生根据自己学习的薄弱点、难点进行自主学习。在教师端可以查看学生的学习行为轨迹，督促重点学生完成学习。

劳技、研学、美术等课程则以教师推送的资源为主。如劳动教育课推出居家烹饪学习,既落实五育并举的劳动教学目标,也解决了没有专用教室的问题,学生在家里现有的条件下进行自我实际锻炼、体会、学习劳动经验,并在居家的时间中强化习惯养成。

三、促进教研深度化

青年教师张天然说,线上教学有机会发现更多的和学生互动的方式,有机会思考不同形式教学的意义和优势。大数据背景下的精准教学赋予了教师对教学敏锐的洞察力,线上教学的方式为教研活动提出了新的课题,如何发挥线上教学的优势,提高线上教学的质量成为各教研组研究的核心问题。每周聚焦一个小问题,解决一个小问题,推进线上教学稳步提升。如第一周根据巡课观察和数据以加强备课集体教研为重点,第二周以使用平台功能调动学生学习积极性为重点……周周有重点,周周有突破。随着线上课堂稳定推进,我们也惊喜发现课堂互动多了,教师鼓励多了,学生思维碰撞多了,随堂练习多了。

每周教研、随时教研成为线上教学的常态。数学组用 word 软件批注反馈的功能,同备一节课;语文组根据教师不熟悉平台操作的问题,进行线上模拟课堂实操指导;英语组聚焦线上的困惑,以头脑风暴形式出谋划策;道德与法制组总结出线上教学十点小建议……

云盘中存储的每一节线上课,既可提供给学生用以在线复习,也为学科组教研提供了案例,线上随时听课、复看、回看,解决了线下听课时间冲突的问题。组长通过查看教师云盘中的课,达到了对本组教师教学的诊断,并以此作为教研分析有力的案例支持。同组老师互相听课、互相学习,老教师向青年教师学习线上课堂活动设计,青年教师向老教师学习设计的理念,取长补短,形成了良好的研究氛围。

受线上授课时长的限制,线上教学应重点突出、一课一得、一课一法。教导处调整了线上备课组计划模板,在学期整体计划的基础上,聚焦课时目标,突出核心目标,呈现课时问题链,引导备课组将线上课深入落实。初一语文备课组在设计《一棵小桃树》时以"我"与"小桃树"的经历有哪些异同作为核心问题,用主题讨论、分组讨论的形式带领学生细品文章。备课组还充分考虑居家学习生活的单调,设计中更注重以贴近生活的问题引导学生深入思考。初二历史组就以国防外交的话题，在辩论中学生总结出外交与国防是相辅相成、密不可分的，只有外交与国防建设密切配合，才能更好地保障国家的利益和安全的观点。

教师借助教学轨迹分析、学生学习轨迹分析，更加精准定位线上教学重点。如初二数学备课《三角形中位线定理》，通过课堂调研数据发现学生已有的知识经验和思维的难点，备课组在反复研磨、修改、再设计的基础上，打造了一节线上优质课。

四、带动评价多元化

（一）课程评价

大数据下的精准教学可以帮助我们全面了解教师教学、学生学习情况，根据大数据呈现的教师教学行为、学生学习行为和表现信息，相应地调整和改进各科线上教学，完善课程的安排，实现教学管理的智慧化。

通过课程画像可以看到课程整体情况，通过雷达图可以看出课程的设计情况，同时可以看出课程下运行的数据，以及在这个课程下每天的课堂报告。如初中课程中作业反馈落实改错数据最高的学科是数学；生物课程随堂练习的频率最高。既反映了学科特点，也看到了备课组、教研组在线上教学中的实践。通过在线时间、活动轨迹看到很多老师在深夜、在周末还在给学生批改作业，看到了屏幕之外每一个默默付出的身影。

通过对全体老师统计分析，我们可以看到多种多样的课堂互动类型，通过数据可以看出选人、发问卷、抢答、主题讨论、随堂练习、分组讨论是老师运用比较多的课堂互动活动。这些课堂活动可以在线上调动每一个孩子参与的积极性，体现出教师关注学生学的过程、学的效果。

学校根据线上教学的特点设计了教师课堂教学反馈量表、线上课堂评价量表，不断提高线上课程的实效性。这些有效的活动为线上教学有效开展提供了宝贵的经验，为完善课程设置、课程体系提供了数据支持。

（二）教师评价

用数据具象的方式全面了解教师的同时，我们还可以进行数据的对比，发现教师的成长点。用动态的、发展性数据来评价教师，给予教师更加具体、有针对性的指导。如，有一位老师的画像是"勤勤恳恳"，查看了该老师的教学轨迹后，我们发现除了正常课时之外，这位老师在原有课程之后，还为学生提供了分层答疑，学生可自主选择不同时间段、不同层次的专题答疑。有的老师画像中呈现不均衡的现象，教研组长结合巡课观察给予教师具体指导，帮助教师提升专业素养，提高教学质量。

（三）学生评价

教师借助所有学生的详细画像，查看每位同学的出勤情况、作业完成情况、考试情况以及课堂参与活动表现等，精准评估学生的学习行为、学习结果。根据学生在学习过程中的数据，给予学生更精准的教学评价，避免了终结性评价只注重学习结果的弊端。教师复看课程评分，用每堂课的分数积累激发学生兴趣。

借助评级性描述、雷达图，看到某个学生的综合表现，如不均衡雷达图可以看到课堂表现与作业的完时差距，该学生课程参与比较活跃，而课后作业完成率只有86.7%，根据这些数据，班主任、任课教师就可以更加关注学生的作业情况，进行有针对性的引导。例如通过课堂表现数据，观察不同学生的变化——有些同学在前期线上学习时并没有那么活跃，但后期开始加入课堂，主动回答问题，看到学生持续的成长变化，即时表扬，促进学生更好地发展。

五、反思促教师成长

教师结合课后教学日志中每个时间点的教学活动，掌握在此项活动中学生的参与程度、掌握程度，对教学设计进行反思，改进教学策略。还可以通过学生的数据反思教师的教学设计，改进教学方法。

青年教师吴晓玉线上课《三角形中位线定理》上传到了研修网上，面向全国直播，获得人教社中学数学室主任章建跃的好评。孙晓钰老师承担线上双师课堂，为四个学校的学生授课。

生物老师于长红在课后反思中写道：备课中要设计适合线上的课堂活动。制作课前测，以便找出学生的主要问题。制作白板，用于梳理知识，构建知识框架。制作讨论活动，来巩固知识解决问题。将育智手册中的练习制作成选择题、简答题导入到题库中，便于第一时间掌握学生学习效果。

英语孙老师在总结中写道：利用线上课堂活动板块，增强课堂互动性，扩大学生参与度；善用网络资源，开阔学生视野，增强学习乐趣；建立试题库，边学边测；综合使用多种作业提交、练习平台，借力智能化工具为教师减负。线上教学并不是难事。

语文老师顾兰婷总结道：根据随堂练习中的正确率，比如第 3 题正确率只有 28%，可见学生在标点应用这一部分，还存在知识盲区。对于一些题目大部分学生都能答对，只有个别学生答错，可知这是一个个体性问题，可以根据知识点重新给答错题的学生发送相关的练习，加以强化。

"双减"背景下提高小学低年级学生计算能力的策略探究

王 蓓

数的运算是小学低年级数学教学中比较重要的一个内容，也是需要学生熟练掌握、灵活运用的一项基本技能。在新课程标准里，对各个学段都安排了数与代数这个领域的内容。运算的准确性不仅影响和制约数学学习的进程和质量，也影响和制约其他自然学科学习的质量。

笔者最近对本校一、二年级学生进行了一次口算能力普查，发现当前小学低年级学生的计算准确率不容乐观。就学生的计算差错原因，部分家长和老师以及相当多的学生，都归结为"粗心大意"。笔者不禁要问：粗心大意又是什么原因造成的呢？本文试从小学低年级学生非智力因素角度讨论引起计算错误的原因及一些针对性的对策。

一、问题的提出

数学课程标准明确指出"应当注重发展学生的运算能力"。所谓的"运算能力"，指的不仅是能够根据法则、公式等正确地进行运算，而且要理解算理这种能力并不是一种单一的、孤立的数学能力，而是运算技能与逻辑思维的有机结合。

笔者从事小学低年级数学教学工作，经常发现有这样一些学生，他们是老师和家长公认的聪明孩子，对于书本上或课外数学报纸杂志上有一定难度的思考题，能够顺利解出，但平时数学作业的正确率一直不高，数学测验考试的成绩也很少有满分的记录。导致这些学生作业正确率和测验考试成绩与其实际水平不相吻合的主要原因是，他们在练习的过程中，经常出现诸如"9–2=6"之类的"低级错误"。对此，老师和家长一再提醒他们做题时要细心。但这种教育的效果并不理想，学生的"低级错误"还是屡见不鲜。

培养学生准确而迅速的计算能力是小学低年级数学教学的一项重要任务。然而在"双减"政策下，延续古老的"题海战术"显然是不科学的，如何在不增加学生负担的前提下，提升学生的计算能力是值得小学低年级数学教师研究的一个课题。其实，除了对有关运算的法则、性质等理解掌握不好等方面外，小学生运算错误大多是由心理因素引起的，因而只有了解了引起运算错误的心理因素，采取针对性措施，才能有效减少小学生运算中的错误。

二、小学低年级学生计算能力的影响因素

（一）兴趣的影响

兴趣是最好的老师，是人们获得知识和技能的一种力量，是推动学习的动力之源。要想提高运算能力，数学教师在进行数学的运算教学中，要将数学的运算和实际运用结合起来，使学生感到计算不是单纯地做枯燥无味的数学题，而是为了解决自己或他人在现实生活中所遇到的具体困难和问题。教师要设计情景让学生能够从运算中体会到成功的快乐，这样学生才能在计算中不只是消极被动地应付而是主动去接受、练习和巩固。学生计算能力的提高才有实现的可能。

（二）基础的影响

数学本身是一个系统性非常强的学科，数的运算自然也存在基础的问题。这里的基础是指学生对前一阶段已学过的运算掌握的牢固程度、运用的熟练程度。因此对小学低年级学生的计算能力的培养就更为重要。这一因素对学生对未来学习影响很大，而且这种影响几乎与智力无关。再聪明的孩子，如果没有牢固掌握、熟练运用前面所学的基础知识和技能，在新知识和技能的接受和掌握上都会存在一定困难。在小学低年级阶段，数的分解掌握不好，加减法运算的准确性就不会高，加减法不熟练，乘除法出错的可能就会加大。

因此，学生在学习运算时必须一步一个脚印，稳扎稳打，这是提高运算能力的关键。

（三）注意因素的影响

小学生的注意力普遍不稳定。有研究发现，7—10 岁儿童注意力可保持 20 分钟，10—12 岁儿童为 25 分钟，12 岁以上儿童可保持 30 分钟。因此在解答结构步骤较简单的题时正确率比较高，而解答结构步骤较复杂的题时容易出错。

小学生还有急于求成的心态，这种心态使他们在计算时会将注意力过于集中在计算的结果上，因而常常会忽视数据处理的完整性。如，$250 \times 8=200$，结果漏添末尾一个 "0"；$9000 \div 450=2$，只记得被除数、除数缩小 10 倍去掉 "0" 商的末尾要添上 "0"。

另外小学生的注意力分配能力较差，若要求他们同时把注意力分配到两个或两个以上的对象时，往往就会顾此失彼、丢三落四，因而计算错误。如在计算四则混合运算 $1200-35 \times 4 \div 7+80$ 时，学生很容易犯只注意用 1200 减 $140 \div 7$ 的商，而把 +80 漏抄了。

（四）记忆因素的影响

小学生时常因为瞬时记忆或短时记忆的问题而造成运算错误。

短时记忆的特点就是存储的信息并不总是长时间地处于激活状态。运算开始时，小学生就会首先进行算式审题，于是，每一个数据很快被纳入短时记忆。在这个过程中，如果有无关的信息的插入，之前纳入短时记忆的信息就会有部分被剔除，这样，算题时就容易产生错误。如，计算 $2.5 \times 0.72+0.25 \times 2.8+0.6$ 时，就可能会写成 $2.5 \times 0.72+0.25 \times 2.8+0.6=2.5 \times (0.72+0.28)=0.25$（受 "可以简便运算" 的插入性信息刺激，将 "+0.6" 漏了）。

（五）感知因素的影响

要进行计算，首先必须通过感觉器官来感知数、符号或数和符号组成的算式，即看题、读题和审题。小学生感知事物的特点是比较粗略、不具体。例如，有的学生遇到相似或相近的数字、符号，匆忙动笔，就会抄错，把 9 写成 6，52 写成 25，"+" 写成 "−"；有的学生还没有把多位数看完，急于计算，就会造成漏抄，把 10000 抄成 1000；还有的学生观察不仔细，只看大致轮廓，忽略运算顺序导致错误，把 $8 \times 4 \div 8 \times 4$ 算成等于 1。

（六）思维因素影响

思维定式在学生思维中占有牢固的地位，是一种思维的惯性，它有积极的一面，在不变的环境中，思维定式有助于迅速作出反应；它也有消极的一面，在变化了的环境中，思维定式常常阻碍学生找到新方法解决新问题。

小学生运算时容易受思维定式的干扰，消极的思维定式主要表现为硬套解题模式，用习惯的方法去解答性质完全不同的问题。

如，60-39=39，由于小学生被"0加任何数都得原数"这一强化了的信息干扰，思维定式将"0+9=9"迁移到减法中，变成"0-9=9"，而十位上照样运算"6-3=3"。

三、如何培养小学低年级学生的计算能力

（一）设立生活情境

在教授运算课程时，我们可以采用"情境介入—引出算式—教授算法—解决实际问题"的方式。其实，我们现在很多题目都是采用了这样的方式，比如"鸡兔同笼"问题。我们在教学过程中就会创编故事或联系一些实际场景来吸引学生的注意力。比如，在教学《1~5的认识和加减法》时，经常会出现这样的题目"小明有两块饼干，小红有一块，小红把自己的饼干给了小明，现在小明有几块？"这样的命题更容易让学生接受和理解。这种来源于生活的问题能够帮助孩子理解到数学的实际应用价值。

（二）借助学习工具

学生学习中经常会用到一些学习工具，如圆规、直尺、三角尺、正方体等等。这些学习工具能够有效地帮助学生进行小学阶段运算的学习。计算过程中算理要比算法更难以理解。这时候，借助学习工具能够帮助他们更直观地认识这些道理，如在四年级数学《角的度量》中，我们就可以利用三角尺来进行度量，通过直观地演示，让学生们认识到正确的角的度量的算法和具体蕴含的道理。所有的运算都是有理可寻、有规律可找的。

基于这一点，学生们利用学习工具其实能够更简便地学习计算能力。

（三）进行合理练习

当学生在课堂上学会基础的运算规律和运算道理之后，就需要进行一些练习来加以巩固，这是培养学生计算能力不可缺少的一部分。在布置练习题时一定要注重合理性，要针对不同学生的运算能力来布置，在计算能力的练习中，教师要把握好适度性、层次性和阶段性原则，题量过少就难以达到练习的最终

效果，而练习过多、题海战术则会让学生产生厌学情绪。教师还要注重练习形式的多样化，一味地让学生做题只会适得其反。

（四）回归生活实践

培养孩子们计算能力的最终目的是希望他们能够运用到生活当中来。一开始，采用"设立生活情境"的方式让学生学会基本的算法和计算道理，而后引导他们用到生活实践当中，如在学习二年级数学"100 以内的加法"时，可以将习题代入具体的生活情境，像小明去超市买东西，拿了一袋果冻 5 元，帮妈妈买了一桶油 38 元，加起来一共多少钱。这样才能让学生体会到生活中蕴含了丰富的数学信息，进而体会到运算的价值。

基于游戏化视角下的教学实践研究

——以"观察物体"一课为例

郝　册

新版数学课程标准中指出数学是研究数量关系和空间形式的科学，数学在形成人的理性思维、科学精神和促进人的智力发展中发挥着不可替代的作用。新的课程理念强调数学课程要落实立德树人的根本任务，要使得不同的人在数学上得到不同的发展，逐步形成适应终身发展需要的核心素养。其中空间观念和推理意识是小学阶段培养学生核心素养中的重要组成部分。对于小学生而言，尤其是低学段的小学生，空间观念和推理意识的形成需要在实践活动和具象的观察活动中形成。

面对观察活动，如何在教学活动中扩充学生的思维，渗透数学思想，进一步发展学生的空间观念，进而提升学生的思维素养？如何将传统的观察活动变得有趣，进而提高学生参与课堂活动的积极性？是值得思考的问题。因此本文以"观察物体"一课为例，分享游戏化视角下的教学设计与实践。旨在探索游戏化教学在具体教学中的实践方法，更好落实双减背景下提出的"减负增效、控量提质"。

一、教学内容与学情背景分析

"观察物体"是北师版一下第二单元的内容，学生通过观察事物的前、后、左、右等不同面，体会从不同方向观察物体看到的形状可能是不同的。学生处于低学龄阶段，观察的范围只限学生能够控制的范围和生活空间。但学生在知识层面已经学习了上下、前后、左右等位置的相关知识，且学生具有一定观察物体的经验，能够借助简单语言描述观察物体的过程和观察的结果。因此给予一定思维层次的拓展活动，能很好激发学生的探索欲望，使学生的学习具有挑战性和趣味性。

二、教学设计基本目标

（一）指向知识内容的目标

1. 让学生通过观察物体，进一步认识物体的形状、特征。

2. 能在"小小摄影家"的观察活动中，辨认相对位置变化与图形之间的关系，积累观察物体的活动经验。

3. 积极参与观察活动，体会观察物体的乐趣，感知数学与生活的实际联系。

4. 通过练习，懂得间接观察的方法，进一步拓展学生的观察和判断能力。

（二）指向思维素养的目标

1. 利用学生的直接经验发展学生的空间观念，并创设个别具有挑战性的任务，进一步促进学生空间观念的实质性发展。

2. 发展好合作交流与思辨推理的能力。

三、教学的思维路径

中学几何中的"三视图"是工程制图、机械制图的基础，但小学不会正式地教学三视图，小学生对观察物体的定位是通过观察物体，进一步认识物体的形状及特征以及物体间的位置关系，积累观察物体的活动经验。因此结合学生的思维层次，制定学生观察物体思维路径，即学生先经历实物观察，形成直观感受，进一步形成表象和想象判断。然后经历观察实物图，在间接观察中形成空间想象判断，辅助实物观察验证的方法，从而真正帮助小学生积累观察物体的经验，发展学生的空间观念（见图1）。

图1 观察物体思维路径

四、教学任务序列与流程

本次教学设计是基于游戏化视角来进行设计的，主要围绕两个关键问题展开，第一个核心问题是学生要从不同的方向观察物体，感知从不同方向看到的物体形状可能是不同的。第二个问题是聚焦学生间接观察物体，从更高的思维层次对学生予以要求。整个教学活动借助过程性评价和结果性评价两种方式，以更全面的评价方式关注学生在探究活动中的表现与收获（见图2）。

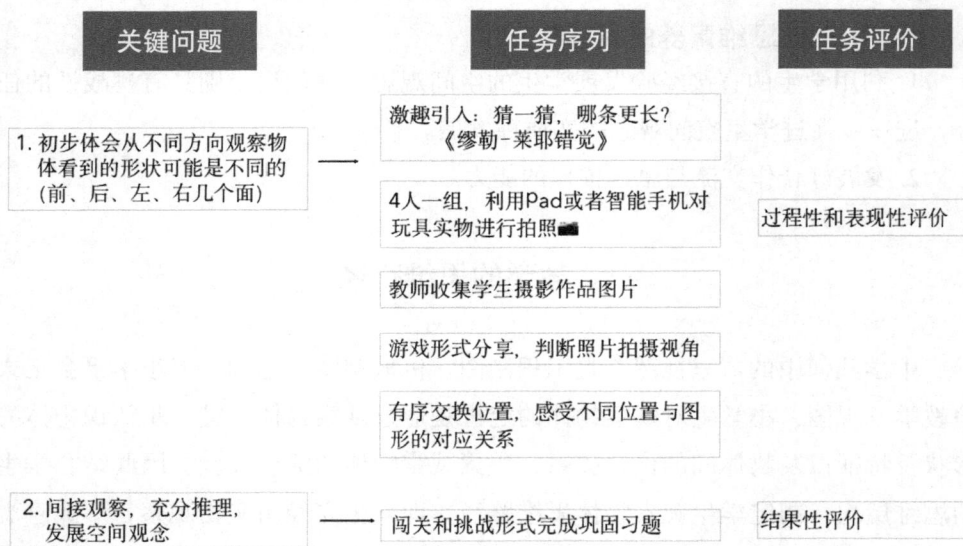

图2 观察物体教学设计的任务序列

五、指向思维素养的游戏化教学活动

活动一：眼见为实吗？

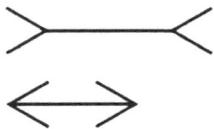

图 3 《缪勒—莱尔错觉》视觉图

问题表述：以上是经典的《缪勒—莱尔错觉》视觉图（见图 3），请学生看一看上面带箭头的两个线段，猜一猜哪一条更长？

在实践活动中我们发现，学生给出的答案基本上都是上一条比下一条线段要更长一些。那事实是如此吗？教学中抛出质疑，进一步激发学生探究欲望，产生验证的方法。比如测量、比一比等。学生通过验证发现两条线段一样长，教师揭示造成错觉的原因在于箭头向外的膨胀感和向内的收缩感。

游戏元素：借助视觉错觉。

设计意图：借助这个有趣的视觉错觉图片激发兴趣，感知观察与验证的这一重要的数学思想。

活动二：看到的形状是一样的吗？

活动表述：老师把小闹钟放到了大家的中间（见图 4），从你的角度观察一下，说说你看到了什么？你看到的会和其他同学看到的一样吗？为什么？

图 4 小闹钟

设计意图：学生通过不同角度的观察，初步感知观察方向（前、后、左、右、上、下），从不同的方向观察到的物体形状可能不同。

新传
教育文库
北京卷

游戏化元素：实践探究。

活动三：我是小小摄影家

观察玩具，给它拍个照。

活动表述：

（1）4人一组，观察桌面上的玩具，先从自己的角度看一看，并把你看到的样子用 Pad 拍下来，传给老师。

（2）拍照的时候请你一定要从你的角度水平观察，正向拍照。

（3）有序交换位置看一看，小组内说一说。

设计意图：继续感知不同方向看到物体的形状可能不同，同时获取学生的观察照片，为下一个活动做好准备。

游戏化元素：借助 Pad、智能设备与传输助手等信息化手段。

活动四：观察大闯关（习题巩固）

关卡一：想一想，找一找，把对应视角成像贴在小动物图片下方（见图 5）。

图 5　小动物的观察及成像

设计意图：本题是在学生经历实物观察后，初步形成知识具象的基础上，借助图片的形式观察从不同方向看到的单一物体的形状。设计要求的思维水平一般，面向全体学生。同时学生能在小组合作和探究的过程，相互交流，进一步培养合作交流的意识。

关卡二：想一想，下面的三幅照片分别是哪位小记者拍摄的照片，请把对应的序号填在照片下面括号里（见图 6）。

图6　不同角度小记者拍摄的照片

设计意图：本题是在上一题的基础上设计的。由情境图不难发现观察对象由单一物体到组合图形的转变，在一定程度上给学生提出了挑战。题目素养指向：空间观念与相对位置的推理判断。学生需要借助参照物的方向来帮助自己准确地判断。

关卡三：想一想，找一找，男孩从窗外看到的是哪幅图（见图7）？

图7　男孩的观察视角

设计意图：本题的难度呈螺旋式上升，不仅观察物体是组合图形，同时规定了观察者和实际的学生呈镜像关系，这给学生带来了很大的挑战。学生需要形成一定观察方法或借助情境模拟作为问题解决的"脚手架"帮助自己化解难点。题目素养指向：空间观念形成和相对位置的推理判断、观察方法的选择。

总之，3个习题以关卡形式，层层递进，学生以小组合作和交流的形式完成，过程中相互比一比，谁观察得更快更准确。激发学生专注观察和判断的能力以及小组合作和交流的能力。

活动五：课堂小结，生生互评

组织学生说一说："你学到了什么？你觉得自己在课堂上表现怎么样？谁的表现让你感受最深？"学生综合自己的体会说一说，进行自评和互评。

六、教学思考

本节课最突出的特点是充分站在学生的角度来思考课程的设计，着重落在如何让学生更好参与探索，在实际观察中真正让学生感知不同方向观察到物体形状不同这一结论。让学生感知知识来源于探究和验证。游戏化和趣味性也是本节课每一个教学环节中着重考虑的问题，因为游戏的特性是好玩，好玩的教学活动和作业设计能让枯燥的教学变成有趣的学习。而数学本身是一个创新的过程，本次教学设计更加强调过程性和探究性，通过实践活动和积极参与点亮、唤醒学生的思考动能，设计中关注到学生的能力层级，及时在每一个活动中设计与活动相适应的方法，更好帮助学生化解难点并转化成能力，以此达到能力的迁移和应用，最终实现素养的落地和生根。

抓住计数本质 理解"单位"概念

王　芳

　　《课程标准（2022 年版）》中对数感的表述是：数感主要是指对于数与数量、数量关系及运算结果的直观感悟。能够在真实情境中理解数的意义，能用数表示物体的个数或事物的顺序；能在简单的真实情境中进行合理估算，做出合理判断；能初步体会并表达事物蕴含的简单数量规律。数感是形成抽象能力的经验基础。建立数感有助于理解数的意义和数量关系，初步感受数学表达的简洁与精确，增强好奇心，培养学习数学的兴趣。

　　从课标角度看，数的概念的学习离不开两个层面：一是数的组成，二是生活情境。数的组成体现了数的本质结构特征，数是由计数单位的个数累加而成的。生活情境则是让抽象的概念直观化，培养学生的数感。史宁中在《小学数学教学的核心问题》中讲：表示自然数的关键是十个符号和数位。

　　在小学数学课堂教学中，如何体现出数的本质结构，培养学生的数感呢？下面以北师版一年级上册"生活中的数"为例，借助绘本故事《忙碌的星星工厂》中情景，阐述如何在课堂中让把抽象的概念直观化，培养学生体会数感、感知数感、理解数感、强化数感。

一、主动参与，体会数感

　　数感是一种感悟，让学生在有趣的绘本情境中，主动参与，初步体会数感，让抽象的概念直观化，为后面知识的掌握打下坚实的基础。

　　活动一：你能估一估有多少颗星星吗（见图 1）？

　　学生利用已有经验估一估星星的数量，请学生用自己的方式记录下来。

图 1 星星图

评析：估数是介于推理和猜测之间的心理活动。在估数活动中，注重给学生提供现实的活动素材，引导学生在具体的情境中运用多种感官参与形式多样的学习活动，以增强对数量的敏感程度。初步培养学生体会数感。

二、探究学习，感知数感

探究学习对拓展学生的思维、开阔学生的视野、促进学生的发展起到至关重要的作用，同时让学生在探究学习的过程中，初步感知数感。

活动二：

（1）数一数，一共有多少颗星星？并说一说，你是怎么数的？

汇报：有同学是分两个数数的，有同学是分三个数或分五个数数等。方法不同，但结果相同。

（2）追问：你最喜欢哪种方法？

十个数一起数的方法很方便，正好我们有十根手指，如果把这十个星星装进一个袋子里，这样的话一袋就有十颗星星了（见图2），非常便于整理。

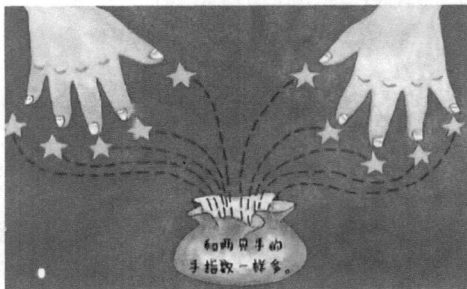

图 2　10 颗星星一起数

（3）10颗星星和一袋星星谁多谁少？ 感知10个1就是1个10。最后请同学把星星10个装一袋。实践体会10个1就是1个10。

评析：通过数数，让学生对逐一计数到以群计数有直观体验，明确"十"的概念，让学生经历用10颗星星装一袋表示"10个1是1个10"，再通过装一装的活动，帮助学生强化"十"的概念，潜移默化渗透给孩子一个新的计数单位"十"。

三、多维表征，理解数感

多维表征是运用画图、操作、建模等方式来帮助学生更好地认识所学知识，更深层地理解事物本质。数感的培养和理解对学生来说有一定难度。所以在教学中，用多维表征策略来帮助学生理解数感显得尤为重要。

活动三：

（1）请给热热闹闹王国送2袋星星每袋5个，请给香香甜甜王国送3袋星星每袋5个，忙着记录订单的星婆婆累得满头大汗。请同学们先自己摆一摆，然后想一想有没有快一点的记录方法呢？

可以把"袋"和"个"去掉，直接写上数字25。

（2）这个方法真不错，那2表示什么意思？5表示什么意思呢？

2表示两袋星星，5表示5颗星星。2表示2个5，5表示5个1。

（3）如果订单来了你会怎么快速记录呢？

把表示袋的写在前面，表示个的写在后面。

（4）用这个新方法，星婆婆把香香甜甜王国的订单给阿闪，阿闪拿了3个星星去了结果不对。为什么？

3表示3颗星星，3袋星星应该用15表示，因为它是3个5。

评析：自然数的产生是对数量的抽象，在教学中从两个角度把握这种抽象：形式上自然数去掉了数量后面的后缀名词；实质上，自然数去掉了数量所依赖的实际背景。帮助学生理解"几十几"的数的意义。通过探究更快的记录方式，让学生在活动中感受自然数的产生是为了方便生活，同时也是对数量的抽象。结合实物模型支撑，让学生直观感受两位数的意义。

四、关联拓展，强化数感

关联拓展，侧重在练习中内化知识，主要让学生把所学内容结合实际，更好地运用知识解决问题，更有效培养学生的数感。从基础知识到拓展内化知识，不断地强化数感的理解。

活动四：

（1）迷迷糊糊的迷糊国王，他订了 88 个星星，那是几袋几颗呢？

（2）这里有两个 8，左边的 8 表示什么意思？右边的 8 又表示什么意思呢？

（3）迷糊国王又说，我的星星不够，我还得再加 10 颗，现在他加到了多少呢？摆一摆。还是不够，再加 1 颗，加在哪里呢？现在是多少颗？（一直加到 99）

（4）再加 1 颗，现在是多少颗呢？

（5）10 袋太多了，送货不方便，你有什么方便的方法吗？

装一个箱子。

（6）你们说说这 10 袋星星和 1 箱星星什么关系？

现在有 10 袋星星，也是 100 个星星。10 个十是 1 个百。

原来，迷迷糊糊王国订了 100 个星星。

评析：表示自然数的关键是十个符号和数位。低年级学生的思维特点以具体形象为主，因此动手操作是帮助儿童形成数感极为重要的方法。通过两个 8 的对比，是对位值的一次直观感悟。通过实践操作星星 10 个、10 个增加和 1 个、1 个增加的过程中，感受十位和个位的意义是不同，发展学生数感。在星星增加的过程中感受数位的关系，通过操作体会 10 个十就是 1 个百，进而抽象出新的计数单位"百"，同时为后续百以内数的加减法做直观的支撑。

总结：小学数感培养对小学数学学习十分重要，关系着日后数学发展，更对学生日常生活有着重要意义。所以在课堂教学中，我们要抓住计数的本质，让学生主动参与，通过探究式学习，利用多维表征、关联拓展等策略，让学生理解"单位"思想，从而提升学生的数感。本文可以给师生提供一个培养学生数感的实际案例，更好培养学生数感，为学生日后发展奠定基础。

回 龙 观 育 新 学 校

HUILONGGUAN YUXIN SCHOOL ATTACHED TO CNU

育
人
实
践

创新思政教育工作，让学生想听爱听多参与

齐建敏

首都师范大学附属回龙观育新学校属十二年一贯制学校，建校以来分小学部和中学部两部管理，两部管理体制相对独立，思政教育属零散和碎片化，各学段学生，特别是小初过渡阶段，没有形成教育的有效衔接。我们一直在思考中小学两部应该在中间架起怎样的桥梁，使学校的办学思想、教育理念、管理理念、教学理念、发展愿景等方面做到一贯，进而有计划地系统地持续培养学生的爱国情感，构建爱国主义教育和知识体系教育相统一的育人机制。学校构建九年一贯制德育一体化课程体系，旨在以"学科广泛渗透"为基础，以"爱国教育实践"为特色，以"思政教育活动"为载体，让学生在九年义务教育中系统、完整地接受一体化教育。

一、着力在"接棒区"下功夫

结合学校"培育具有民族精神，世界眼光的现代化人才"的育人目标，确定学校德育培养目标：行于礼、善于思、格于物、达于美，培养有修养、有诚信，有意志，有智识，有主张、有规则，有理想、有担当的世界公民。遵循学生成长规律和思想政治教育规律进行小初一体化设计，小学阶段重在启蒙道德情感，初中阶段重在打牢思想基础，着力在各个学段、各门课程间的"接棒区"上做文章，更好地培育和践行社会主义核心价值观。

在新时代的条件下，如何才能让学生感受革命先辈的革命精神、获得红色传承，如何用红色基因浸润思政教育。第一，在构建"必修＋选修""研习＋走读"的课程体系基础上，我们开展"思想政治教育＋学科""仪式教育＋学

科""课堂教学＋动手实践"的多种形式，围绕习近平总书记提出的学好党史、新中国史、改革开放史、社会主义发展史的四史学习主题为指导思想贯穿整个课程。第二，突出"英雄、复兴、创新、信念"四个主题，融合红色主题课程生态体系，专业课与思政课（道德与法治）学科教学的协同育人。第三，教师的高位引领，师生的共同提升是关键。教师有信仰，教育才有实效，教育成果才有保障。探析专业教学中的思政元素，培养一批课程思政教师研究的先行者，构建全员、全程、全课程育人，形成协同效应，师生共学，红色基因得到很好的传承和发展。

二、多措并举，创新思政课

充分发挥课堂教学主渠道作用，推动爱国主义教育进课堂进头脑。推进思政课改革创新，有机融入爱国主义故事、先进典型事迹以及形势与政策要闻等鲜活素材，不断增强思政课的思想性、理论性、亲和力、针对性，挖掘各学科育人资源，构建爱国主义教育和知识体系教育相统一的育人机制。结合习近平总书记学习"四史"要求，各学段进行统一课程设计，遵循学生特点进行总体规划，提升思想政治教育亲和力和针对性，如表1。

表 1　学段一（小学 1—2 年级）

课程名称	讲红色故事　传革命精神			
课程主线	红色文学			
课程形式	讲故事、绘画、歌曲、手工制作等			
成果展示	《绘画集册》			
课程主题	课程名称	课程形式	课程内容	学科德育要求
党史	《开天辟地——中国共产党的成立》	绘画	学习了解共产党成立的历史背景，绘画党旗	加强政治理论修养教育，把情感作为主线来贯穿整节课，挖掘知识中蕴含的国家发展历史，激发学生的爱国情感
新中国史	神奇的蘑菇云——导弹	手工制作	了解中国第一颗导弹发射成功的故事　制作导弹纸质模型	
改革开放史	《香港回归》	唱歌	回顾香港回归历史背景、学唱《七子之歌》	
社会主义发展史	《小小宇航员》	黏土制作	讲述神舟五号第一艘载人宇宙飞船的故事、制作小小宇航员	

学校始终坚持协同共育，形成爱国主义教育良好社会环境。推动各类先进人物进校园开展思想政治工作，搭建社会育人平台，实现爱国主义教育资源的

共建共享。

以鲜活的人物故事影响学生，让先进人物走进校园，与同学们零距离接触，以真实的故事感染人、影响人，通过"故事铸时代魂"丰富思政教育的形式。学校设立了专家大讲堂，聘请各个行业、领域的典型人物，定期为学生举办主题系列讲座。邀请香港、澳门回归升旗手朱涛老师、花样滑冰世界冠军张昊老师、国防大学院长文若鹏来校进行交流。特别是每年新生入学，学校都会邀请校友、优秀教师给全体新生上第一堂思政课，使学生得到思想洗礼，心灵变得丰盈。

表2 各学段名人讲堂安排

学段	主题	专家介绍
学生讲堂	国防教育的终极目的	姓名：文若鹏 职务：国防大学研究生院副院长
	我国航天事业发展历程	姓名：金乐 职务：航天四院研究员
	伟大的立国之战 《抗美援朝战争》	姓名：魏维 职务：中国人民解放军防化学院军队政工教研室讲师
	共筑体育强国中国梦	奥运冠军进校园
教师讲堂	谈谈课程思政	教育学院讲师林雅芳

三、多彩实践活动，浸润学生心灵

学校积极组织开展特色爱国实践活动，让核心价值观转化为学生的自觉行动。注重节庆纪念日教育，发挥团队组织教育功能，强化国家意识和集体观念，增进民族自豪感和文化归属感。

学校组织学生开展红色走读活动，学生先后走进军事博物馆、中华世纪坛、老舍茶馆、宋庆龄故居等爱国主义教育基地，形成了主题为爱国爱校、感恩、责任、协作、诚信、环保、尊重、安全、生命体验式活动模块。学校还将志愿服务、公益活动等社会实践与爱国主义、文明养成、劳动教育相融合，开辟了更多的校园劳动服务岗位和实践阵地，如学生自行车棚管理、学校大门口两侧共享单车管理、中午操场锻炼区域管理、学校饮用水自动售货机管理、午餐餐桶的回收、垃圾分类管理等。其中，经与食堂管理人员沟通，给学生提供食堂帮厨的劳动机会效果最好。此外学校和北京农机站合作建立了学生实践活动基地和劳动教育基地，让学生全身心地投入田园耕作中去，学习我国传统和现代农业的基本知识，学习自然生态、环境保护、垃圾分类的相关知识，学习生活中常用的劳动技能、基本的生产劳动知识。

学校打造媒体文化空间为主的第二课堂，强化思想引领。学校广播站、电视台开辟了"人物志""榜样力量""青春色彩"等栏目，播出了一批反映师生风采、榜样力量、校园人物、师德师风以及青春励志的优秀文章。

此外，学校还开展了红色主题宣讲比赛活动，进行宣讲员投票评选，通过比赛，择优组建校级宣讲团，利用升旗仪式、广播站平台，结合五四青年节、六一儿童节、建党一百周年纪念日等节日和纪念日，开展多种形式宣讲活动。

"五治融合"构建舒展生命新班级

李炳慧

新时代、新征程、新背景要有新思想、新理念、新行动；落实立德树人、提升核心素养、应对新课标挑战也要有新德育、新思维、新班级。奋进新时代，教育必须踏上新征程、学校必须迈出新步伐、班级必须担当新使命。

一、走进新班级

（一）新班级的内涵

"新班级"简言之，是一个学生向往、教师幸福、班主任自豪、家长满意的正能量场，是一个"理念引领、理论支撑、结构科学、工具助推、评价多元、运行高效"的复合型育人系统。

新班级聚焦核心素养，在"五育融合"方针的指导下，以"先成人后成才、既成人又成才"为宗旨，以"育德致美，启智日新"为核心价值观，以"培养行于礼、善于思、格于物、达于美的时代新人"为育人目标，让每一个个体的优势智能得到最优发展，让每一个生命的价值得到充分尊重。

新班级是"落实立德树人、提升核心素养"的主阵地，是学会感恩、学会包容、学会学习、学会担当的主战场。

（二）新班级的亮点

新班级最大亮点是利用教育模型实现了教育理论与教育实践的完美结合，做到了班级管理既仰望星空站位高，又脚踏实地地落实。

新班级彻底解决理论与实践相脱节的问题，既让班级管理做到了知行合一，又让立德树人落地生根、核心素养开花结果。

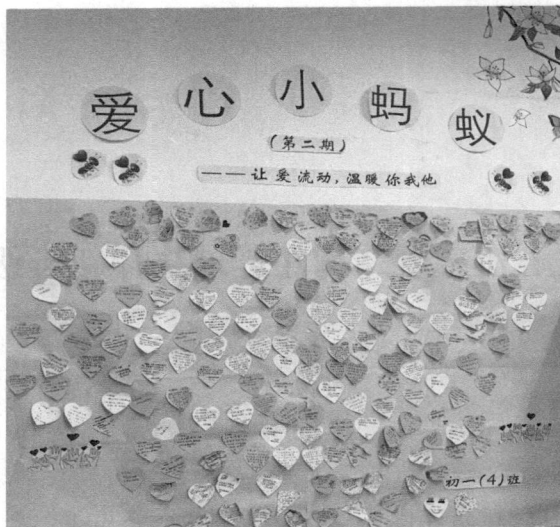

图 1 "爱心小蚂蚁"活动留言墙

新班级自主管理"五治融合模型"的亮点是让学生在"自治、共治、法治"的参与中学会自主管理、自主教育、自主发展；在"德治、善治"的熏陶中学会感恩、学会包容、学会担当。

新班级"爱心小蚂蚁模型"的亮点是创设一种相互关爱的游戏场景，采用角色扮演的方式，让学生在游戏中体验关爱与被关爱的幸福，营造一种全员关爱的动力场，实现爱的教育和自我教育的有机统一。

二、构建新班级

构建新班级要坚持"理念先行，行动至上"的总体战略，要用先进的理念引领方向，用科学的理论支撑实践，用高效的方法指导行动。在新班级行动研究中萃取出了构建新班级的"345 模型"，即三大理念"唤醒主体性、传递正能量、培养全人格"，四大理论"多元智能""积极心理学""正面管教""性情教育"，五大方法"自治、共治、法治、德治、善治"。

（一）用"三大理念"引领新班级

"唤醒主体性、传递正能量、培养全人格"是构建舒展生命新班级的三大核心理念。唤醒主体性是前提，传递正能量是关键，培养全人格是目的，三者相辅相成，缺一不可。破解班级发展难题，构建有活力、有温度、有情感的新班级必须坚持三大核心理念。

坚持唤醒主体性理念。通过价值引领、部委小组、五治方法和角色扮演、多元化评价，在全员参与的基础上实现人人有事做、事事有人做，从而唤醒学生的主体性。培养学生自我管理、自我教育、自我服务的能力，唤醒良知学会做人、唤醒自信学会做事、唤醒自觉学会学习、唤醒自立学会生活，进而提升核心素养。

坚持传递正能量理念。充分尊重、理解、信任学生，坚持和善而坚定的原则，采用接纳、引导、欣赏、鼓励、肯定的方式，让学生得到前进的力量。发现和挖掘学生的闪光点，实施激励性、发展性和多元化的评价，增强学生的自信。利用团体动力学，让学生发现正能量、传递正能量；运用罗森塔尔暗示效应，调动学生的积极情绪、激发潜能。

坚持培养全人格理念。以人为本是全人格培养的核心理念，依据加德纳多元智能理论采用多元化的教学和评价方式，使每一个学生的优势智能得到充分发挥，人人有舞台，个个能精彩。既要有知识更要有文化，打破"唯分数论"，促进个性发展。培养全人格关键是要做到"三心一注"，守护好学生的"自尊心"，培养好学生的"自信心"，保护好学生的"好奇心"，给学生足够的"关注"。

（二）用"四大理论"支撑新班级

运用"多元智能"助力个性发展。每个人都拥有八种主要智能：语言智能、逻辑数学智能、空间智能、运动智能、音乐智能、人际交往智能、内省智能、自然观察智能。多元智能理论有助于全面认识学生，树立正确的学生观，尊重学生个性，打破"唯分数论"，进行多元评价、多角度找亮点、强长项、增自信。

运用"积极心理学"培养自信。学生问题源于归属感和价值感缺失导致的自信心不足。积极的心理暗示和身份上的肯定隐藏着巨大能量。自尊心和自信心是人的精神支柱，是成功的先决条件，对一个人传递积极的期望，就会使他进步得更快、发展得更好。反之，向一个人传递消极的期望则会使人自暴自弃，放弃努力。构建新班级就需要班主任、任课教师、家长对学生进行积极的心理暗示，多肯定学生，不要给学生贴消极、负面的标签。

运用"正面管教"强化责任担当。《正面管教》由（美国）尼尔森编著，它是一本让数百万孩子，家长和老师受益终身的经典之作。正面管教讲述的是一种既不惩罚也不骄纵的管教孩子的方法。教室里的正面管教提倡在班级管理过程中不用惩罚或骄纵的方式,而是用相互尊重、平等的态度,共同聚焦问题的解决,从而把学生培养成负责任、懂尊重、有能力的人。

运用"性情教育"增强责任感。性情教育理念植根于孔子"仁"的思想,是"知识教育、生命教育、性情教育"融会贯通的典范。倡导通过创建和谐、温暖、理解的团体心理氛围,使成员有强烈的安全感、资格感、归属感和责任感。

(三)用"五治融合"经营新班级

五治融合模型是由"小组自治、部委共治、制度法治、文化德治、信念善治"构成的高效管理模型,见图2。自治是前提、共治是基础、法治是保障、德治是关键、善治是目标,五治管理是实现新班级高效有序管理的最佳选择。

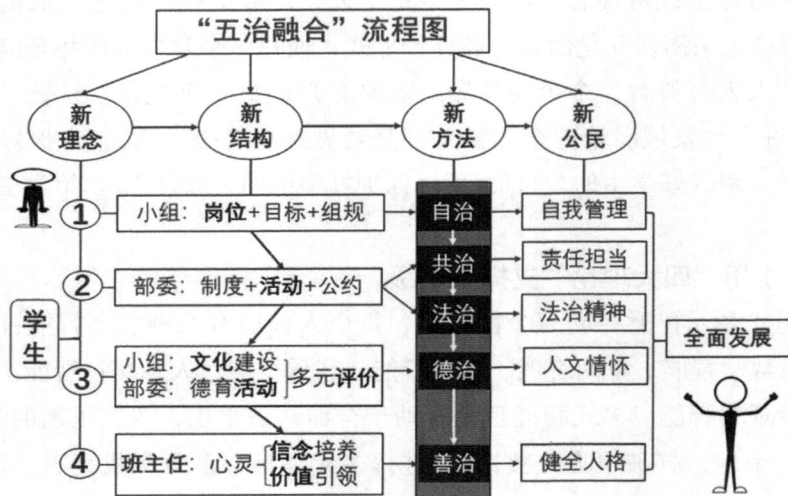

图2 "五治融合"流程图

五治融合模型通过"自治共治唤醒主体性、法治德治传递正能量、善治培养全人格"。让"空洞说教式管理"走向"体验欣赏式管理";让"控制保姆型班级"走向"民主科学型新班级"。

1. 自治路径:建设小组、自我管理

学生是班级的主人,学生是解决自己问题的专家。以合作小组为基本单位,一个合作小组有六名学生,按照"事事有人做,人人有事做"的自治理念,依据学生个人性格和优势智能分别担任行政组长、行为组长、学习组长、活动组长、生活组长、评宣组长，在民主讨论基础上制定组规，实现小组基层民主自治，让学生在管理与被管理的角色体验中学会自我约束，实现自我管理。

2. 共治路径：组建部委、责任担当

"部委小组制"班改是五治管理的一大创举，也是"空洞说教式管理"走向"体验欣赏式管理"、"控制保姆型班级"走向"民主科学型班级"的重要路径。在合作小组的基础上，班级设立行政部、行为部、学习部、活动部、生活部、评宣部，自上而下形成了"部委＋小组"的体系化、专业化、效能化的矩阵高效管理结构。部委小组制班改为学生搭建了自我管理、同伴互助、合作共赢的舞台，学生在管理和被管理的双重角色体验中，通过主动参与、民主管理，成就了学生、解放了班主任。

3. 法治路径：建章立制、规范有序

"法者，治之端也。"法治是治校理班的基本方式，也是构建新班级的基本遵循。"不以规矩，不能成方圆。"有标可依才能让新班级不走样、不变道，真正做到蹄疾而步稳、勇毅而笃行。

建章立制主要是利用"三阶段四环节"微班会模型，从课前自我认知，到课中同伴分享、达成共识，再到课后落实行动的三个阶段四个环节都充分发挥学生的主体作用，从学生生活实际出发制定接地气、可操作、实效强的班级公约和规章。学生在直接参与规章制度制定的过程中不但调动了参与管理的积极性还增强了执行规章制度的自觉性，增强了规则意识，也培养了法治精神。

4. 德治路径：文化筑魂、强基固本

"法安天下，德润人心"，法治与德治，是构建新班级不可或缺的两个方面，两者不可分离、不可偏废。法治与德治互为支撑，法治的实施有赖于德治支持，德治的践行离不开法治约束，必须坚持法治和德治相结合才能有效推进新班级建设。

德治是"五治管理"的关键，文化筑魂是凝魂聚气、强基固本的重要路径。

新班级文化建设从"勤奋好学、和谐致美"的校训中汲取营养，以行于礼、善于思、格于物、达于美为导向，用丰富的物质文化熏陶，用民主的制度文化激励，用文明的行为文化导行，用优秀的精神文化筑魂。

中华传统文化是我们民族的"根"和"魂"，也是德治的智慧源泉。新班级在文化建设中，可以把优秀的传统文化写到班级宣誓词中，开展宣誓活动；可以把一些正能量的歌曲如《三德歌》《社会主义核心价值观》《弟子规》选为班歌，开展天天把歌唱活动；可以把《大学》《论语》《老子》选为经典诵读材料，开展经典诵读活动；通过一系列文化活动的开展，涵养了心性、净化了心灵、坚定了信念、提升了德性、培养了学生的人文情怀。

榜样的力量是无穷的，活动支撑、榜样示范是德治管理的重要举措。为激励学生争做社会主义核心价值观的践行者，发挥榜样的示范带头作用，新班级评宣部定期组织开展"魅力男生　秀慧女生""感动班级十大最美人物""最具正能量十大楷模"等多元化的评选活动，树立了榜样、弘扬了正气，为构建新班级注入了强大的精神动力。

5. 善治路径：坚定信念、完善人格

老子《道德经》中讲道："上善若水。水善利万物而不争，处众人之所恶，故几于道。居善地，心善渊，与善仁，言善信，正善治，事善能，动善时。夫唯不争，故无尤。""善治"的概念早在几千年前就已经在中华传统文化思想中闪现，它是中华优秀传统文化的优秀因子之一，自古以来就是中华民族的美好追求。

学生通过自治从自律走上自主，通过共治从自主走向参与，通过法治从参与走向规则，通过德治从规则走向文化，通过善治从文化走向信念，学生有信念、德育有力量、民族有希望。

"美丽品格，善治信念"是贯穿"五治模型"的主线，是自治、共治、法治、德治、善治的最高价值追求，也是新班级实现"立德树人、提升核心素养"的题中之义。

"共筑善治信念"是构建新班级的目的和归宿。善治让"爱的正能量"传递到每一座教室温暖每一个学生的心灵。舒展生命新班级的核心是"爱"，没有爱就没有教育。共筑善治信念就是要紧紧抓住"爱"这一新班级核心元素，以"爱的正能量体验活动"为载体，让学生在爱的体验中发现爱、学会爱、传递爱。

在新班级行动研究中，总结出了许多接地气、可操作、易复制、好推广、效果好的"善治模型"，如"爱心小蚂蚁""心灵摄像机""赞美条""点赞卡""爱的沐浴""爱的小天使""私人订制""传递感动""爱的陪伴"等。这一系列传递关爱的"善治"模型，让学生在爱的正能量体验中实现了道德认知、道德情感、道德意志和道德行为的有机统一，让"爱知"与"爱行"完美融合。

如何培养京剧小戏迷

梁玉麒

一、为什么说京剧小戏迷需要被培养

京剧是一门博大精深的传统艺术，它并不像现在的电影、动画那样能够让小朋友们直接理解、快速接受。对京剧的审美是需要有足够的传统知识底蕴和相当的看戏经验作为支撑的，也就是具有欣赏"门槛"。

第一，京剧剧目的故事往往从中国名著、经典历史故事、典型人物形象与中国古代传说等为背景。学生能从故事中汲取多少思想养分，取决于对剧目故事的理解力。

第二，中国戏曲具有三大特征，程式性、虚拟性、综合性。程式性是戏曲反映生活的表现形式，它是指舞台上表演、舞美、音乐等规范化的表现，程式直接或间接来源于生活，又对生活提炼、概括与美化。虚拟性是戏曲反映生活的一种特殊手法，它指的是演员在舞台上不用实物，或只用部分实物，通过自身的形体动作和表演来表现生活。综合性是指它是一种高度综合的民族艺术，融汇了许多艺术精华——诗歌与文学、音乐与舞蹈、服饰与美术、武术与杂技等，各种不同的艺术因素与表演艺术紧密结合，最终通过演员的表演实现戏曲的全部功能。

京剧作为中国戏曲的一种，集各个地方戏曲剧种于大成，是中国特殊的、独有的艺术代表。只有了解中国古代文化，理解京剧的艺术表现形式，才能够走进京剧，看懂京剧，领悟到其中的精华。

二、小戏迷第一阶段：看戏听戏

（一）京剧剧目的选择

1. 剧目的类型选择

京剧剧目的类型很多，有讲古代的才子佳人戏、帝王将相戏、神仙鬼怪戏等传统戏，还有现代的现代戏、新编传统戏、新编现代戏等。

相对于中小学生来说现代戏基本上是可以拿来直接教授的，比如《红灯记》中李玉和一家三口为传送密电码与日寇对抗的故事;《智取威虎山》中孤胆英雄杨子荣时刻为大局考量的故事等。这些故事往往是中国抗日战争时期、抗美援朝时期的真实故事改编而成。作为革命经典剧目，对于培养学生爱国主义情操具有天然的优势。

古代的京剧戏码可谓丰富多彩、五花八门。当今，我们在中小学进行普及教授时，剧目题材的选择上要取其精华，去其糟粕。

简单来说我们选择的传统剧目主题应该是积极向上的。比如《三国演义》中的经典戏《战宛城》与《空城计》。《空城计》讲的是诸葛亮以空城计智退司马懿的故事。是一种疑中生疑的心理战术。学习《空城计》，学生不但能了解三国时期的历史，还能体会到诸葛亮的谋略与果敢、司马懿的多疑与狡诈，此剧目可算是一个了解历史、鼓励思考的优质教学素材。《战宛城》则不是如此，在此剧目中，曹操霸占邹氏、张绣刺死邹氏这一段戏中，含有不利于青少年身心健康的故事情节。所以虽然同属于《三国演义》中的经典剧目，《空城计》适用于中小学生学习，《战宛城》则不适用。

2. 剧目的难易选择

这里难易的概念不是指演员表演京剧剧目难易的程度，而是指观众看懂京剧剧目的难易程度。起始教授时，应该从最易看懂的故事、最易模仿的表演入手，带领学生走进京剧的大门后再逐渐规划，按照学习的强度与密度，增加剧目难度。比如京剧的念白分为：京白、韵白、地方白。京白是北京话，韵白是中州韵湖广音，地方白是各地方方言。我们选择剧目学习时，首先应选择以京白发音为念白的剧目，从与普通话类似的北京话入手，加以戏曲韵律的美化，可降低初学者进入京剧大门的门槛。

（二）对演员表演的理解

京剧是以演员为中心的表演艺术，能否看懂京剧观众对演员的表演能否准确理解。这便需要培养学生对戏曲程式性与虚拟性的认识。例如戏曲中的"圆场"，是一种程式性的标准动作，演员在台上所走路线呈直线、横线，S形、圆圈形等，起到表现舞台空间转换的效果。演员一跑"圆场"，观众就知道演员是在做场景转换。再例如京剧中有很多虚拟的动作，像《拾玉镯》中的孙玉娇绣手帕一场戏，演员手中并无真正的针与线，却能够行云流水般表演出从拿线、选线、刺绣等一系列做女红的真实场景，观众通过演员的虚拟表演与自己脑海中的实景、实物相结合，便能够看到古代女子的生活，这便是长久以来演员与观众能够达成默契的主要原因。在演员表演中，虚拟性与程式性是相辅相成的，可说是你中有我，我中有你。学生只有深入了解了戏曲表演的艺术特征，才能够成为一名合格的京剧小戏迷。

（三）与传统音乐的共鸣

除了演员的表演之外，京剧还有一个非常重要的组成部分，那就是京剧音乐。京剧音乐由乐队进行现场演奏，乐师们在演出时会坐在舞台的右侧，能够看到舞台上演员的表演。京剧音乐特色鲜明，主要以著名的"西皮"与"二黄"两大声腔组成，也就是我们平时所说的"皮黄腔"。京剧音乐节奏也有着其特有的表达方式，由"板式"来确定。京剧声腔与板式的各种有机搭配，形成了完整的京剧唱腔体系：板腔体。初学者初听"皮黄腔"与京剧板式时，往往不得要领，找不到它的规律，也感受不到它的情绪。带领学生欣赏京剧音乐的脚步也由应从简入繁这一规律入手——先从朗朗上口的西皮流水、数板等开始，学生熟悉后，再循序渐进地引入西皮原板、慢板最后到二黄的声腔与板式的欣赏。京剧音乐时而古典优雅，时而热情激荡，加上对皮黄音乐旋律的熟悉，学生们会陶醉在音乐的世界里，与音乐艺术产生情感共鸣，达到此种程度后，学生往往便会自发地听戏、学戏。

三、小戏迷第二阶段：学戏唱戏

第一步选定题材，学习京剧剧目的故事与文化，达到以思想育人的目的；第二步名段赏析，学习演员的基本功与表演：唱念做打、手眼身法步。

每个经典剧目都有着自己的高光时刻，例如《大闹天宫》中孙悟空擅自闯入蟠桃会偷吃桃子的片段;《天女散花》中天女随着动人的音乐舞动五彩长绸的片段;《四郎探母》中杨延辉与公主对唱的片段。在教师的教授下能够实打实地学会部分唱腔或表演，会唱会表演后，学生能够在各种活动中一显身手。置身舞台往往更能够体会到京剧艺术带给他们的魅力与自信，这对激发他们对京剧艺术的热爱，对中国传统文化的探索都具有十分重要的意义。

四、小戏迷最终阶段：懂戏爱戏

以上是对于京剧教育教学方向的一个简单梳理，目的是在符合青少年心身发展规律的前提下，以更有效、便捷的教学方式开展京剧艺术的教育活动。而这些教育教学的最终目的是：让孩子们爱上京剧这门艺术。

有人欣赏、有人热爱的艺术永不会凋零，因热爱便会去接近，去体验，去发展，从而使得京剧艺术生生不息。这是培养京剧小戏迷的最终目的。

打造独特班级文化　引领学生健康成长

张美玲

"教师是人类灵魂的工程师，是太阳底下最光辉的职业。"每每看到这句话，我都不免有些激动。师范教育在我心中种下了爱的种子，我最终走上了教育岗位。作为一名年轻班主任，我对班级管理还缺乏经验，有时候也会茫然，然而教育是一种责任，不容丝毫忽视和懈怠。爱是教育的前提，洒满爱的教育，能产生情感的共鸣，能开花结果。上学期间，我从早到晚生活在他们中间，有时因为他们而感动落泪，有时也因为他们生气烦躁。但是看到他们的点滴成长，我无比欣慰和自豪。

我刚接手这个班级时，同学个性比较鲜明，有的孩子刚强好动，有的孩子安静柔弱，有时他们会因为一些鸡毛蒜皮的事情而争得面红耳赤。通过观察发现了以下几个现象。

现象1：同学之事，与我无关。有些学生只考虑到自己，不会主动给予他人或周围的事物更多关心与帮助。如有些学生做自己的事时不愿意帮助向他问问题的同学。

现象2：对班级环境视而不见。班级卫生状况堪忧，部分学生对教室公共区域的地砖垃圾纸片熟视无睹，只要不是自己位子下面的就不会去捡起来。

现象3：对班级活动毫无兴趣。班上孩子参与活动的积极性不高，缺乏集体荣誉感，只管自己的事情。

现象4：班级纪律，一片混乱。上课预备铃响了，班长在前面提醒，下面有的同学视而不见、听而不闻。教室场面混乱，整体班风比较浮躁。

通过查阅资料和老教师讨论，我决定要和学生一起创造积极向上的班级文化，提高班级凝聚力，具体步骤如下。

一、利用班队会设计班徽和班规

我利用班队会课进行了班徽的设计和班级规定的讨论，出乎我意料的是，孩子们每个人都对班徽的设计提出了自己的想法，于是我将他们所说的元素，如太阳、小人、拳头等写在了黑板上，接下来我提出了问题：你们画得都很好，可是班徽只有一个，怎么才能设计出最完美的班徽呢？孩子们经过讨论，决定将以上元素画在一张纸上，于是便有了完整漂亮的班徽。班级规矩也分小组进行研讨，最终由孩子们自己制定出有利于他们学习的一日常规，如图1。

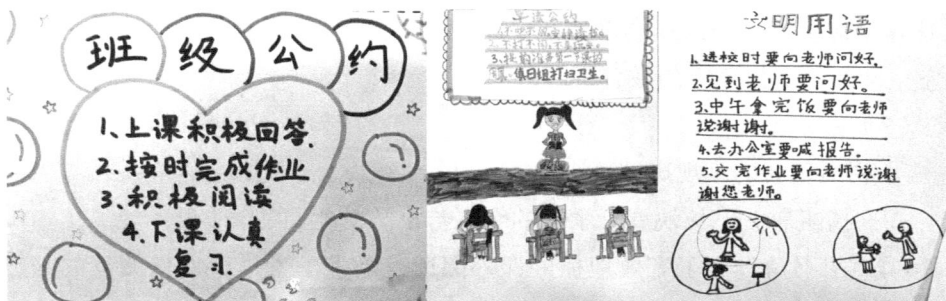

图 1　部分班规展示

二、培养班干部

一个充满凝聚力的班级，体现在当班主任或班委们提出一项对班级有益的建议后，学生都能积极地响应他们的号召。因此我积极树立班干部的威严，给予他们加分扣分的权利，并且适时引导他们进行班级管理。

三、在集体活动中培养凝聚力

在学校艺术节和体育节的活动中，我发现孩子们开始关注班集体、关心同伴，即便输了比赛会彼此拥抱而不是指责。这让一旁的我甚是感动，借机引导全班同学，表扬这种团结向上的精神。

新时代
教育文库
北京卷

四、美化班级环境，设计主题板报

（1）黑板报：按照学校统一要求，定时定期更换内容，黑板报的设计、书写、美工都由学生自己去完成，这样，黑板报能充分发挥它的教育作用，成为锻炼学生综合能力的有效平台。

（2）阅读园：通过摘抄好词、好句、好段、做手抄报、谈感想、说收获等活动来创设班级文化环境。如：能写善画的同学参与阅读园的搭建，心灵手巧的同学把精心剪制的小作品通过制作"读书卡"展示出来。阅读写作通过"日积月累"板块展现。这样的设计不仅展现学生的个性，还美化环境，把有限的教室空间装饰成为无限的教育资源。

（3）班务墙：

① 列出班级的班规班训。

②"扬帆启航"板块展示学生的个人与小队的竞赛活动。

（4）图书角：为了有效地抓好课外阅读，激发学生进行课外阅读的兴趣，提高阅读效果，班级设置图书角，开展"捐一本好书，读十本好书"的班队活动，由学生自己提供书籍，选好管理员，由学生参与管理，培养学生自主管理的能力。

五、关注问题学生，解决学生问题

案例分享：教会学生自我控制。

【背景】

我们班 B 学生性格火暴，行为习惯很差。课间爱与同学追逐打闹，经常在教室大声说脏话，与班级里很多同学闹过小矛盾。

【案例描述】

有一件事令我印象深刻。

在元旦联欢会上，B 同学参与"抢椅子"游戏，没想到第一轮 B 同学就被淘汰了，然而他并没有回到位子，而是大声吼叫道：都是他，他挤我，我才出局的，一边说一边打人，眼泪也流了下来，其他同学纷纷说："明明就是你慢了，还怪别人。"这时候他更生气了，发起了脾气。见状，我赶紧把他拉了过来，让他坐下平复心情，让其他同学进行下一个游戏。当他止住眼泪的时候，我表示很理解他，他只是想玩比赛。但是输了就要认，更不能动手打人，这样做只能让自己更难受！和老师一起看看他们是怎么玩游戏的吧。B 同学情绪明显好转，愿意和我一起安静地观看节目和游戏。后来，他告诉我，他是不好意思被淘汰，觉得丢脸。原来他是一个自尊心很强的孩子！

【案例反思】

同学之间的矛盾冲突，往往令老师非常头痛。有一些轻微的矛盾和偶尔的冲突是比较正常的，但如果有个别学生，总是和别人发生冲突，这样的孩子应是老师要重点关注的。实际生活中，学生的多数矛盾是靠分辨是非、互相尊重、互相让步来解决的。

首先，为什么 B 同学总是与他人发生冲突？我总结有两个原因：第一，缺乏人际交往技巧，为人处事能力比较差。第二，以自我为中心。自己想干什么干什么，全然不顾他人感受。不能换位思考，没有同情心，不懂得礼让。

因而，在与 B 同学的接触中，我注意到以下几点：第一，对事情进行冷处理。B 同学经常与同学或任课老师发生矛盾，当事情发生时，我发现他的情绪非常激动，大吵大闹，有时会气愤地哭，我每次都会等他冷静下来再进行解决辅导。第二，实施情感联络。在两年里，我争取与他建立良好的师生关系，不能让他认为老师、同学都与他为敌，让他能够信任我，明白我不是在害他，而是在帮他，并主动关心他的学习和生活情况，从他的态度来看，他确实有所改变。第三，培养他的自控能力。培养他对攻击行为的自责心理，培养其同情心，教会他设身处地地为他人着想，三思而后行，减少攻击性言语和攻击性行为。教育他认识到攻击行为带来的不良后果，使其学会自我控制、自我反省，然后慢慢养成良好的行为习惯。第四，树立他的自信心。积极创设条件，在他做得好的时候，如在学习等方面获得成功时及时鼓励，帮他树立信心，让他把旺盛的精力放在正确的事情上。

转变一个问题学生和培养一个优秀学生同等重要。冰冻三尺非一日之寒。学生身上的问题，不是一日养成的，因而要想让孩子有所转变不是一朝一夕的事情，要付出很多的时间和精力。只要不断学习，并努力提升自己，凭借自己的能力，给予问题学生更多的关爱，定能有一些收获。

　　教育是国之大计、党之大计。要以立德为根本，以树人为核心，努力培养出德智体美劳全面发展的社会主义建设者和接班人。作为青年教师的我任重而道远，正所谓"路漫漫其修远兮，吾将上下而求索"。

情感联结促进学生成长

——浅谈班级管理

安亚明

一、迎难而上

开学伊始，我担任一个中年级的班主任，面对陌生的班级我是焦虑的。为了从不同层面初步了解班级，在假期中我走进了十多位孩子的家中，与家长沟通和孩子们聊天，在沟通中我得知，班级凝聚力不强，学生学习动力不足，课堂纪律散漫。为了迅速改变班级现状，我选择了最简洁有效的办法——咨询有经验的老师。我计划开学初期就明确要求，持之以恒地坚持改善班风。

假期时我还阅读了大量关于这个年龄段的教育书籍，了解本年龄段的心理特点。怀揣着作为一名老教师的经验，速学的教育知识和极大的工作热情，我投入到了新学期的班级管理中。

二、初次会面

开学初，制定班规并让学生们严格遵守，时时刻刻关注课堂纪律，时时密切关注学生举动，课后找听讲状态不好、扰乱课堂纪律的孩子谈话，必要时还会在放学后与家长见面或电话联系。狠抓路队操队的纪律，集合时如果班级里有说话的同学，会反复让学生们多练几遍，达到快静齐地列队。在这样坚持不懈的努力下，短短一个多月时间中班级的面貌有了很大的改善。

"金秋体育节文明观看班级""银雪艺术节优秀观赛班级"等各种奖状和荣

誉接踵而至。同时，我的工作和班级的变化也得到了家长们的肯定。

但这样并不能从根本上解决问题，我不在学校时，孩子们便开始放飞自我，各种问题层出不穷，回校后，面对班里对杂乱的桌椅、满地的纸屑，我有一种说不出的苦恼。最让我不解的是，别的班级孩子们围着老师说说笑笑，相对地，我一走进班就是各种各样的小报告"老师他碰了我""老师他拿我东西了"。有两位在我们班上过试讲的老师跟我说，班里的孩子缺乏自信，面对陌生的老师回答问题不积极，课堂气氛不活跃。

以上种种让我陷入了深思。我也将我的苦恼与其他老师沟通，同时开始接触较新理念的管理方法。通过《正面管教》这本书，我第一次认识了情感联结。强有力的科学证据表明，增强学生与学校的情感联结，会使学校的教育更成功。这种联结在提高学生的学习积极性、课堂参与、学业成绩、出勤率的同时，还会减少旷课、打架、恃强凌弱和破坏公物的行为。情感联结，就是学生相信学校里的大人们关心他们的学习，并将他们作为个体来关爱，这样学生容易找到归属感。

三、反思调整

我之前的管理办法是高压式的，没有和孩子们建立很好的情感联结。找到症结和解决办法后，我开始着手改变班级的管理方式，由我"一言堂"改变为深入挖掘每个孩子身上的闪光点，充分发挥每个孩子身上的能量。班级是一个"大家庭"，一个人管不如大家一起管，别人管不如自己管。

努力培养班级凝聚力，打造和谐班集体，建立健全"人人为我，我为人人"的班级服务理念，让孩子们在班集体里每天都有收获，每天都有成功感。班级是我们的家，让孩子们在这里快乐成长，在这里勇敢释放，让每一个孩子都能找到自己的学习方向和目标，快乐学习，快乐生活，逐步养成良好的行为习惯和规范，使各方面能力得到提升。

在日常班级工作中和班队活动中重点培养孩子的情感，挖掘孩子内心的感受，让孩子们学会感恩，学会付出，学会用实际行动尊重他人、欣赏他人，并且让他们通过自己的方式表达出来，提升孩子们的表达能力、协作能力和沟通能力。总而言之，要通过集体活动，吸引每一个个体参与；更要通过对每一个个体引领，促进集体凝聚力的形成。针对以上的想法我进行了以下班级管理办法。

（一）我是班级的主人

（1）切实落实"人人为我，我为人人"的班级工作指导思想，每个学生根据自己的特点选择一个班级中的小岗位，通过毛遂自荐，孩子们公开评选，推选出班级的小干部队伍，如班长、学习委员、卫生委员等。还有具体做事情的小管理员，如午饭管理员、取饭小帮手、电器管理员等。让孩子们在小岗位上发挥自己的特长，培养自己的责任心，体现自己的价值，真正让孩子们感受到"班里的每个人都是重要的，都是值得尊重的，班级是大家的"。在小干部、管理员的带动下班里渐渐涌现出一批乐于奉献的志愿者，他们的身影无处不在，协助值日生打扫、整理老师讲桌、利用休息时间帮助班级摆桌椅，等等，这些热心的同学像五彩的颜料把班级点缀得越来越美丽。

（2）受到一位老师的启发，我设计了以"想生活在什么样的班集体"为主题的班会，全班进行了班级公约的讨论，让孩子们真正成为班级的主人，自己的约定自己遵守，培养主人翁意识，培养孩子们说到做到的好品质，孩子们在班会上踊跃发言，积极表达想法。为了更系统地落实班级公约，我安排孩子们按照座位分组，组长由组员推选，按组实行计分制，内容包括学习、纪律、卫生、乐于助人等，只记加分，用好行为来激发和引领班级精神文明建设。每两周评选一次优秀小组、优秀组员，力争做到每位同学都有展现自己的平台，让孩子们懂得自律的价值，培养团队意识。

（3）当每天的事情有一个平稳的节奏时，生活对每个人来说都会更轻松。为了增强孩子们在校生活学习的秩序感和稳定感，我将日常惯例引入班级。在制定惯例表时我也会非常尊重孩子们的意见，只有他们能受到尊重地参与这个过程时，才会高兴地做应该做的事情，比如午饭后的自习时间是先出去玩还是回来做练习。如果哪位同学在时间内忘记做什么事了，我会提醒他看一下日常惯例表，减少了很多唠叨和强迫。通过日常惯例表，学生们学会了为自己的行为承担责任，感觉到自己的能干，并能与同学愉快合作。

（4）我还注重班级仪式感教育，提升学生集体生活的幸福感。精心准备每学期的开学第一课和结业式；每天午饭前，学生向午饭管理员致谢；每天下午自主学习时，班干部轮流进行一日班级总结。

（5）抓住契机，适时开展感恩教育。在班级板报内容中特别设置好人好事专栏，每次班级出现好人好事时孩子们都能适时记录下来，并在全班宣读。班会中也特别加入致谢环节，现在班级中互帮互助现象越来越多，孩子们也会很自然地对给予其帮助的同学进行感恩。

（6）班会制度。班级有同学出现解决不了的问题，可以写下纸条放在班会议程盒，每天大课间我都会打开议程盒查看，如有问题我会及时组织同学进行讨论共同解决。

（二）丰富多彩的班级活动

为了提升孩子们的学习兴趣和自信心，我又组织学生在班级开展了很多活动。

1. 作品墙的展示

我在班级后面的板报下专门开辟了一个位置作为孩子们书写和习作的展示墙。我每周都会给孩子们发一张作品纸，孩子们会利用周末时间认真练字，将最好的成果在周一插入对应名字的作品夹中展示。每周五我会组织学生进行投票，选出书写工整、美观的作品。作品的展示激发了孩子们的书写兴趣，端正了的书写态度。每周的小练笔也会在作品墙中展示，孩子们会在课间去读一读别人的作品，潜移默化地让孩子们喜欢上写作。

2. 漂流日记本

以小组为单位共享一个日记本，每位成员都要把当天发生的自己最感兴趣的事情记录下来。这不仅充实了孩子们的写作素材，也能在翻看日记的时候加深队小组成员的了解，同时学习不同同学的写作方法。

3. 读书活动

为了激发孩子们的阅读兴趣，扩充阅读面，每天午饭后都会由自愿报名的三位同学为大家朗读自己喜欢的文章，有的同学为了达到更佳的朗读效果，提前做了很多功课。孩子们很喜欢这个活动。每周六晚7点到9点是班级群的读书时间，孩子们可以自由读一段音频或视频发到班级群里。

4. 创建"班级社团"

开设学生课堂，引导学生分享自己的课后时光，同学们互相教授下围棋、玩魔方等益智类游戏；开设各种班内社团，如"课间活动组""武术组""折纸组"等。很快，同学们之间冲突减少了，了解加深了，班级凝聚力更强了。

5. 提升学生劳动能力

培养学生热爱劳动，手把手教他们如何使用打扫用具，经常鼓励学生为家人做力所能及的家务。为了让学生能更好地亲近大自然，我组织他们在班级种植绿植和蔬菜。学生们细心地培育着小幼苗，看着它们成长的同时，理解了生命的坚强。

通过这些调整，班级里很多事情我不用反复强调，小争执孩子们会自己处理。现在我进班级的时候孩子们会围着我说各种各样有趣的事。同学们也开始互相关注，好人好事不断涌现。最近几天我一直持续低烧，孩子们总会在课间提醒我喝水，午饭时也会提醒我多吃些有营养的菜。在这样温暖有爱的环境中，孩子们的听讲状态和学习热情也持续高涨，也让我体会到更多作为教师的幸福感。

（三）家校协同，互利共赢

一直以来，家长们总是非常热心、积极地支持着我们，配合学校开展各项工作。正是因为有了他们的支持和协助，我们班才涌现了一批表现优秀的孩子，他们善于探究、潜心学习，在班级中脱颖而出，带动整个班级，形成"爱静真礼"的良好班风。

冰心曾说过"有爱就有了一切"，也许今后班级的管理方式还会有一些改变，但我会一直秉持爱的教育，与学生们建立情感联结共同成长。

"五育"并举 构建新时代劳动教育体系

赵玉峰

学校劳动教育是面向所有学生的实践体验教育,通过有目的、有组织的劳动实践活动,关注学生的生命成长,促进学生综合素养全面提升。

对于专门的劳动课程,可从劳动知识、劳动技能、劳动态度、劳动观念等角度对课程目标进行重构,让这些课程充分发挥其功能与价值。

秉持"以劳促全"理念,构建贯通式劳动课程体系。以实践基地为依托,推进课程体系的跨学科、跨学段搭建。

一、构建富有时代性和系统性的横向劳动教育体系

一是营造涵盖教师、学生、教学活动、校园环境等要素的课程环境,并与学校党、政、工、团、队建设相结合,形成长效工作机制,将劳动教育有机融合在学校教育、教学、管理的整体运行之中。

该课程体系包括生活、人生、社会、自然四大领域,结合学校长期积淀的"育德、致美、启智、日新"核心育人价值观以及学校"育·新"课程,兼顾学生的生理、心理特点以及技术活动的难易程度,构建以"主题—模块—项目"为主要框架的课程体系。

蒙以养正,果行育德。生活育德类课程以观察、认识、实践为主要行动方式,课程内容以培养学生的生长、生活、生存需要与技能为主,主要开设有自我服务课、技能训练课、校园实践课、家庭体验课、社会实践课等。

和谐致美,向美而生。人生致美类课程以实践感知、体验、欣赏为主要行动方式,课程内容以培养学生人文底蕴、健康的审美观与生活情趣为主,主要

开设有九礼六仪等国学礼仪、吟诵传统文化课、艺体训练等。

启智明德，笃行致远。社会启智类课程以合作、探究、实践为主要行动方式，课程内容以培养学生科学的思维方式和分析质疑、发现探索能力为主，主要开设有学科渗透课、科技普及课、班级创意课、科学研究课等。

不息为体，日新为道。自然日新类课程以体验、诊断、实践为主要行动方式，课程内容以培养学生职业体验、基地观察课、自我诊断、未来规划为主。

根据"生活育德、人生致美、社会启智、自然日新"四类劳动教育领域，设计校园服务劳动主题、生活技能劳动主题、农场劳动主题、志愿服务劳动主题、项目式劳动教育主题、设计制作类劳动教育主题、劳模精神教育主题、职业体验主题、未来规划主题等几大类。每一类主题下包括很多模块和若干个学习项目。让学生获得积极劳动体验、形成良好技术素养的序列课程，见图1。

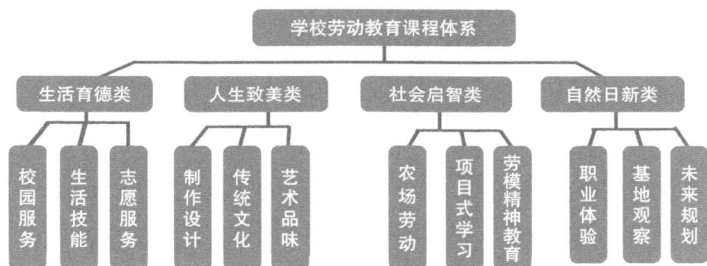

图 1　学校劳动教育课程体系

二是融合家庭、学校、社会三个领域的劳动教育，形成三方系统合作的横向劳动教育体系。

（一）家庭劳动教育内容构建

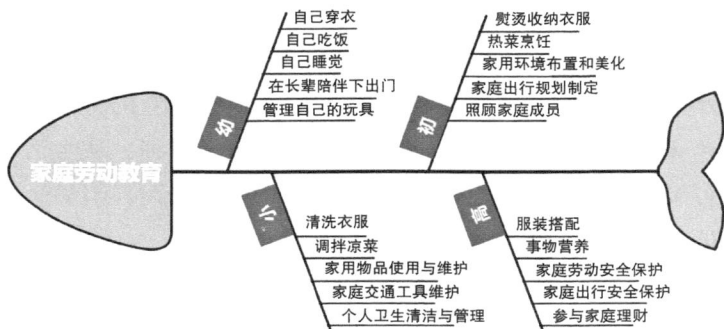

图 2　家庭劳动教育内容构建

发挥家庭在劳动教育中的基础作用，培养学生自觉、自愿进行家务劳动的习惯，传承良好家风，养成良好劳动品质。具体来说，低年级学段聘任家长辅导员，开展帮助学生"至少掌握一项劳动技能"的系列实践活动，指导学生完成《我的劳动日志》，鼓励学生分享劳动收获。高年级学生承包一项具体家务，家长和学生一起完成《家庭劳动责任岗实践活动记录表》和反馈表，细化劳动过程并分享体验。

（二）学校劳动教育内容构建

学校劳动教育要体现劳动内容丰富、劳动过程规范。主要以课程为表现形式。校园劳动课程分为必修课程和选修课程。必修课程是以国家课程标准或者纲要为依据的，包括小学和初中的劳动技术、高中的通用技术以及其他学科渗透课程。在学科融合中更能体现出以劳树德、以劳增智、以劳健体、以劳育美的教育基础作用。

（三）社会劳动教育内容构建

充分挖掘行业、企业、职业院校等可利用资源，宜工则工、宜农则农，深化产教融合，多渠道拓展实践教育场所。由学校组织学生每周固定时间参与社会公益服务活动或公益劳动，在活动中让学生参与实践、服务他人、奉献社会。学校每学期都会组织学生开展至少为期一个月的社区志愿服务活动，比如参与社区垃圾分类桶前值守、社区站岗、交通疏导、卫生清扫等。育新教育集团和中国农业机械化科学研究院北京农机试验站建立了劳动基地和社会实践基地，学生可进入农机院学习农机、农业、农艺。

二、构建九年一贯相互衔接的纵向劳动教育体系，遵循教育规律，培育不同学段学生的劳动素养，形成一体化劳动教育体系

在幼升小、小升初、初升高不同阶段升学节点有相应的劳动教育导向。针对一年级新生入学教育设置幼小衔接课程。三天入学培训，从生活学习、自理能力，到礼仪礼貌、遵纪守规，再到学习习惯、行为习惯，引导学生树立自己的事情自己做的自觉、自理意识。

为学生能够更好适应中学学习生活，在学生六年级时，学校便会通过多种形式组织学生走进中学。比如，由小学和中学共50名教师组成导师团队，300余名学生开展项目式学习，各项目小组在毕业前完成相应的研究和作品，并进

行成果展示。

借助初高中入团的契机，培养学生热爱劳动、热爱人民的思想意识。例如，按照相关要求，入团前要完成一定量的志愿服务时长。辅导员及团委书记会针对学生的劳动实践表现和对劳动的思想认识进行评价。对考核优秀的同学颁发"育新少年"荣誉章，择优推荐加入共青团。

三、实施有效的劳动教育评价

公平公正有效的课程评价是劳动教育持续开展的动力和关键。学校在学生评价体系建设中，制定"育德致美　启智日新学生评价体系"，包括自我管理、志愿服务、社会实践、艺体审美、科学创新等多个评价领域。例如，要求学生每学期必须参加一周的社会实践，获得相应的学分。建立值周评价系统，通过参考后台数据，每周一汇总进行广播表扬，每月一汇总评选劳动小模范和劳动模范班集体，每学期一汇总进行优秀班集体的评比。

四、统筹完善的劳动教育保障

保障学校有效开展劳动教育、落实劳动相应课程，需要建立实施学校劳动教育的有效保障。一是要建立统筹协调机制。积极借助家庭、社会力量，共同推进劳动教育实施。积极争取社会支持，加强社会资源的统筹利用。例如，可与一些企业和事业单位合作，建立劳动教育实践基地，每周开一次实践课。二是要健全师资保障机制。积极探索建立专兼职结合的劳动教育师资队伍，提高劳动教育教学质量。三是要完善督导评价机制。以督导促管理，以评价促发展，建立劳动教育评价机制，把学生参与劳动的真实状况以及相关评价材料计入学生综合素质档案，推进劳动教育实施。

继承和弘扬中华优秀传统文化　培养文化自信新一代

刘春香

　　2016—2022 年，我连续六年从事中低年段的语文教学及班主任工作。我在班级积极开展传统文化之吟诵方面的教育教学探究和实践。从学生们入学的第一天起，我就一笔一画地在黑板上抄写古诗词，然后播放古诗词的吟诵音频。如此一个月后，我们召开了家长听课活动，一位家长在给我的短信中写道："刘老师，在学校跟您上了半天课，感慨万千。以前我以为低年级课堂内容很简单，上过您的课后才发现，您把大到人生的价值观、为人处事，小到一个汉字，一个拼音字母的传统文化都说得那么精辟，而且写得那么唯美。我深感钦佩！您不仅是孩子们的老师，更是我们家长的良师。"家长们的肯定使我更加坚定了在班级开展传统文化浸润童心、立德树人和培养文化自信的教育理念。

　　我的学生都畎宇同学参加昌平区演讲比赛，他在演讲中这样说："教我语文的刘老师深情地说，'诗词歌赋是我们中华民族的文化精髓，腹有诗书气自华，孩子们，热爱朗读吧！在朗读中你会和许多伟大的诗人对话，你会感到学习的快乐与幸福！'从我上小学的第一天起，刘老师就每天早上给我们播放诗词吟诵音频，有古代的、近代的，还有现代的……徜徉在诗词的海洋中，我认识了浪漫豪放的李白在'举杯邀明月，对影成三人'；我也好想安慰一下忧国忧民的杜甫；我更想像李贺、王之涣那样驰骋沙场，壮怀激烈……我们还学习了许多毛泽东的诗词：《长征》中'红军不怕远征难，万水千山只等闲'让我感受到红军战士勇敢顽强的革命意志；《为女民兵题照》中'飒爽英姿五尺枪'的女兵们让我感受到她们'巾帼不让须眉'的革命斗志；还有一首是我最喜欢的《沁园春·长沙》，毛泽东站在橘子洲头发出的'问苍茫大地，谁主沉浮？'的天问，抒发了其欲以天下为己任的豪情壮志。谱写了中国历史发展的新篇章。从那时起，我的偶像便是毛泽东，我立志要像毛泽东那样胸怀天下，为人民服务。"都畋宇同学的演讲震撼了全场，也增强了我继续开展传统文化教育实践的信心，因为中华优秀传统文化浸润了学生的心灵，引领学生成长。培养文化自信，就在那一笔一画的汉字书写里，就在那声韵起伏的琅琅诵读中。

一、写好中国字，做有文化传承责任的中国人

汉字是中华文化的瑰宝。汉字书法艺术不仅是"技"，是"艺"，更是"道"。汉字文化博大精深，源远流长，想要领略文化精髓，就要从基础做起，从一横一竖、一撇一捺做起。平时，我在黑板上、在学生的作业本上、在教室的宣传栏里会认认真真地写好钢笔字、粉笔字和毛笔字，身体力行，率先垂范。"随风潜入夜，润物细无声"，慢慢地，学生们也会好好写字，把写字当成是愉悦身心的艺术，并在写字的过程中修心养性。他们甚至会告诉家长："刘老师写的就是中国文化！写好中国字就是爱国！我们要写方方正正的中国汉字，做有文化会写字的中国人……"此外，我的每节语文课都会安排10分钟练字时间。写字时要求正身、正气、正姿，脚放平、身坐正、肩放平，头离书面一尺、胸离桌面一拳、手离笔尖一寸，坐好后才动笔写字。学生们书写的字要及时评价，我的评价语也有创新，例如"你的字体现了你的审美""你的字承载了你的优秀""你的字体现了你的努力和坚持""你的字彰显了中国人的骨气"等。2018年，我的学生耿君恒荣获昌平区书法比赛特等奖。"写好中国字，做中华优秀文化的传承者"是我们班级继承和发扬传统文化，培养文化自信新一代的坚实基石。

二、热爱朗诵，传承吟诵，做有文化传承能力的中国人

作为一名从教28年的小学语文教师和班主任，我深深热爱祖国的文化，近年来一直开展朗诵和吟诵相结合的教学实践活动。吟诵是中华古典诗词文赋传承的重要教学法，也应该是我们语文教师教学古诗文国学的最好方法。首都师范大学中华经典吟诵专家团队认为教学吟诵其实很简单，因为汉语是

天然的旋律型声调语言，一般会说汉语就会唱歌，所以吟诵就是唱自己的歌。中华民族的优秀传统文化是我们每一个中国人的文化基因，通过中华经典吟诵初级培训，我坚信学生会在日复一日的熏陶培养下喜欢吟诵并热爱上国学的。

古诗有云："问渠那得清如许？为有源头活水来。"一年级是小学教育的一方沃土，一年级也是小学生模仿力最强的一个年龄段。我根据学生的年龄特点，刚开始是每周一首诗，反复播放吟诵音频，结果发现孩子们很喜欢这种"怪怪的歌"。根据学生们的适应情况，慢慢增加为每周两首诗。学生们的兴趣很浓厚，老师的坚持也愈发有价值。短短两年的时间，我的教育教学就结出了硕果：学生们都能上台吟诵展示；学生都畋宇荣获昌平区演讲比赛一等奖；全班一起参加昌平区艺术节及班会展示荣获二等奖；孩子们的朗诵、吟诵表演得到了学校领导、老师和家长们的一致好评……

随着学生们升入三年级，识字量增多，语言感悟能力增强，我们班又开展了"千字文国学课堂""龙文鞭影助我成长""探源诗经文化"等活动。虽然《千字文》《龙文鞭影》《诗经》中的字比较难，但是因为有吟诵这把金钥匙，所以学生并没有畏难，而是勇往直前地攻克了堡垒。我也从学生们身上汲取力量创立了自己的"国学传香"公众号，发布自录国学课程100余节，引领学生们沐浴国学经典，感受中华文化，做有根的中国少年。

三、正心明志，性静情逸，争做中华优秀传统文化的传承人

吟诵经典国学让孩子们树立了正确的世界观、人生观和价值观，起到了立德树人与增强民族自信的双重效果。中华文化博大精深，唯有浸润其中，方可得其精髓。通过日复一日、年复一年的吟诗诵典实践，中华文化的音符化作潺潺溪流，滋养着学生的心灵，改变着他们的人生态度。有的家长欣赏完孩子们的吟诵后感慨良多，不但对孩子们的吟诵水平刮目相看，而且对活动的主题意义深为感动。有的家长说："吟诵古诗让孩子感受到语言的优美，增强了记忆力，还学会了谦恭礼让，懂得了做人的道理。"还有一位家长这样说："我的孩子在小区里经常助人为乐，她对我说，《千字文》中的'福缘善庆'，就是告诉我们要多做好事，做好事就是积德行善。此外，孩子在吟诵杜甫的《春望》、陆游的《示儿》、岳飞的《满江红》时，那语气和眼神，还有小身体里爆发出的爱国力量令我们家长都很振奋！"

吟诵经典，国学传香；书写华章，浸润童心。汲取国学精髓是继承和弘扬中华民族精神的必然需要，是实现立德树人育人目标的重要途径。现在，我的学生们已插上热爱传统文化的翅膀，相信他们会厚积薄发，不负韶华，成为具有中华文化底蕴和文化自信的新一代。

悉心走进学生　全面提升素质

徐广珍

为了激励和引导学生全面提高自身素质，我们学校在 2011 年全面启动了学生综合素质评价体系，为学生提供了一个全方位的平台，对学生进行全方位的考察。为此学校给我们教师进行了系统的培训，并提供相应的帮助。

作为班主任，我更应该全面了解素质评价的意义，关注每个学生的全面发展，为学生的终身发展打好基础。本学期我担任小学五年级班主任，同时兼任五年级的数学教学工作，我主要针对"学业成绩""班主任评语""小组合作学习"三个方面谈一谈我的一些个人做法。

一、大胆创新，实行小组合作学习

我校地处山区，虽然交通不是很方便，但在硬件设施、师资队伍、校园文化等各方面绝不亚于城镇的学校。进入学校的大门，便会有一股沁人心脾的清香扑鼻而来。再往前走，浓浓的书香气息萦绕在你的周围，琅琅的读书声声声入耳，校园的文化氛围伴随着学生成长，整洁漂亮的校园使人感觉到师生们具有良好的习惯和较高的素养。你随时都能看见，有学生在捡校园里的垃圾，将它们扔进垃圾桶；小同学摔倒了，有人把他扶起来；见到老师，同学都很有礼貌地向老师打招呼……走进课堂，同学们积极地讨论、大胆地发言，尽情地一展自己的风采。

我校自 2013 年 9 月开始实施课堂教学改革，采用高效课堂教学模式，主要是以小组为单位进行教学，把更多的时间交给学生，让学生真正成为课堂的主体。2016 年，我校以创建特色校为目标，启动了"乐山文化"，取义于"智者乐水，仁者乐山"，要求各班均以"山"为主题，重新修订班名、班训、班歌等。

（一）班组建设

图1 班徽

对于以"山"为主题的班组建设，我和学生们一起开动脑筋，寻找资料，最终确定了班名为"奇秀庐山班"；班训为"崇山峻岭，勇攀高峰"；班歌为《庐山赞》。

班徽的设计以庐山为背景，体现庐山的雄伟壮观，红色太阳和绿色树叶组合成一个孩子奔跑、登山的图案，太阳象征着孩子们是早上初升的太阳活力四射，绿色树叶提示孩子们自觉保护环境、保护历史文化遗产，整体图案体现着孩子们不畏艰难、勇攀高峰的意愿。

我把班上的学生分为"山峰组""瀑布组""云海组"。每个小组均有组训、组歌。山峰组训为"雄奇挺拔、勇往直前"，组歌为"山峰美，庐山之美在山南，山南之美数秀峰"；瀑布组组训为"神奇多姿、智勇无双"，组歌为"瀑布奇，万丈红泉落呀，洒落出重云"；云海组组训为"变化莫测、奇思妙想"，组歌为"云海漫，不识庐山真面目，只缘云雾漫山中"。在班级的展示活动中，我所带的班级展示博得了领导和老师同学的一致好评。

（二）分组情况

我根据学生的学业水平，重新对学生进行分组，根据学校要求四人为一个学习小组，小组成员编号为1、2、3、4号，一般1号为学优生，4号为学困生。我班共14人，分为3个小组，另外两人为一个学习小组，在小组讨论时再将这两人分别编入其他小组。我又将组内学生的座位进行了调整：1 号与 4 号同学坐在组内面向黑板的位置，让他俩结为学习对子，这样有助于学优生辅导学困生，2 号同学在 4 号的左前方，3 号同学与 2 号相对，让他俩也结为学习对子。课上回答问题时，1 号展示加 1 分，2 号展示加 2 分，3 号展示加 3 分，4 号和 5 号展示加 4 分。这样不仅大大提高了小组竞争的意识，也为学优生提供了发挥自身优势的平台，更可为学困生提供更多帮助以及与其他同学交流的机会。

（三）合作学习情况

首先由对子进行对学，然后再进行小组合作学习。合作时，发言顺序为 4 号、3 号、2 号、1 号。小组合作需要形成文本时，我为每个小组准备了一个板面，方便学生书写相关内容，要求学生对重点内容或易错处用红笔书写，以此警示同学。

（四）展示情况

我对展示者进行了培训，要求展示者在展示时不能遮挡展示内容，用手或教鞭指向展示内容，语言表达准确，声音洪亮，展示完毕须说"同学们听明白了吗？""同学们还有补充吗？"等。

（五）课堂常规方面

我要求学生把上课用品一律摆在小组的中间，与本课无关的东西禁止摆放；学生在回答老师的提问时，要声音洪亮、站姿规范。同学们对这种新的课堂模式产生了兴趣，在课堂中，经常看到同学们积极交流、争先展示的场面。

二、认真评价学生的学业成绩

我会对每位学生的作业情况、课堂表现、学习态度等及时评价，并认真做好记录。

（一）作业方面

我根据学生的能力差异，选取难易适当的作业；控制作业量，一般写作业时间不会超过 30 分钟，我选取了有趣味性的、理论与实践有机结合的丰富多彩的作业形式，让学生快乐地学习并完成作业；书面作业我要求学生一定要干净、整洁，笔记要清晰、完整，并做到给每一个学生都认真批改作业，及时纠正学生作业中的错误。在批改作业时，我会用各种符号，也会通过批语和学生交流，以此激励学生。

（二）课堂表现

我实行高效课堂模式以来，学生在听课方面有了明显进步，但有个别学生在课堂上还是出现乱说话等不好的表现，针对这些表现，我不断反思，请教有经验的教师，私下和同学谈心，走进学生的生活，总结为什么会出现这些状况。其中一个原因就是老师的导学案没有激起学生的学习兴趣。所以我更加精心准备，真正让导学案成为学生自主学习的引路人。其次，作为教师要拓宽自己的知识视野，在课堂上能够旁征博引、侃侃而谈、树立威信。一个知识广博的老师，会受到学生欢迎，学生会更认真听讲、积极发言，同时要培养学生大胆质疑和交流合作的学习习惯。

（三）学习态度方面

上课时我十分注重学生的学习态度，根据小学生学习态度形成和转化的规律特点，我引导学生分清什么是正确的学习态度，对照榜样找到自己的不足，树立正确的学习观。上课之前我会让学生提前准备上课用品，由班长负责组织学生背诵一些基本的数学知识点，如常用的分数小数互化，几何图形的周长、面积、体积公式等，让学生巩固知识、调整上课心态为上课做好十足准备。另外，我还通过班会让学生明白为什么而学习，帮助他们树立远大的理想，多给学生看一些名人成长经历的故事，这样也有利于激励他们认真学习，养成良好的学习态度。

三、与学生心灵沟通的桥梁——班主任评语

无意之中，我看到了一篇这样的作文："老师，因为我学习成绩差，考试排名靠后，所以其他各科老师对我都没什么好印象，讽刺、挖苦总是笼罩着我，我连起码的自信都失去了，更别提积极性了。有一次，我又像以往那样打开数学作业，意外地发现了您的评话：'你是个聪明的孩子，相信你一定会走出困境！'这让我感到十分震惊，我写的作业一塌糊涂，可是却得到了您最好的评语。老师，您那真挚的评语使我大受鼓舞，让我对您产生了好感。从那以后，我便深深地爱上了数学……"

十分普通的鼓励性的话语，竟然在学生心中掀起了如此大的波澜，可见学生那一颗颗幼小的心灵是多么需要老师的肯定与鼓励啊！"逆耳忠言"对学生

来说未必会产生良好的效果，学生中意志薄弱者甚至会因"逆耳忠言"心灰意冷、厌弃学习。相反，一段激励的评语却能使学生因得到表扬而信心倍增，产生克服困难的勇气和力量。心理学告诉我们，一个人只要体验一次成功的喜悦，便会激起无休止的追求意念和力量。因此，我的评语以鼓励、表扬为主，充分发掘每一位学生的闪光点，使每一位学生都能在激励中不断进步。我给班上刘旭鑫的评语是："你是我们学习的榜样，你的朗诵能给人带来鼓励、振奋、享受，你在班会中的主持大方、自然、亲切，希望你朝着更高的目标奋进。"我给班上的周佳艺的评语是这样的："你是个聪明的孩子，比赛场上你风一样的速度给我们留下了深刻的印象，希望你跑得更快学得更好。"我为徐博雯同学写的评语是："你是个懂事的好孩子，你在两校春运会上力挽狂澜，为我校赢得了荣誉，我们感谢你。"……只要发现了学生的点滴进步，我便用评语给予学生鼓励支持。

一切都是为了学生能够健康快乐地成长，让学生真正了解自己。因此实施综合素质评价是要给学生三面镜子，第一面镜子给自己，是让他们彻底看清楚自己，让他们审视自己、评价自己；第二面镜子留给同学，同学眼中的你要客观公正的多；第三面镜子留给老师和家长，教师与家长相对有了一定的阅历积累，分析学生会比较深刻，学生易于接受。同时要真正用评价促进学生素质的发展，只有满腔热情是远远不够的，它还要靠丰富而先进的理念做后盾。因此，教师必须经常充电，优化自己的知识储备，使评价更准确、更合理。

我相信，只要自己多加学习，多加反思，多加积累和记录，多加验证，风雨过后终能见到美丽的彩虹！

家校共育人，和谐促成长

杨　帅

一、教育箴言

每个孩子都是家长的珍宝，作为老师我希望学生健康成长、快乐学习，养成好的生活方式和学习习惯并从学习中收获快乐，让优秀成为一种习惯。因此，我常常结合学校开展的各项活动，抓住各种契机培养学生的学习习惯、学习能力、责任担当意识、班级工作能力，通过赏识教育，家校协力给学生营造和谐向上的氛围，鼓励引导学生走向成功，助推学生成长。

二、教育故事

故事一：每个学期返校日我都会收集孩子们的假期作业认真批阅，在开学第一周评选出优秀作业后，在班上公布优秀同学名单并进行奖励。此外，我还会收集学生们假期里完成的社区工作活动记录并评出表现突出的同学，然后把名单张贴在班级橱窗里展示。这样的反馈给认真完成作业的学生增加自信心和展示的平台，同时也为其他学生树立学习的榜样。

故事二：我常常结合学校的值日班长制，培养学生良好的卫生习惯和文明礼貌习惯。我会鼓励值日班长树立自信，积极寻求好方法，大胆配合班主任老师管理班级。不仅做到门前五管（礼仪、礼貌、卫生、纪律、美化），还要做好门内督办，帮助班主任老师领取通知、收回执、收作业、关灯、锁门。遇到突发事件时及时联络班主任及任课老师。学生们通过值日班长制大大提高了对于班级管理的认知，体会到老师管理班级的辛苦，多数学生工作起来认真负责，能够很好地配合老师履行小管家的职责，增强了自身的责任担当意识和班级工作能力。

故事三：学校举办的动物嘉年华活动深受学生们喜爱。这项活动主要围绕各种小动物的外形特点、生活习性等相关知识展开表演、制作、游戏、趣味问答活动。在活动中，班主任老师动员家长，积极报名参加活动，老师与家长齐心协力，以班级为单位搭建展台，各式各样的小动物成了班级的吉祥物。活动启动之日起，学生们就开始了对于各种小动物资料的查找，同学们分成小组，利用课余时间看书、上网搜集与小动物相关的资料。家长们也十分支持学校的这项活动，帮助孩子收集资料、排版印刷、装订成册。活动当日，家长学生齐上阵，分工明确，有负责舞台表演的，有负责教学折纸的，还有负责教学画画的，更有负责知识问答、游戏组织的……这些寓教于乐的活动很好地激发了学生对于知识的渴求，培养了学生们的动手能力以及合作精神，还给多才多艺的学生提供了一个展示的舞台。学生们在此次活动中健康成长，从学习中收获了快乐。

故事四：学生的能力各不相同，同样一件事，有些学生做一遍就能做好，而有些学生做起来就没那么容易了。学生之间不仅能力存在差别，而且性格各异。有的学生表现外向，他们愿意表达自己内心的感受，有时候用语言表达，有时候用动作表达。和外向型性格截然相反的是内向型性格，这些同学不善表达，小组讨论的时候不善于发言，就连课间休息的时间都不愿意离开座位。对于展示自己的作业、担任值日班长、参加嘉年华活动就更谈不上积极了。作为老师，我想我有责任帮助这些能力薄弱和性格内向的学生，帮助他们树立自信。

在我的班里有一个接受知识能力较薄弱的学生。每次课堂上看到她，她都会安静地坐在座位上，但眼神有时候像是思索着什么。每日的家庭作业她都会按时完成，完成的质量也很高，可是每次单元检测的成绩却非常糟糕。针对这名学生的问题，我及时联系了她的家长，利用一次放学后的空闲时间与她的家长进行了谈话。通过那次谈话我了解到该学生在家非常懂事，回到家会主动完成作业，遇到不懂的问题还会询问爸爸妈妈，作业完成以后，还能帮助爸爸妈妈做一些力所能及的家务劳动。这么好学而且懂事的孩子，为什么在单元检测中却拿不到好成绩呢？于是从那时起，我开始重点关注这个学生。在一节语文课后，我主动找到她，对她说："拿出你的语文书，老师想看一看课堂上的题目你都会做了吗？"只见这个学生不好意思地拿出书，我看到她的书上空空的，该完成的题目一道也没完成，当时的气氛很尴尬，我非常着急，我指着书上的题目说："为什么不做题？"她用微弱的声音回答说："我不会做。""那你在家的作业都是怎么完成的呢？"我问。她回答说："那些题都是爸爸妈妈教我做的。"原来是这样！明白了她不做题的原因以后，我开始着手利用课下的时间辅导她做题，查找她的问题所在。在辅导该学生的过程中，我感受到她基础知识薄弱和性格内向。她看上去非常瘦弱，说起话来声音非常小，和那些外向的学生相比，她不会主动问我问题。于是我开始想办法培养她的自信心。我先表扬了该学生的优点，比如字迹工整、遵守纪律，接着，我告诉她，有问题自己解决不了要敢于请教他人，别人不会笑话你。你有了想法就要敢于表达，不要害怕犯错，老师知道你希望做到最好，甚至希望做到完美，然而事实证明人不是万能的，你要敢于尝试，敢于付出努力，即使失败也不要紧，失败只是在教育人们面对逆境的时候更要保持冷静的头脑。那些最后取得成功的人都是在逆境中仍然能保持头脑冷静的人，问题来临时，正视问题的存在，积极寻求问题的解决办法。听了我的这番话，她点点头，表情也变得豁然开朗起来，她对我说会努力改变自己的。就这样，在我的不断督促和鼓励中，我发现该学生对待学习的畏难情绪大大减少了，面对不会做的题会主动找我询问，找同学询问，而且每天课后她都会主动拿课堂作业让我检查，对于她的改变，我非常欣喜，发现她做题的正确率大大提高后，我及时表扬了她的进步。在一次班会课上，我拿出这名同学的事例，讲给班上的同学听，并且表扬了这名同学对待学习的认真态度以及上学以来取得的进步。我对全班同学说："同学们，当遇到困难时，首先要给自己一个微笑，然后告诉自己：要到达的地方，不会那么容易就到达，我不是完美的，但是我会努力去争取的。树立自信心是一个长期努力的过程，在每一次的成功后，我们要总结经验，失败后，要勇敢面对，只有我们肯于拿出恒心，拿出勇气正视失败的教训时，我们才能让自己做得更好！"从那节班会课以后，这个学生便拥有了长久的自信心，不仅在课堂上能够积极发言了，而且考试成绩也提高了，就连和同学们的关系也变得更加融洽了。我把孩子在校的进步汇报给孩子的家长，我感到自己实现了作为一名教师的价值。

三、教育感悟

处在小学阶段的学生充满好奇心，荣誉感强，喜欢尝试新奇的事物，喜欢模仿，信任老师，所以作为教师应该当好学生模仿的榜样，注重培养学生学习的兴趣和良好的学习习惯，开展丰富多彩的活动，给学生搭建展示自我的平台。教师要随时注意学生心态的变化，定期向家长汇报学生的在校表现，有问题及时与家长取得联系，家校携起手悉心呵护学生，耐心引导学生，不断提高学生的认识能力，及时帮助学生解决问题，逐步培养学生对自然和社会的探索激情和求知欲望，努力使学生的综合能力得到快速的提高。在和谐向上的氛围里，我们的学生很容易不断突破自我、走向成功！

线上读书会——家长的心灵花园

杜福秋

一、"线上读书会"缘起

2019 年国务院《关于深化教育教学改革　全面提高义务教育质量的意见》明确提出，要重视家庭教育，充分发挥学校主导作用，密切家校联系；家长要树立科学育儿观念，切实履行家庭教育职责，加强与孩子沟通交流，培养孩子的好思想、好品行、好习惯，理性帮助孩子确定成长目标，克服盲目攀比，防止增加孩子过重课外负担。

基于对家校合作的认识，2019 年 11 月 22 日，首都师范大学附属回龙观育新学校成立了家校教育共同体。自成立之日起，共同体就持续组织了各种形式的家长培训，提升家长育儿智慧和能力。根据学生不同年龄成长发育特点和规律，分年级组织家长讲座，帮助家长了解孩子的身心特点，合理规划孩子的成长目标，选用适合的教育方法；组织家庭教育沙龙，家长们头脑风暴、角色扮演，通过互动体验有针对性地解决育儿过程中遇到的难题。

这一系列活动取得良好效果，得到家长们广泛欢迎。随着疫情突如其来并日益严峻，线下培训交流只好暂停。2020 年底，家校教育共同体讲师团中的家长成员向学校提出开展线上读书会活动的建议——组织家长们以共读、分享、讨论、社群陪伴形式一起修炼，让家长们的育儿之路不孤单，共同成长为情绪成熟的"智慧型父母"。

家长的提议与学校不谋而合，而且部分家长有创办读书会的经验，于是龙校家校教育共同体线上读书会应运而生。

二、"线上读书"开展

读书会是一种学习方式，是一种因学习知识、交流思想需要而组织起来的社团，是一种拓宽视野、拓宽思维、交流知识、提升生活的活动。社会上有各种形式读书会，人们在生活、工作当中学习，在思维运转中成长，在彼此交流中精进。

（一）确定活动推进方案

家长是学校教育的重要资源，开办"线上读书会"充分发挥了家长资源的优势。"线上读书会"最初的推进方案就是家校教育共同体讲师团中有相关经验的家长提出来的，后经不断实践，最终确定了一套规范的运行模式。

1. 阅读活动形式

阅读活动包括图书要点领读、实践、打卡、群内互动答疑等环节。

首先由家校教育共同体出面邀请有兴趣参与的家长进行图书领读，将领读内容录制成音频，领读主持人根据读书安排表主持分享章节要点；参与读书的家长按时间进度线下阅读图书，完成线上打卡，阅读过程中可随时线上交流读书体会、群内互动答疑。

2. 阅读进度安排

每一期读书会都有一份阅读时间安排表，让参与的家长明确读书进度。

如：第一期共读《亲密关系——亲子关系篇》，时间安排见表1。

表 1　第一期读书安排时间表

第 1 期读书安排（2021.01.05—23 日）						
周一	周二	周三	周四	周五	周六	周日
04	05	06	07	08	09	10
		开营仪式	第一章 了解自己 （p03–18）	第二章 你能听见吗 （p19–27）	第一次打卡 ＆讨论日	第三章 孩子你真棒 （p28–38）	第四章 游戏时间到 （p39–45） 第二次打卡 ＆讨论日

第 1 期读书安排（2021.01.05–23 日）						
周一	周二	周三	周四	周五	周六	周日
11	12	13	14	15	16	17
第五章 你有时间吗 （p46–54）	第六章 莴苣 （p55–62） 第三次打卡 ＆讨论日	第七章 孩子的反馈 （p63–71）	第八章 照镜子 （p72–82）	第四次打卡 ＆讨论日	第九章 人生的 两个选择 （p82–90）	第十章 一直这么做 （p91–99） 第五次打卡 ＆讨论日
18	19	20	21	22	23	
第十一章 他们有眼 却看不见 （p100–111）	第十二章 你的内在 洞察力 （p112–131）	第六次打卡 ＆讨论日	第十三章 寻求帮助 （p132–149）	第七次打卡 ＆讨论日	结营仪式	

3. 全勤打卡奖励

为了鼓励家长们参与读书活动并坚持阅读，凡报名参与的家长，学校都赠送 10 本精选的育儿图书电子版 + 全书朗读录音；完成阅读全勤打卡的家长会获得"全勤打卡之星"电子证书、纸质奖状和非常有纪念意义的定制书签或定制钥匙链。

实物奖状和奖品，由班主任在全班学生面前颁发给获奖的家长的孩子，由孩子回家颁发给家长，获奖的家长和孩子都特别有动力，孩子成为家长参加读书会的重要推手。

（二）选择确定图书

到现在为止，读书会已经开展 22 期，共阅读 14 本书。每一期所读书籍，或者是由家长投票推出，或者是由家长推荐。读书会负责人都会先去阅读，再确定书目。

现已读书目：《亲密关系》（亲子篇）、《非暴力沟通》（亲子篇）、《儿童技能教养法》、《解码青春期》、《父母对话青春期》、《积极养育》、《家庭中的正面管教》、《陪一颗心长大》、《非暴力沟通》、《非暴力沟通》（详解篇）、《非暴力沟通》（实践篇）、《如何提升孩子的学习力》、《不急不吼让孩子自主学习》、《做守信的家长　培养自律的孩子》。

（三）运营团队和读书成员

读书会顺利举办离不开运营团队和成员参与。

运营团队由最初的 5 个岗位，发展到现在的 19 个岗位，分工越来越细（见图 1）。

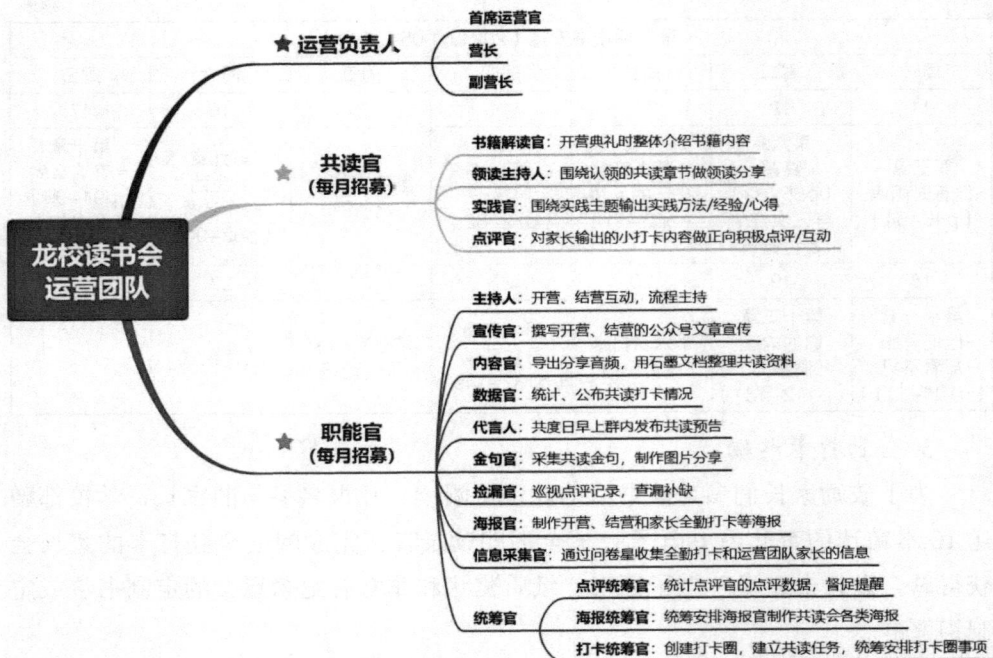

图 1　龙校读书会运营团队

　　首期运营团队面向学校家校教育共同体成员招募，从第二期开始，面向前一期读书会成员招募，这样更多的家长参与到运营中，深度参与读书会，更有归属感，收获也更大。截至目前，约 116 位家长参与过运营团队为大家服务。没有家长们的鼎力支持，就没有龙校读书会的持久运营。

　　读书会成员的招募，是在读书会开营前两天，通过公众号介绍共读书目、读书形式、读书安排、报名方式，并进行报名。第一期线上读书会，作为首次试水，限定名额 50 人，结果不到一个小时就报满了。22 期读书会，除第一期限额 50 人，其余每期都三四百人，到目前已服务家长超过 5000 人次。

（四）线上读书会开营

　　每期读书开始的前一天晚上都会在微信群举行开营仪式。仪式有开营预热、开营致辞、领读者团队亮相、家长代表发言、读书安排介绍等环节，充满仪式感和欢快的气氛。第一期开营仪式时，校长还特意录制了一段视频，向读书会开营祝贺，感谢家长们为家校共育做出的贡献。每一期我们都邀请曾经参加过活动的家长，分享自己参加活动的感受，用他们的收获，吸引其他家长积极参与。

参加开营仪式后有家长留言："这个读书会准备得太用心了，陪伴式阅读、鼓励式阅读，不仅准备了电子书，还有领读者，还有讨论打卡，真的很感动，一定好好读书，要不都对不起组织者的良苦用心！"

（五）线上读书会成果

共读当天，代言人一早就把阅读图书的音频内容、电子版内容推送到群里，家长们自行安排时间读书或听书，有疑问、有感受可随时在群里留言。当晚 19：30 领读主持人在微信读书群内进行章节要点或精华分享。当天和第二天都是打卡日，家长将特别有感触的知识点、践行案例或心得，发布到打卡小程序，这既是对自己阅读的整理，也是对他人学习的激励。现在每一期都有一百多位家长实现全勤打卡。

有家长留言："今天是契约实践最后一天，我给孩子留了心愿卡，感谢她的坚持。晚上下班回来，孩子说她今天的任务都完成了。因为完成任务早，宝贝有了很多自由玩的时间，于是非常希望制定下一个契约。一周的时间很快，契约实践结束了，执行表填满了，熊猫打卡图也拼完整了。这个过程中我们遇到了很多问题，也从遇到的问题中学习了很多，我们又开始思考下个契约的目标了。"读书会同时帮助家长实现了想做但一直没做到的事。

每个人都是解决问题的专家，读书会搭建起家长互助成长的平台。在这里，遇到解决不了的难题时发出求助，其他家长就会纷纷支招，使所有人在这里感受到温暖。

由于全勤打卡奖励通常由孩子替家长领取，被叫到的孩子们都特别自豪，他们在书签上亲笔写下给家长的寄语，代表学校把全勤打卡奖励颁发给家长。家长们从孩子手里接过奖励，听到孩子的表扬与感谢，非常感动，看到了自己读书、打卡对孩子的影响，参加读书会学习的积极性更高了！

家长们普遍反映，自己在改变，孩子也在改变。孩子出现问题，需要改变的是家长。参加了读书会，自己不那么焦虑了，亲子关系、家庭关系更和谐了。

家长们把读书会微信群称为家长的"心灵花园"，有家长说：

这个群，是一进来就不想再离开的地方；

这本书，是读上千万遍都不嫌腻的经典；

这些人，是把手言欢、同舟共济的同行者。

很多家长说："只要读书会在，我就在！"家长的肯定、支持、参与，是线上读书会持续开办的动力。

线上读书会，读书主体是家长，运营主体也是家长，这充分展示了家长群体的高素质和能力，充分诠释了家长和学校是最好的教育合伙人。家校合作，才能共同呵护学生们的心灵花园。

基于数字赋能作业背景下的学生课堂交互行为研究

赵玉峰

一、背景与问题

为落实"双减"政策要求，我校面临减轻作业负担并不表示要降低对学生学习质量的要求，在"双减"政策落实过程中教师应该做到在降低作业数量的同时保证学生的学习质量，提高作业精准度，设计要符合学生年龄特点和心理规律，作业的布置形式、批改形式、评价形式应该多样化，更加关注学生全面发展。

同时，随着"双减"政策的全面落实，广大教师的工作负担明显增加。教师既是"双减"任务的主要参与者，也是"双减"后续效应的执行者，实际用于备课 、读书、研究教育教学的时间也有所减少。受制于教学负担重和教研力量不足，棘手的挑战在于如何降低教师对于教育数字化转型中的认知能耗、提升观念意识，提高教师数字化素养。因此，如何借助新型数字化产品和服务给老师的观念转化提供助力，并给他们的信息化教学提供"脚手架"，是我校目前探索的方向。在持续推进学生减负的同时，也要想方设法给教师"减负"，妥善处理"增"与"减"的关系。

近年来，我校在实践中发现，学生课堂交互行为的状况对教学质量和学生学习效果有显著影响。作业，是课程改革中不可忽视的关键领域。课程改革是涉及到课程方案、课程标准、教材、教学、作业、评价等方面的系统工程。作业作为占据学生大量课余时间的学习任务，对学生课堂学习、诊断改进教学、学生素养发展等至关重要。以作业为抓手，推动精准教学常态化。高质量的作业设计是基本前提，但如果只是设计了很好的作业，教师没有认真批改，也没有认真分析学生在作业中表现出来的问题和可能存在的原因，更没有通过作业讲评辅导去解决学生存在的问题，没有进行跟进辅导，再好的作业设计也无法发挥真正的效果。教学策略的优化实际上就是教师在教学实践过程中不断调整教学目标、教学方法、教学评价等，以促进学生的发展。在过去，由于数据采集和记录过程十分烦琐，教师大多只能通过学生的考试成绩来检测教学效果，所以精准教学在作业推广过程中遭遇了阻碍。为了优化课堂教学，提高学生的学习效果，我校借助引进"云易智学高质量作业系统"，逐步构建了校本题库，组建高中物理"母题库"资源，依托母题作业，精准定位学生学情，助力教师开展精准教学与作业讲评，提高学生学习效率与质量。

二、总体设计

我校通过高质量作业系统建设，在日常作业、单元复习、阶段检测等应用场景，实现"母体精品题库资源、校本题库资源生成管理、高质量作业设计服务、数据采集与智能终端主客观全自动批改服务、学生/班级学情分析、教师课堂讲评辅助和学生个性化学习"六大场景，从而提升教师课堂效率，减轻学生作业负担，助力"双减"落地。

三、数据采集

我校选用的高质量作业机不改变师生使用传统纸笔完成作答批改的习惯，利用图像识别、OCR识别、图像分割、图像搜索、大规模题库检索、大规模深度学习模型部署等作业AI技术，进行各类题型的批改智能识别和作业过程数据的采集与分析，帮助教师提高作业设计能力与数据分析能力，实现作业精准讲和备授课，完成对学生个性薄弱点的针对性辅导、错题订正等。

（一）采集日常作业数据

高质量作业机实现了在不改变师生原册作答批阅基础上，无感采集作业数据。支持二维码及RFID识别下多种作业形式，包括教材原题、教辅书籍、打印试卷、习题小测印刷等，教师手工批阅过程中系统自动识别批改结果，可做到人机同步、学情分析自动推送，适合日常作业数据的采集。

（二）采集个性化、多场景作业数据

线上教学、周末和暑假期间，老师和学生可以利用手机拍照作业的方式，完成作业的提交、批改、学情统计。手机拍照的功能，让老师可以实时查看到学生的作答情况、作业完成进度，有助于老师更全面了解学生的作业习惯。

手机拍照的操作简单易学，老师和学生可以很快上手。学校老师在云思智学高质量作业系统给学生布置线上作业，设定好作业的截止时间。学生登录自己的账号，就可以查收老师作业内容。当学生在完成作业后，用手机的拍照功能，将作业图片拍照并提交。学生提交后，云思智学高质量作业系统会自动完成作业题目的智能识别，将全部题目利用 AI 技术完成作业批改，减少老师的重复性工作，减轻老师的批改负担。全部作业完成批改后，学生可以在手机上查看批改结果，方便快捷。

四、数据分析

多场景作业的数据采集为教师、学生、管理者沉淀了大量的学生学习、教师教育教学的数据，云思智学高质量作业系统能够提供不同用户角色的多维学情反馈。平台记录学生每次作业、测评作答结果，对学生的知识掌握情况进行记录，输出学情分析报告，包括班级班级报告、年级报告、学情交叉分析等，教师以及教育管理者及时掌握了解各维度学情，反思教学目标是否达成，从而开展精准备课与作业讲评辅导。

（一）班级单次作业报告

班级单次学情报告帮助教师对教学效果和班级薄弱点进行诊断分析，将学情数据反馈融入到自己的重点教学过程中，进行课堂作业讲评，实现对学生重点和易错题针对性、举一反三地强化。在掌握班级群体或个体知识薄弱点的诊断和学习行为分析后，教师借助系统可以评估学科核心素养，向学生提供个性化学习内容和推送自适应型的问题教学资源，也辅助自己推进基于数据实证的教研、精准备课，创新以学生为中心的课堂教学模式。

学生作业学情报告是系统绘制个体知识图谱画像的依据，能够帮助学生有效利用学习曲线加强知识掌握、改进学习方法。依据学情报告，系统面向学生按照其学习特征定制分类分层作业，系统自动为学生整理的个性错题帮助学生分析在本次作业练习中各知识点的掌握情况，借助智能推荐相似题，助力学生依靠大数据算法生成自己的个性化学习手册，以实现不同能力的学生得到不同水平的类题。通过对错题的再练与反思，实现提质增效，加强个人知识管理，提升自主学习能力。

（二）班级多次学情报告

为班级任课老师提供所选时段整体提交、批改、订正情况，人均题量及阶段学情变化趋势，辅助老师了解整体学情。为班级任课老师提供班级的阶段知识点掌握情况，并与年级对比发现班级薄弱章节，辅助老师定位需要关注知识点，以便及时查漏补缺。为班级任课老师提供班级的阶段核心素养掌握情况，发现班级薄弱点，辅助老师定位需要关注核心素养。

（三）学情交叉分析

将日常高频作业与阶段考试检测数据进行交叉分析，让学情评估更加客观。针对考试和作业中考查的相同知识点，从难度、得分率、练习次数和正确率等方面进行比对，辅助教师清晰洞察学生知识点掌握情况和趋势，优化教学方案。筛查他们知识点的相互覆盖情况，辅助教师分析试卷设计合理性并把握遗漏知识点，后续针对作业练习还会进行补充设计。跟踪历次作业提交率、得分率，并和考试情况进行比对、计算位差，准确框定异常学生，给出关注方向和教学建议。

五、应用方式

（一）校本作业资源库建设

学校依托于高质量作业作业资源平台，通过教辅电子化加工、教材练习重组、题库汇编分享等方式，建立起前置练习、课后作业、专题巩固等多场景校本作业资源，有效支撑日常教学工作开展。

（二）作业学情智能采集

借助智慧作业机，通过拍摄学生的练习册，能够高效、便捷的获取学生作业数据，帮助老师轻松掌握学情。教师采用手阅方式在练习册上批改，通过高拍仪拍照上传采集学情。

借助高质量作业系统家长端，为学生提供便捷的手机拍作业采集模式，服务学生个性化作业、课后作业的智能批改与数据采集服务。该类作业数据与教师日常布置练习册数据融合分析后可获得学生的个性化学情。

（三）教师开展精准教研与备课

高质量作业系统帮助教师精准教研、精准备课。根据班级作业报告数据，对教学内容和班级薄弱点进行诊断，基于学情数据反馈并融入到教师重点教学过程中，进行课堂作业讲评，并对下一课时备讲内容做针对性调整，高质量进行课堂教学设计。

（四）教师课堂开展精准讲评与个性化辅导

创新以学生为中心的课堂教学模式，包括帮助掌握班级群体或个体学生的知识薄弱点，分析学生学习行为，提供个性化内容，评估学科核心素养，形成班级学情报告，自适应推送的班级共性问题教学内容，，按学习行为特征分类的学生教学建议，等等。

（五）组卷周练，精准复习

毕业班如初三年级，每周进行组卷周练，教师通过学分析定位学生高频错题和薄弱点，课上结合学情进行针对讲评和复习。

六、典型案例

我校自 2023 年上半年学期引入高质量作业系统后，借助系统功能，先后完成校本资源建设教辅资料 114 本、试卷 168 套、试题 32867 题编写。各年级（除高三）教师借助高质量作业系统，发布作业任务 988 次，人均发布 19 次。高中物理学科率先探索出"教材母题"模式，将高中物理必修及选修课程的教材母题，集结成册，作为学生预习、复习的重点教辅作业，帮助学生夯实该学科主要知识点的基本题、典型题，从而应对高考改革命题形式的变化。

我校高中物理教研组对教材进行深入研读，了解每个知识点的基本概念、公式、原理、法则以及相互之间的联系和影响。这样可以帮助教师更好地理解教材母题，并能够准确地把握教学重点和难点。在研读教材的基础上，高中物理教研组从所教课程中识别出具有代表性的、常见的问题或题目，作为教材母题。这些母题覆盖课程的核心知识点，同时也尽可能地贴近学生的实际生活和兴趣爱好。教研组将这些母题编制成册，并将其上传录入至高质量作业校本作业库，核实 AI 自动生成的题目难度、知识点、学科素养等标签的准确度，并建设多样化解题模型，从而完成数字化校本高中物理母题资源库建设。

围绕高中物理新课标要求，我校高中物理教研组率先尝试大单元教学设计改革，对高中物理教学目标进行大单元组合，融合相关知识点，借助学生母题作业学情数据分析，精准定位学生薄弱知识点与共性错题，将大单元教学目标精准拆解，在课堂上展开精准讲评。一方面落实大单元教学以学科课程核心素养为焦点，围绕某一主题或活动（大概念、大任务、大项目），对教学内容进行整体思考、设计和组织实施，旨在培养学生的发展核心素养。从而更贴合学生身心发展规律，有助于提高教师教学效率和学生学习效果。另一方面针对每个大单元的主题，设计相应的教学方案，包括教学内容、教学方法、教学流程和评价方式等。在方案中，要以母题为中心，将母题贯穿于整个大单元教学的始终，以促进学生对知识点和技能点的深度理解和实践应用。将母题建设与大单元教学紧密结合，通过问题情境、项目式学习等方式将母题与实践相结合，引导学生主动参与、积极思考和解决问题。同时，要注重对母题的拓展和深化，将母题与学科前沿、社会热点等问题联系起来，以拓展学生的视野、激发他们的学习兴趣。

七、结语

学校借助教育数字化转型的契机，聚焦课堂教学改革，以学生作业学情数据为抓手，构建校本作业资源库，根据新课标要求构建基于母题资源库的基础性作业与开拓性作业，从而开展精准讲评与辅导，针对学生共性、薄弱知识点开展巩固提升训练，有效提高教师教学效能与学生学习效率。未来，我校将根据新课标要求，围绕育人目标变革的指引，借助教育数字化转型的工具与服务，不断提升学校教育教学水平。